Souvenirs des hommes en noir

André Piron

Souvenirs des hommes en noir

Roman

LE LYS BLEU
ÉDITIONS

ISBN : 979-10-422-3537-6

Du même auteur

Autoédition

– *Petites histoires d'argent d'un banquier de campagne,* roman sous forme de huit nouvelles, 2018 ;

– *Voix de garage,* biographie d'un Agent Citroën, essai, 2019 ;

– *Pironus Memoriam,* essai mémorialiste, 2020 ;

– *Mémorial Voitures (L'automobile d'après-guerre),* 2022 ;

– *Mort en Super 8*, roman, février 2023 ;

– *En aval de mon âme à zones,* poésie (2e édition), 2023 ;

– *Illusions en ruines,* poésie, 2023.

Édition

– *Artémise,* roman, Les Éditions du Panthéon, février 2022.

Les faits, lieux et protagonistes de cette histoire sont pour partie imaginaires, et pour partie inspirés de faits réels. Toute ressemblance ou homonymie avec des noms de personnes existantes ou ayant existé seraient, pour certaines, purement fortuites, pour d'autres, empruntées à la réalité.

Photos : un collège catholique au début des années 1960
(© photos droits réservés)

À Jocelyne
À mes enfants et petits-enfants

Principaux personnages

Baudet Jacques, pensionnaire ;

Baudouin Christian et Jean-François, pensionnaires ;

Boisnard Philippe, ouvrier en bijouterie-joaillerie-gravure ;

Boisroux Charles, technicien d'entretien au collège Saint-Grégoire ;

Bruneau Pierre, pensionnaire, « Pierrot » ;

Claude-Forget Serge Noël, dit SNCF, pensionnaire ;

Decaen Guy, pensionnaire ;

Duché Jean-Claude, pensionnaire ;

Frelon Alain, pensionnaire ;

Frère Alfred, acolyte d'Anastase, chargé de discipline ;

Frère Anastase, dit Tatase ou Nikitanastase, responsable de discipline ;

Frère Bernard, dit Sent du bec, professeur de Sciences naturelles ;

Frère Dominique, homme en noir, professeur d'histoire-géographie ;

Frère Guy, professeur de maths ;

Frère Hilaire, premier directeur de l'institution Saint-Grégoire ;

Frère Hubert, dit Bébert, homme en noir, professeur d'anglais ;

Frère Jean-Baptiste Manchard, dit Don Quijote de la Manchard, professeur d'espagnol ;

Frère Mathieu, dit Scrogneugneu, second directeur de l'Institution ;

Frère Pierre, homme en noir, professeur de français ;

Hamard Gilbert, pensionnaire ;

Heuvin Pierre, pensionnaire ;

Jacquelin Dubuisson Jean-Baptiste, J.B.J.D., pensionnaire ;

Jourden Roger, commissaire de police ;

Loriot Alain, pensionnaire ;

Pouchard Jean, abbé de l'Institution Saint-Grégoire ;

Prevost, surveillant civil ;

Quentin-Richard Serge Paul, dit S.P.Q.R, technicien d'entretien ;

Quinton Maurice, pensionnaire ;

Réaux d'Inville d'Isseaux Eve, mère de Frère Anastase.

I
Le pensionnat

Mardi 29 octobre 1963

« Que sonne dans le vent l'hallali de la bête ! Que l'éternité se souvienne de nos douleurs ! »

La dernière trouvaille littéraire de Jean-Baptiste Jacquelin-Dubuisson pour parfaire sa rédac honorait irrémédiablement ses dispositions pour l'écriture, mais fut jugée mal à propos par Frère Pierre, impétueux homme en noir, et corrigée de trois coups de règle sur les doigts afin de lui rappeler la bienséance et le respect auxquels tout élève devait se conformer vis-à-vis de ses maîtres.

On avait beau toucher au terme du premier demi-trimestre scolaire de l'année 1963-64, y voir la source possible d'une tolérance légère à la veille des congés : conclure un texte par une salve mortifère contre un membre de l'équipe pédagogique du collège était du plus mauvais effet.

— Un sujet pourtant très simple, J.B.J.D. – comme on l'appelait parfois – aboya Frère Pierre, cheveux dans un désordre beethovénien, un sujet de fin d'année pour honorer ceux qui par leur dévouement vous dirigent vers le progrès intellectuel et moral : on ne vous demandait rien d'autre que quoi ? Je le répète, « dresser le portrait de votre frère préféré ! »

C'est ce que tout le monde a compris, sauf vous. Alors on est en droit de s'interroger, qui visez-vous en écrivant les insanités qui s'enchaînent ligne après ligne, mon vieux ? Ne connais pas de Frère Jacques au collège ! dit-il en circuit court, c'est-à-dire en construisant certaines phrases sans articles, un tic rescapé du service militaire. Avez dû confondre avec la comptine que vous chantait votre mère il n'y a pas si longtemps…

La classe éclata de rire, mais le croissant de lune dentaire dura peu.

— Silence, bande de bougres ! Vais vous faire passer la manie de vous esclaffer à tout propos ! Bertrand Cocatrix, vous me copierez quatre pages, prenez l'Évangile, y choisirez une parabole du Christ ! Et vous, Pierre Heuvin, montez sur l'estrade et collez-vous à genoux sur votre règle, observez bien la carte du monde, euh… vous interrogerai à la sortie de votre peine, et si répondez à côté vous vous torcherez aussi quatre pages.

L'homme en noir hurlait en s'emparant de Heuvin par le col pour l'amener au lieu du supplice. Un silence de mort s'installa dans la classe. Dehors, à travers les vitres inondées par la luminosité solaire, la vue s'ouvrait belle, sur les grands chênes du château, sur l'étang, sur le château lui-même.

— Jacquelin, pour la dernière fois : de qui avez-vous dressé ce portrait autant dégoûtant qu'inexact ? Qui désignez-vous comme « la brute assoiffée du sang des élèves », ou encore « le kapo de l'Institution Saint-Grégoire », ou enfin « le bouledogue mangeur de crottes de nez » ?

Frère Pierre patienta une minute synonyme d'éternité, un peu comme « le noir illimité » de Baudelaire, marchant de long en large dans « sa » classe, avalant une allée bordée de rangées d'élèves, puis une autre, puis la dernière. Il tourna les talons à petits pas vers Jacquelin-Dubuisson, se raclant la gorge, fouillant la poche de sa soutane, à cet instant on entendit vaguement le voisin de l'élève Claude Dupuy murmurer « il se gratte les couilles », ce qui ralluma les rires d'un escadron de la première rangée. Mais curieusement, Frère Pierre n'identifia pas un traître mot de l'allusion, car son mental en proie à la colère envers Jacquelin-Dubuisson le rendait sourd à tout bruit extérieur, claquemurait son idée fixe : foutre une trempe à ce petit vaurien qui osait salir l'un de ses confrères ensoutanés. Il fonça sur lui d'un coup, lui colla cinq à six claques bien nourries sur la tête en l'insultant avec sa drôle de manie de bouffer les articles : « Petit crétin ! Sale garnement, crois qu'tu vas t'en tirer comme cela ? Iras t'expliquer chez l'directeur, l'est déjà au courant, faudra bien qu'tu craches le morceau. »

À voir l'ensoutané céder aux voix diaboliques de sa bipolarité, Jacquelin s'attendait au déluge qui lui tomba soudainement sur le lard. Sa sixième et ultime année au collège Saint-Grégoire venait de commencer, il en connaissait par cœur les acteurs, les coutumes, le théâtre. Il avait acquis l'habitude de cette violence à laquelle recouraient volontiers quelques hommes en noir pour passer leurs messages, ou leurs nerfs… Pour « rééduquer », comme ils disaient, les cancres incapables et les vauriens déniant tout respect à la soutane.

Malgré ses quinze ans, un corps musclé, son mètre soixante-dix, il craignait les Frères et ne se rebiffait pas. Ces mentors en imposaient par leur statut, leur pleine force de l'âge, et le respect des maîtres et des Institutions n'était pas un vain mot en mille-neuf-cent-soixante-trois. Il en aurait fallu beaucoup plus pour que ses parents soutinssent un mauvais geste de réplique porté à un professeur, au maître de discipline, fussent-ils coupables d'une violence excessive. L'homme qu'il avait dépeint dans son texte n'était autre que Frère Anastase, surnommé classiquement Tatase, affublé parfois d'un baroque

Nikitanastase depuis qu'en son cours d'Histoire, en 1962, le Frère Dominique, très savant sur l'Union soviétique grâce à un parent détaché par les Affaires diplomatiques françaises à Moscou, avait expliqué en classe le rôle d'assassin endossé par Nikita Khroutchev contre Beria après la mort de Staline. À cette brute épaisse d'Anastase, cynique, perverse, tout le monde ou presque vouait la plus grande haine. On ne peut pas être éternellement le souffre-douleur d'une bête humaine sans que monte en soi, un jour, une forme de pus qui s'installe peu à peu dans le cœur, et qu'il faudra un jour éjecter pour ne pas étouffer.

— Feras l'objet d'une sanction sévère, reprit Frère Pierre, attends-toi au châtiment que mérite ton acte, le manque de respect envers ses maîtres, l'absence de loyauté à l'égard de ton Institution justifient une punition royale, estime-toi heureux que je ne t'administre pas une correction plus sévère.

J.B.J.D. s'attendait désormais au pire et redoutait l'instant où il se retrouverait face à Anastase, car nul doute que la corporation en habit noir devinait l'identité du tortionnaire brossé dans son œuvre notée 0/20, et l'informerait du pamphlet sanglant écrit sur sa personne.

La sonnerie de fin de cours interrompit le réquisitoire de Frère Pierre, celui-ci regarda une dernière fois Jacquelin-Dubuisson dans les yeux, et leva sa main en la secouant menaçante d'avant en arrière pour lui signifier « je te servirais bien une autre tournée de baffes. » Mais il s'abstint, tourna les talons, retrouva son bureau, cabra son cartable bourré de livres et de documents, et sortit en criant aux élèves :

— Préparez-vous pour le cours d'anglais.

Sur le pas de la porte, presque dans le couloir, il se ravisa cependant, et héla les deux énergumènes qu'il avait punis :

— Heuvin, regagnez votre place. En avez fini d'observer la carte de géographie, devez être capable de me dire où se trouve la ville de Brest-Litovsk, vous écoute !

Heuvin réfléchit, hésita et lâcha enfin sa réponse :

— En Bretagne, Frère Pierre !

Des rires fusèrent, vite contenus par l'homme en noir :

— Me copieras quatre pages, les mêmes que Cocatrix. Au fait Cocatrix, je veux les quatre pages pour demain, toi et Pierre Heuvin avez tout le temps de l'Étude pour les écrire…

Et Frère Pierre s'échappa dans le couloir, vers une autre classe.

Avant l'entrée du professeur suivant, les élèves se retrouvèrent seuls quelques deux minutes, un brouhaha prudent mais soutenu monta en cadence, à l'intention de Jacquelin-Dubuisson, chacun allait de son commentaire :

— Il t'en a collé une sévère, ce gros porc !

— T'as la tête dure, avec tout ce qu'il t'a mis !

— C'est de vraies peaux de vaches !

Soudain Frère Hubert entra dans la classe, un silence de plomb s'imposa immédiatement. Un homme mince, maigre, presque décharné, le visage creusé et les yeux enfoncés dans deux cavernes bordées de sourcils épais, tel il apparaissait, marchant prestement, tournant vivement sur lui-même, avec un éternel rictus à la bouche qu'il arrondissait légèrement en cul de poule. Il flottait dans sa soutane et portait toujours un gilet de laine noire, victime sans doute de frilosité depuis son retour des Antilles où il avait enseigné dix ans. Cheveux noirs, très brun de teint, tellement brun que même rasé il semblait avoir une barbe naissante. Les élèves le surnommaient Bébert, tout simplement, presque affectueusement. Ils l'appréciaient, sentant qu'il donnait beaucoup de sa personne pour les faire progresser, mais par asymétrie ils le redoutaient, le sachant capable d'être explosif, de piquer des colères dantesques lorsque quelque chose le rebutait.

De tous les Frères du collège Saint-Grégoire, membres de la Congrégation chrétienne de Plourmel créée et missionnée pour enseigner partout dans le monde, Frère Hubert s'illustrait comme le plus compétent, le moins violent, le plus ouvert, cartésien jusqu'au bout des ongles : « Je doute car je pense, je pense donc je suis » revenait souvent dans ses propos liminaires. Il expliquait sans cesse aux élèves le bien qu'ils pourraient tirer dans leur vie de la constante application de la pensée cartésienne ; semblait souvent ailleurs, doutant peut-être de sa vocation religieuse, les yeux de courts instants dans le vague, pensif, se remémorant des souvenirs de son passage à New York puis à Haïti où il avait longtemps vécu et dont il évoquait ses heures d'enseignant avec une touchante nostalgie.

Réputé comme prof d'Anglais de très bon niveau, efficace, pas un de ces médiocres enseignants prétendant transmettre les mots, l'accent et l'âme de la langue de Shakespeare sans l'avoir jamais pratiquée sérieusement dans un pays anglophone, type de recrues dont les Écoles Chrétiennes privées, soucieuses de leurs deniers, étaient coutumières, son métier le passionnait, il désirait de toutes ses forces que les élèves, y compris les plus médiocres, quittassent la classe de troisième pourvus d'un niveau représentatif.

— Je vais vous rendre les Compositions que j'ai toutes notées. C'est une catastrophe ! Enfin, soyons honnêtes, pas pour tout le monde, il y a quelques bonnes notes : Alain Loquin, vous êtes le plus mauvais avec 4/20. Prenez votre livre immédiatement et ouvrez-le à la leçon 10 deux fois cinq. Travaillez à voix basse, dans cinq minutes je vous ferai lire.

L'enseignement de l'anglais, comme celui de l'espagnol dans la classe d'à-côté, reposait pour l'essentiel sur une méthode de l'écrit, et infiniment peu sur l'oral. Bébert lisait leçon après leçon, puis passait à l'explication grammaticale et au vocabulaire. Enfin, pour couronner le tout, les exercices se traitaient par écrit.

L'unique entrave à son talent d'enseignant ? La méthode officielle limitait le travail oral à la lecture individuelle de quelques phrases, mais n'embrayait jamais sur des conversations intenses, trop peu d'échanges parlés entre le maître et l'élève. La capacité des élèves à s'exprimer correctement en souffrait, et que dire du piteux accent avec lequel ils prononçaient les mots ! Plus d'une fois, la lecture d'une ligne déclenchait l'hilarité générale, que Frère Hubert balayait à la volée en criant une locution rapportée d'Haïti : « Paix bouche ! » Ce qui signifiait en langage bien compris : « Fermez-la ! »

— Chatel Dominique, lisez-moi la phrase 1 ! demanda-t-il à son élève qui avait un peu plus de trois ans d'anglais derrière lui.

Au lieu de lire « He is a boy and she is a girl », Chatel annonça :

— Zis is a boi (comme le son de « il boit ») and she is a gueule.

— Une vraie vache espagnole ! Reprenez, triple buse, ce n'cst pas correct.

— Hi is a bohi and…

— A boy, Chatel, a boy, prononcé comme si vous disiez « auille ». On l'a déjà répété mille fois, Chatel, vous en faites exprès ou quoi ?

Coup de froid puis coup de bol pour Chatel : la classe fut interrompue par l'arrivée du directeur de l'Institution, Frère Hilaire. « Il a du pot, ce con ! », murmura Gilbert Hamard à son voisin Jacquelin-Dubuisson, tandis que tous les élèves se levèrent comme d'un seul, dans une harmonie de mouvement incroyable. « Debout ! » avait crié Bébert, mais c'était un réflexe inutile, dès que le Dirlo pointait sa tête à la vitre de l'entrée, le mouvement sur pied s'imprimait dans les cerveaux, par respect, par crainte.

Ce n'était pas pour un « standing ovation » à l'égard de l'homme qui se présentait devant eux, loin de là. Ils lui vouaient rancune et haine en tonnage équivalent à celui d'Anastase, même s'il ne s'abaissait jamais à frapper, mais voilà un être vil, sournois, menteur : nourri au lait de jésuite ! Il fut un temps pendant lequel le collège Saint-Grégoire lui décerna deux appellations : HILARE, par l'ablation du « I », la cause étant qu'il ne souriait jamais sauf sur la photo annuelle du pensionnat, et HITLAIRE par l'ajout d'un « T » parce qu'on le savait très sévère et politique. Les élèves ont une réserve d'humour et d'imagination en eux qui est très surprenante. Et puis cette mode passa, il finit par devenir pour tout le monde le « DIRLO », tout simplement, raccourci plus facile, et moins risqué que de se faire prendre sur le fait par les garde-chiourmes en train de prononcer l'un des deux surnoms.

Si Hubert était maigre, Hilaire apparaissait squelettique, visage trop pâle, cheveux ondulés, un profil froid avec des yeux rapetissés derrière ses lunettes par la méfiance permanente, motorisé par un esprit calculateur, un ton inflexible, des idées figées, le tout nappé d'un coup d'œil trahissant une intelligence redoutable. Sa corpulence était celle d'un porte-manteau étroit surmontant un serviteur des plus creux. Des plus bons marchés !

Toutes les lettres écrites par les pensionnaires à leurs parents passaient avant envoi au tamis du regard acéré de Frère Hilaire, puis à la censure de sa plume. Si quelques-unes survivent longtemps dans un quelconque grenier de famille, on en lira portant le sceau de son écriture de mouche, biffées de certaines de leurs phrases, annotées à l'encre rouge d'un coup de griffe sorti de l'esprit tordu du froid Directeur : « Ne pas tenir compte de ces observations ! Elles ne reflètent pas la vérité » ou bien « Je crois que Pierre exagère un peu » ou bien encore « Jacques va beaucoup mieux, il ne pleure plus, dès que vous avez le dos tourné, il va vers ses petits camarades et la joie plutôt que la tristesse se lit sur son visage… »

Frère Hilaire ne supportait aucune critique de son Institution, aucune remarque désobligeante à l'endroit d'un de ses professeurs ou de ses deux sbires chargés de l'ordre – Tatase et son adjoint Frère Alfred surnommé aussi par les pensionnaires « Freddy la pédale » en raison, aux dires d'un ancien, de sa nationalité belge et fors du principe énoncé mais non prouvé que la plupart des coureurs cyclistes belges se prénommaient Freddy –, il couvrait toutes les pratiques perverses et actes de violence auxquels ils se livraient, comme si c'était une bonne politique de les tolérer.

Il surveillait la vaste cour où jouaient, défilaient, priaient tous les écoliers, à travers la fenêtre de son large bureau située au premier étage de l'immeuble du pensionnat, comme un directeur de prison surveille ses forçats, d'un œil attentif, scrutant coin par coin, après un panoramique d'échauffement, et chaque matin à la récréation des dix heures, puis l'après-midi à seize heures, il faisait son tour dans la cour, malgré son handicap au pied droit qui le rendait boiteux. Les potaches se moquaient de son pied bot, mais jamais devant lui, ô grands dieux, c'eût été, outre irrespectueux, gravement suicidaire.

On était en fin de mois, Hilaire faisait le tour de l'ensemble des classes pour présenter les carnets de notes. Il se réservait ce plaisir, le vivait comme un acte de domination sur les élèves et les Frères enseignants.

— Asseyez-vous ! dit-il de sa voix de fausset. Sur sa soutane satinée, brillante sous l'éclat des néons, une croix de bronze, pesante et froide, accrochée au grappin d'une chaîne à maille dorée, sautillait au moindre de ses mouvements. « Je ne vous dérangerai pas longtemps. »

Il monta sur l'estrade pour mieux dominer ses agneaux, tandis que Bébert regagna son bureau et se tint debout la main appuyée sur l'angle du meuble. Tout ouïe.

Son intervention bien huilée, et chaque fois la même, ruisselait dans un langage précis et parfois précieux. Il commençait par un avis général sur le collège, présentait ensuite les résultats globaux de la classe, puis déclinait le classement des élèves dans un ordre inverse à la loi des nombres : depuis le dernier jusqu'au premier.

Nous étions à la fin du mois d'octobre 1963, le premier mois complet depuis la rentrée, veille de la grande sortie mensuelle de Toussaint fixée au lendemain mercredi 30 octobre à midi, celle où quoi qu'il advînt des résultats du mois, les élèves rentraient chez eux, ce qui n'était pas le cas pour les semaines ordinaires, où le droit au week-end se gagnait à la sueur de ses efforts et par l'obtention de notes supérieures à la moyenne aux examens officiels appelés « Compositions ». Les meilleurs s'adjugeaient un droit à trois sorties dans le mois, autant dire un retour à la maison tous les dimanches, les plus mauvais avaient zéro sortie, encore fallait-il une note de discipline irréprochable et ne pas être tombé sous le coup d'une verbalisation de Tatase ou d'Alfred, insatiables distributeurs de prunes.

— Il faut malheureusement le répéter. Les résultats des Troisièmes du collège sont dans leur ensemble très décevants, y compris ceux de la Troisième Rouge, votre classe, ouvrit-il en jetant un regard furtif à Bébert qui, conscient de son talent personnel, n'était pas du genre à prendre la remarque pour lui, et se tint coi.

Le collège avait ouvert cinq classes de Troisième pour cette année 1963-64, chacune d'elles recevait entre vingt-huit et trente élèves, se trouvait répertoriée sous une couleur spécifique (noire, blanche, rouge, verte, bleue), et répartie dans le même couloir du bâtiment scolaire selon l'ordre du poème d'Arthur Rimbaud « Voyelles ». Une idée qui avait traversé l'esprit de Frère Pierre, il croyait ainsi inciter les élèves à connaître par cœur le célèbre sonnet.

— Vingt-huitième et dernier : Alain Frelon, moyenne piteuse, seulement 47 sur 100 en notes d'excellence et des notes inférieures à 7 sur 20 dans chaque épreuve de Composition. Appréciation du professeur principal : « pas bien haut, mais peut encore baisser ! » Heureusement que la Grande Sortie de Toussaint arrive demain, Frelon, pour le mois suivant vous n'aurez aucune sortie, profitez bien de ces quelques jours chez vos parents ! insista sadiquement Frère Hilaire, puisque les notes désastreuses dans les Compositions condamnaient théoriquement Frelon au mitard sur tout le mois de novembre. Vous avez la place la moins enviable, on en parlera avec vos parents.

Derrière ses verres de lunettes en culs de bouteilles, Frelon regarda le Frère directeur sans manifester le moindre regret ou la moindre gêne, cet enfant ne songeait qu'au dessin et n'avait qu'une hâte : en finir avec les robes noires. Il attendait la fin juin, l'adieu à ce collège détesté, il demandait à vieillir pour tourner la page au plus vite, et puis voilà tout ; et pendant ce temps composait de superbes dessins.

Cette indifférence au classement était loin d'être partagée par tous les autres élèves. Pour une immense majorité, se situer en bonne place revêtait au contraire une importance capitale. Pour eux-mêmes, à titre personnel, vis-à-vis des copains et enfin et surtout vis-à-vis de leurs parents. Occuper le dernier rang, voilà une honteuse carte de visite propre à baisser la tête, déclencher les moqueries des autres élèves sur la cour, générer une « convoc » des parents chez le Frère directeur.

Le paradigme les stimulait, les poussait aux efforts pour remonter d'un mois sur l'autre dans les meilleurs rangs. En compétition, on se bat contre les autres, mais d'abord et surtout contre soi-même.

L'appel se poursuivit : vingt-septième, vingt-sixième… vingtième… quinzième… dixième… Certains parmi ces mal-classés, tout à l'inverse de l'élève Frelon, versaient des larmes de dépit, de regrets, de tristesse, car derrière le rang occupé se dressaient les notes, en général mauvaises, et la maudite perspective de passer les dimanches au pensionnat faute de droits acquis pour la sortie de fin de semaine.

— C'est seulement au dixième que nous trouvons enfin la moyenne ! Vous vous rendez compte ! Et c'est monsieur Ho que je suis heureux de féliciter pour ses 53 sur 100 et 10 sur 20 en moyenne de compositions. Trois sorties pour le mois de novembre ! Bravo ! Mes chers enfants, vous savez que monsieur Ho a moins de facilités que vous pour le français ; donc il n'en a que plus de mérite d'avoir obtenu ces notes, et je vous encourage à prendre exemple sur lui.

François Ho, d'origine chinoise, était arrivé en France avec ses parents en 1960, via le Vietnam. Sa famille fuyait le « bonheur » maoïste, tant vénéré pourtant par ceux de la gauche française qu'il y aurait presque lieu de s'interroger sur les réelles raisons de cette fuite… Ses parents habitaient Paris, et lui était pensionnaire dans ce collège de province pour trouver les meilleures conditions d'étude. Très souriant, il était aimé de tous, et plus âgé de deux ans que l'âge moyen des Troisièmes.

— Quatrième sur vingt-huit, Gilbert Hamard, 70 sur 100 et 12, 50 sur 20 à la moyenne des compositions. Hamard, je vous félicite, vous démarrez mieux l'année que vous n'avez fini la précédente, les coups de règle de Frère Anastase vous ont visiblement réussi.

Gilbert était un adolescent en pleine croissance, en six mois sa morphologie avait changé : charpenté des épaules, muscles en voie de devenir saillants, visage moins poupon, cheveux bien coiffés, à quatorze ans et demi passés tout indiquait qu'il serait bientôt un homme. Cet élève gai, souvent dissipé, plein d'humour, était le voisin et grand ami de J.B J. D., et même son confident intime, avec réciprocité, au même titre que son autre ami Claude-Forget.

— Troisième sur vingt-huit, Victor Podard, 72 sur 100 et 12,75 sur 20, avec notamment deux belles compositions françaises, que Frère Pierre a lues en Conseil des professeurs, et qui me remplissent de joie, continuez ainsi, deux sorties seulement le mois prochain pour quelques écarts de discipline. Ne vous laissez pas égarer par des esprits que je n'irai pas jusqu'à qualifier de diaboliques, mais où le Malin se laisse aller à de mauvaises influences. Eh bien justement, parlons-en, Jean-Baptiste Jacquelin-Dubuisson, deuxième sur vingt-huit, 75 sur 100 et 13 sur 20, très bon classement et du bon travail dans l'ensemble, hélas tout cela gâché par votre composition de français dont la note vous a été rendue ce matin, 0/20. Vous nous avez écrit des horreurs, mon ami, seul un esprit sous influence de mauvaises pensées a pu nous sortir un texte aussi vilain, le corps des professeurs n'en revient toujours pas. Mais ne pénalisons pas vos petits camarades avec votre cas personnel, vous viendrez me voir demain matin à 9 heures, nous en rediscuterons. Et maintenant, mes enfants, place et honneur au premier de la classe, sur vingt-huit élèves, et qui plus est la meilleure moyenne de toutes les Troisièmes réunies, à la fois en excellence et en compositions : 77 sur 100 et 14 sur 20. Levez-vous, Serge-Noël Claude-Forget, je vous félicite au nom de tous les professeurs et en mon nom, vous êtes un exemple d'intelligence et de travail, comme Jacquelin d'ailleurs, alors résistez, ne tombez surtout pas sous l'influence d'êtres faibles qui se laissent emporter par des idées maladroites et malsaines contre lesquelles je réagirai avec la plus grande fermeté. Sur ce, Frère Hubert, mes enfants, je vous abandonne, il me reste deux autres classes à voir cet après-midi, pour ceux que je ne reverrai pas d'ici demain, je vous souhaite un bon congé de Toussaint et vous incite à ne pas délaisser vos prières pendant cet intermède où les religieux vous manqueront, j'en suis persuadé. Rendez-vous le lundi 4 novembre pour la rentrée.

Le Frère directeur s'éclipsa. Tout le monde se leva pour saluer son départ. Hubert mit à profit la liberté retrouvée et l'horloge qui sonnait dix heures pour achever son cours, puis envoyer ses élèves en récréation après la piqûre de rappel pour le rendez-vous du lendemain : « Attention, et notamment les internes, le Frère directeur a omis de rappeler que demain sera faite la photo de pensionnat dans la Cour d'Honneur à dix heures. Soyez à l'heure. Les externes ne sont pas concernés. »

La récré était le moment où les pensionnaires se libéraient du carcan représenté par les sept heures de cours infusées chaque jour : quatre le matin, trois l'après-midi. Les externes aussi, bien sûr, mais le sort d'un externe n'est en aucun point comparable à celui d'un pensionnaire.

La cour assez vaste se divisait en deux sections d'accueil : le Grand Jeu et le Petit Jeu. Réservé aux grands comme son nom l'indique, le Grand Jeu accueillait les élèves des classes de cinquième, quatrième et troisième, en moyenne, la tranche d'âge de douze à quinze ans. À l'inverse, et en toute logique, le Petit Jeu réunissait les classes des moins âgés, Huitième, Septième, Sixième, on trouvait dans ce Petit Jeu des enfants pensionnaires à partir de l'âge de huit ans, et la présence de ces gamins au visage souvent triste rendait ce lieu improbable, aucun cœur n'y pouvait rester indifférent.

Les élèves se répartissaient en deux récréations, afin d'éviter le surnombre, la première de 10,00 à 10,20, la seconde de 10,20 à 10,40. Le temps imparti ne permettait guère d'organiser des jeux ; aussi les élèves consacraient-ils leur temps à se réunir par groupes de copains, à discuter, à se chamailler. Avec deux ballons de football à leur disposition, des farouches amateurs de ballon rond s'entraînaient à marquer des buts, dans un rectangle édifié sobrement avec une barre transversale fixée aux deux poteaux centraux du préau qui fermait la cour.

Depuis la rentrée de septembre, Jean-Baptiste Jacquelin-Dubuisson ne manquait jamais une récré sans aller dans le Petit Jeu remonter le moral à un gamin de dix ans à peine, dont l'intégration au Pensionnat s'éternisait laborieuse. Engagé dans sa deuxième année de classe de Septième, la première l'an passé s'était révélée des plus difficiles, tant l'envahissait de chagrin la séparation avec sa famille, le rendant incapable d'un travail scolaire régulier et efficace. Ses carnets de notes des deux premiers trimestres avaient pris l'allure de graphiques de températures contraires aux normes : toujours en dessous des moyennes saisonnières. Pourtant, se réveillant au dernier trimestre et alignant de belles notations au-dessus du fatal dix sur vingt, Frère Guy, son professeur principal, l'avait assuré qu'il passerait en sixième à la rentrée. Mais c'est là que l'esprit pervers d'Hilaire avait frappé. L'inscription de Pierrot en sixième privant le collège de celle d'un élève venant de l'extérieur, donc d'une source de recettes supplémentaires car il se trouvait moins d'inscrits en septième, Hilaire était allé voir Pierrot, sur la cour, l'avant-dernier jour de juin 1963 et malgré l'insistance de Frère Guy lui avait tenu ces propos : « Pierre

Bruneau, c'est bien, vous avez réussi un bon dernier trimestre qui vous autorise à passer en sixième. Mais je ne vous le conseille pas. Ce sera très dur pour vous, souvenez-vous des deux premiers trimestres de cette année. Vous n'avez pas vu beaucoup votre maman à cause de vos mauvaises notes. Si vous redoublez votre septième, ce que moi je vous conseille, vos notes s'amélioreront, ainsi que les droits de sortie qui vont avec. Vous rentrerez chez votre mère chaque semaine, au contraire si vous choisissez d'aller en classe de Sixième, ce sera difficile et vous la verrez moins ou pas du trimestre. Alors finalement, que préférez-vous ? » Et le petit Pierrot, bien entendu, affolé à l'idée de ne plus voir sa maman, avait dit : « Je préfère redoubler, Frère directeur. »

Frère Guy, professeur de maths, en voilà un brave homme en noir ! Physiquement un visage bizarre, raté, avec une bouche trop large et pulpeuse taillée pour choper les moustiques au vol, mais un cœur d'or, à coup sûr Frère « Joyeux » s'il eût été nain. À fond dans son sacerdoce et sa religion ! Quelques mois auparavant, vers la fin juin 1963, il courait dans tous les recoins des cours du collège en criant « Nous avons un Pape, nous avons un Pape ! » pour saluer l'élection du nouveau Souverain Pontife Paul VI. Dubuisson, sortant des WC et ayant mal entendu, avait demandé à son copain Frelon pourquoi Guy criait autant et courait à toute vitesse d'un groupe de collégiens à un autre. Et Frelon, en train de rêvasser avec son crayon sur une feuille, avait simplement répondu : « J'sais pas ! Problèmes de soupapes… J'crois ! J'ai cru entendre quelque chose comme ça ! »

Jacquelin avait pris Pierrot en amitié parce que ce gosse c'était lui six ans plus tôt, à son entrée à Saint-Grégoire, un sinistre jour de septembre, le cœur serré, meurtri, l'âme dévastée, et les yeux embués de larmes. J.B.J.D avait tellement ressenti ce sentiment d'abandon et cette souffrance paralysante qu'il avait décidé d'aider ce gamin, même si les résultats tardaient toujours à embellir le bulletin de notes.

— Bonjour Pierrot, alors ça va bien aujourd'hui ? Tu n'es pas triste, la sortie approche !

Le gosse souriait à pleines dents, un reflet de soleil dorait son visage, et rendait ses yeux pétillants de bonheur.

— Mes parents viennent me chercher demain midi.

— Tu dois être heureux ?

— Ah oui ! Je vais revoir maman, enfin, depuis trois semaines.

Il souffrait d'un tel abattement, d'un vague à l'âme tellement puissant qu'il était dépossédé de la force mentale suffisante pour bien travailler, et malgré son redoublement les mauvaises notes s'égrenaient en chapelet. Son taux de concentration tombé trop bas le rendait incapable de fournir les efforts qu'attendent les professeurs de tout élève pour marcher vers le savoir et le progrès.

Ce gosse lui faisait pitié aussi parce que les monstrueux surveillants en soutane Alfred et Tatase le punissaient sévèrement pour les larmes qu'il versait. Le voyant rêvasser pendant les heures d'étude, Alfred, chargé des petites classes, le rabrouait au lieu de l'aider, et Tatase en remettait une couche à la moindre occasion :

— Pierre Bruneau, vous êtes ici pour travailler, pas pour rêver à je ne sais quoi. Vous me copierez quatre pages.

Et l'autre, en passant par-derrière, lui collait une tarte sur le haut de la tête.

Il était petit, faible, alors eux profitaient de leur force et de leur pouvoir pour le sacquer un peu plus.

— À demain, Pierrot, le cours reprend.

— À demain, Jean-Baptiste, et merci.

Le cours de sciences naturelles attendait désormais les élèves de Troisième Rouge. Frère Bernard, enseignant déjà ancien dans la fonction et plutôt qualifié, attendait stoïquement à son bureau le lent retour de tous ses élèves. Ils arrivaient en se payant carrément sa tête, car Frère Bernard souffrait de son manque de caractère, résultat d'une bonté chrétienne excessive, et ne répliquait que trop rarement. En cela résidait sa grande faiblesse, et les élèves en groupe profitent toujours de la largesse de patience d'un maître. Ils chantaient un pastiche de la chanson « un Canard, moi j'aime bien les canards… » dans lequel les paroles devenaient « un Bernard, moi j'aime pas les Bernard ». Tout cela évidemment n'était possible qu'en l'absence de Nikitanastase parti s'occuper de l'Économat, car en situation contraire nul ne se serait risqué à entonner cette marche ridicule.

Frère Bernard avait tout du brave homme, mais sale. Sous la soutane l'oxygène semblait interdit de séjour car le drôle sentait mauvais. Sa bouche fermentait grave le saucisson du réfectoire, ce qui lui valait un surnom éculé comme le mystère de l'existence de Dieu : « Sent du bec ! »

John Atkinson, seul élève anglais de Troisième, placé pour la deuxième année consécutive en pension au collège afin d'apprendre à parler couramment français, disait de lui « c'est un looser », à quoi Frelon, mauvaises notes mais plein d'humour, avait collé l'angliche en répliquant : « J'ajouterai même un perlouzeur ! »

— C'est quoi un perlouzeur ? Je ne veux pas savoir.

Et Frelon, en se pinçant le nez, lui avait expliqué avec ses mots bien à lui :

— Un lâcheur de perlouzes, espèce d'incendiaire de Jeanne d'Arc ! C'est le même parcours que le suppositoire, mais dans le sens inverse !

— Oh, my God ! avait conclu Atkinson, un grand maigrichon mal sapé qui mâchait sans arrêt des chewing-gums en cachette lors de la promenade du jeudi, et détestait que l'infirmière du collège le contraignît au suppositoire pour soigner sa grippe :

« Le siuppo, c'est dégueulasse ! » affirmait-il. À la première prise, ignorant tout des rites gaulois, il l'avait mangée.

Outre ses fonctions d'enseignant, Frère Bernard officiait comme fondateur et animateur d'un groupe de prières baptisé « Les Chevaliers du Christ. » Un vécu un peu extrême de la pratique religieuse, consistant pour ses jeunes fidèles à écouter ses messages chrétiens, puis à prier en groupe avec les bras écartés du corps, à la manière d'un curé qui lit sa messe devant l'autel. Quand les tout nouveaux pensionnaires des petites classes interrogeaient les anciens sur les activités et les avantages de s'inscrire au mouvement de Frère Bernard, ceux-ci leur racontaient des bobards du style « Tu es un vrai chevalier, avec une épée, et même parfois tu montes à cheval avec l'habit de chevalier, et tu vas combattre pour Jésus. » Les jeunes naïfs s'y voyaient déjà mais déchantaient vite, et l'on restait généralement très peu de temps chevalier du Christ.

La dernière heure de cours de la matinée du mardi revenait au long et noble Frère Jean-Baptiste Manchard, le plus âgé des soutanes du collège, quatre-vingt-deux ans, professeur d'espagnol. Un personnage incroyable, parlant anglais, espagnol et allemand couramment, ancien interprète en Allemagne à l'Ambassade de France sous la République de Weimar, avant de devenir prêtre, puis Frère de Plourmel.

Les élèves le surnommaient Don Quijote de la Manchard car il en avait le profil, avec ses joues émaciées, son corps ténu, son nez allongé et affûté comme un fil d'épée, son béret basque qu'il transportait partout même en cours, même à la chapelle, et sa manière de tenir un livre comme Don Quichotte tient sa rapière.

Sa gravissime surdité créait des situations hautement cocasses, puisque d'un coin à l'autre de la classe, à son insu visuel et auditif quand il se tenait debout occupé à interroger un élève, voletaient des boulettes de papier, des bavardages à haute voix et des histoires un peu cochonnes, ordonnançant un joli chahut.

Dès qu'il s'en apercevait, il fondait sur le premier perturbateur repéré dans son champ de vision et lui assénait un coup de livre sur la tête, en agrémentant son geste d'un commentaire fleuri qui rajoutait à l'effet comique de sa silhouette :

— Voyez-vous, monsieur le bâilleur ! Voyez-vous la sale bête ! Mon pied au cul, et oust, en route pour la pêche à Terre-Neuve ! On ne fait rien d'autre que s'amuser ! Récitez-moi le verbe « Tener » à tous les temps. À la moindre erreur, vous resterez ce midi à me le copier.

Son mode d'enseignement était simple mais efficace : à chaque début de cours de conjugaison orale par un élève de trois verbes espagnols, puis trois verbes différents par un second, présent, passé, imparfait, futur. Et le processus s'avérait payant : les élèves connaissaient leurs verbes espagnols, réguliers et irréguliers. Beaucoup apprirent le castillan grâce à lui.

Il détestait l'élève Podard. En dépit de ses notes globalement bonnes et de sa troisième place, Victor Podard, baptisé « peau d'hareng » par les pensionnaires, se cantonnait dans une nullité rare en espagnol. Pire encore que Chatel en anglais. Mais surtout il se montrait très négligent avec sa personne et sentait mauvais. Tellement puant que tout le monde en profitait, y compris Don Quijote de la Manchard, homme en noir semblant glissé dans une soutane fourreau tant il était maigre, comme un pauvre moine franciscain du temps de la conversion de la Californie, mais toujours propre et sur ce point de la plus grande exigence.

— Podard, huele raro aqui, Podard apesta a pescado. Traduisez ce que je viens de dire ! demanda le Frère.

— Euh ! L'huile est rare ici…

— Non Podard, on parle de toi, « ça sent drôle, Podard pue le poisson », c'est ça que ça veut dire, peau d'hareng ! lui souffla son voisin du banc de derrière, l'empathique Alain Frelon, nul en anglais et guère meilleur en espagnol, un de ceux que Manchard avait surnommés « monsieur le bâilleur » parce qu'il faisait selon lui du gras en classe. Pendant les contrôles improvisés du cours, beaucoup d'élèves profitaient de la surdité du professeur pour souffler les bonnes réponses à Frelon, lui ouvrant la porte à des notes correctes, mais dès qu'il s'agissait d'une composition, retrouvant sa solitude, il cessait de faire illusion et accrochait des zéros à sa boutonnière. Intrigué Manchard s'étonnait publiquement de la différence : « C'est bizarre, monsieur le bâilleur, il a de bonnes notes en cours, et des mauvaises en compositions… »

II
Nikitanastase

Mardi 29 octobre 1963

Ce mardi veille de sortie s'acheva comme tous les autres jours. À dix-sept heures cessèrent les classes, l'envol des potaches dans la cour, et surtout le départ des externes plongeant les pensionnaires dans la mélancolie, pire encore, dans la crainte : le temps des sbires chargés de la discipline était venu. On entendit tout de même le chant du départ, celui que les pensionnaires entonnaient en général les vendredis, veilles de grande sortie du samedi, sur l'air du Noël américain Jingle Bell : « Viv' le ven viv' le ven, viv' le vendredi, car demain c'est samedi on fout l'camp d'ici. » Un chant du départ cette fois-ci adapté à la circonstance d'une sortie le mercredi, que les potaches surent improviser : « Viv' le mer, viv' le mer, viv' le mercredi, car demain on s'ra loin, on fout l'camp d'ici. »

Ils se dirigèrent au réfectoire prendre leur goûter, se rangèrent en ordre parfait devant la porte d'entrée, cent dix élèves alignés par rang de trois se tenaient impeccablement et sans bruit dans l'attente de l'arrivée du tyran de leur existence : Nikitanastase ou, plus sobre au palais, Tatase. L'homme en noir le plus détesté du collège déboucha sans bruit derrière le dernier rang de la file, mains croisées en bas du dos, marchant avec lenteur, pieds glissés dans une paire de chaussures souples dont la semelle amortissait tout bruit d'approche, mais pas la vigueur des coups de pied au cul. Visage de marbre, dur, la peau pourprée comme si dans sa marmite ventrale bouillait une mauvaise colère, des lunettes teintées dissimulaient ses yeux, lui donnant un air de sale homme de main.

Sous sa soutane noire, il portait toujours une sorte de jabot blanc montant jusqu'au col, dont les plis se terminaient par un feston de dentelles. Nul ne connaissait son âge, les grands lui donnaient entre quarante-cinq et cinquante ans, estimation vraisemblable, les petits sans opinion. Quoiqu'il fût, il paraissait costaud, les muscles saillaient sous l'habit noir, ses bras se terminaient par deux grosses mains avec des doigts longs, épais, deux paluches qui ressemblaient à des marteaux et faisaient très mal quand il s'en servait. Depuis son arrivée au pensionnat, J.B.J.D. ne perdait jamais de vue la lourde chevalière étirée sur la moitié de son annulaire droit, l'une des premières choses notables, gravée dans sa mémoire de collégien car Tatase l'avait claqué avec, le lendemain même. Fils d'un père qui travaillait les métaux destinés aux bijoutiers, il en voyait assez dans l'atelier depuis sa petite enfance pour reconnaître que l'anneau était probablement en or, quant à la bague elle-même, sertie d'une croix et d'une tête de Christ magnifique, tout inclinait de prime abord à l'homologuer comme accessoire trempé dans du métal jaune au carat de haut degré.

Les copains et camarades de pensionnat ne s'attachaient pas à ces détails, tous cependant avaient une fois au moins goûté d'un aller-retour flanqué par Tatase et se souvenaient de la douleur du revers causé par la chevalière. La brutalité de ses gifles se trouvait avivée par l'impact métallique du bijou.

Tatase la portait du matin au soir, il en était fou, ne l'ôtant que rarement pour l'enfiler aussitôt, s'amusant à la faire glisser sur son doigt pour tuer le temps en Étude, ou dès que l'énervement le gagnait. La rumeur du collège – car les collèges sont eux aussi très sujets à rumeur – attribuait son origine à quelque héritage paternel ou familial, mais il y a bien des années déjà qu'aucun pensionnaire ne savait plus reconstituer la genèse de la légende. Peut-être une indiscrétion d'un Frère, surprise par une oreille de collégien traînant par là, ou une confidence de l'intéressé à un parent d'élève incapable de mutisme.

On ne connaissait ni le nom ni l'origine familiale et régionale de Tatase. Tout cela restait secret. Comme il la portait à l'annulaire droit, on pouvait le supposer second ou troisième d'une fratrie, puisque selon la coutume l'aîné porte la chevalière à l'annulaire gauche accolé à son alliance s'il est marié. Mais la vérité se trouvait ailleurs, bien plus simple, et se nommait « dextérité » : balancées du bras droit, les calottes partaient plus vite, en plein dans la cible, sans gaucherie, avec la puissance désirée.

Il ne la quittait pas davantage en promenade ou à la Messe. On verra dans cette fidélité à l'objet la marque d'un grand respect pour le généreux donateur familial auteur du présent, ou le pur attachement à la classe de l'objet. Quelle que soit la raison, on sentait sa profonde affection pour cet accessoire dont il ne se défaisait jamais sinon peut-être la nuit dans l'intimité de son alcôve solitaire, pour se reposer du frottement et du poids sur son doigt.

Frelon fut le premier à découvrir au plus près la chevalière de Tatase, puis à la décortiquer. Le moment datait de la Retraite religieuse annuelle de début juin 1963. On s'acheminait alors vers la fin de l'année scolaire, tous les ans à la même époque l'Institution pilotait à moindres frais un grand rassemblement mis sur pied à l'extérieur de Saint-Grégoire. Cette année-là la troupe envahit les moyenâgeuses cellules de moines au monastère franciscain distant de deux cents kilomètres. Le voyage se fit dans les cars Lebossu, organisateur officiel des déplacements de l'Institution. Les pensionnaires et les Frères se répartirent dans deux véhicules, Tatase dans l'un Freddy dans l'autre pour veiller à l'exacte application des mesures KGB. Les Frères s'efforçaient de créer l'enthousiasme en reprenant des chants scouts et même quelques chansons à succès d'Hugues Aufray comme Santiano. Frère Hilaire quant à lui restait dans la chanson de catéchèse et barbait les pensionnaires de Quatrième et Troisième, les plus grands, sous les accents de « plus près de toi, mon Dieu. »

— On se croirait sur le Titanic, voilà ce qu'en disait Frelon, en grande forme. Terriblement rafraîchissant, en un mot « Hilarant » !

Derrière ses grosses lunettes épaisses comme les hublots du France récemment lancé à Saint-Nazaire, Frelon avec ses yeux rieurs, son humour pince-sans-rire, amusait son monde. Il était comme ça, très gai ou alors terriblement triste. Comme les vieilles montres en or d'autrefois, qu'il fallait ouvrir et scruter avec une loupe pour en percer les secrets – lieu de fabrication, réparée ou pas, nom de l'horloger – il aurait fallu ouvrir son âme pour le bien connaître, il ne se livrait jamais vraiment.

Cette Retraite, une grande leçon de catéchisme longue de trois jours, s'adressait à tous les pensionnaires, y compris ceux ayant prononcé depuis longtemps leurs vœux de Communion solennelle et reçu la confirmation.

La confession était obligatoire, et la communion tout autant. Chaque jour se tenaient les rites de prière et d'hommage à Dieu et ses Saints. Au petit matin, la prière en groupe faisait monter vers le ciel la centaine de voix des pensionnaires dans un unisson presque parfait, à onze heures l'abbé Pouchard disait sa messe. Entre les deux, les collégiens répartis par groupe de huit recevaient la bonne parole chrétienne des Frères sur des thèmes choisis par la direction centrale de la Congrégation.

Après le repas du midi, les groupes reprenaient leurs travaux puis à quatre heures s'entonnait une nouvelle prière, enfin les collégiens bénéficiaient d'une heure de détente sous forme de jeux ou football au choix. À 18 heures 30, tout ce petit monde se rassemblait pour participer à l'épreuve du chapelet, consistant à répéter dix fois le Notre Père et tout autant le « Je vous salue Marie ».

Les Frères de l'Institution étaient rejoints par d'autres pour diriger tous ces groupes, et si l'ennui atteignait son paroxysme avec cette indigestion de prières, il régnait une ambiance assez « bon enfant » pour faire oublier les sombres instants de la vie quotidienne au pensionnat.

La discipline néanmoins ne baissait pas la garde et Tatase et Alfred ne se privaient pas de sanctionner le moindre écart aux règles fixées par le gouvernement de Saint-Grégoire.

Un jour donc que l'élève Frelon participait au même Groupe de travail que l'anglais Atkinson, ce dernier nommé, voulant prouver ses progrès en français et sa capacité à construire de l'humour dans la langue de Molière, se risqua à jeter aux membres du groupe, au moment où Frelon arrivait pour les rejoindre :

— Attention ! Voilà Frelon et le frelon ça pique !

Tout cela dit avec un bel accent britannique.

Agacé par ce british qu'il n'aimait guère, Frelon répondit du tac au tac :

— Viens ici, rosbif ! Je vais te faire sucer mon dard.

Éclat de rire général de l'assemblée au moment hélas où Freddy la Pédale passait dans le coin. Ayant tout entendu il s'en prit à Frelon, qualifia son propos de « mauvaises pensées avec circonstance aggravante puisqu'exprimées en public pendant une Retraite. » Frelon, l'autiste très intelligent et dessinateur talentueux, encore plus agacé de ce manque d'humour, perdit les pédales, traitant Freddy de vieux rabat-joie.

Freddy alerta Tatase qui, soucieux de ne pas aggraver l'affaire, se garda bien de le frapper, ce qui eût été du plus mauvais effet dans une Retraite organisée devant un parterre d'autres Frères venus d'ailleurs. Mais il convoqua Frelon pour lui parler en tête à tête :

— Je vais passer l'éponge à une condition : vous allez me faire le dessin de ma chevalière.

— Le dessin de votre chevalière ? Mais pourquoi ?

— Cela ne regarde que moi, Frelon, je ne vous demande pas pourquoi vous faites ceci ou cela. Je n'ignore pas que vous êtes doué d'un joli coup de crayon, Frère Dominique me l'a rapporté et montré certains de vos dessins, je les trouve parfaits. Donc je voudrais que vous réalisiez un croquis de ma bague sur une feuille de papier de taille normale, propre au dessin. Toute la bague, recto verso. Vous n'aurez qu'un droit : signer votre œuvre après avoir recueilli mon aval. Et moi un seul devoir de charité, vous considérer absous de l'insanité sortie de votre bouche. Voilà votre punition, vous savez qu'elle pourrait être plus contraignante, alors mettez-vous au travail dès cet après-midi pendant le temps de loisir. Vous viendrez me demander la bague et me la rendrez à l'heure du chapelet. Ensuite nous procéderons comme suit pendant le temps qu'il faudra : vous poursuivrez votre travail en salle d'Étude selon les dispositions de votre emploi du temps à Saint-Grégoire, dès que nous rentrerons. Je vous donnerai ma bague, vous me la rendrez dès la fin de l'Étude, et ainsi de suite jusqu'à ce que vous ayez terminé. Je veux un dessin parfait, mettez le meilleur de vous-même. Une partie d'échecs s'ouvre entre nous, jeune homme, que le meilleur gagne !

Frelon prit ainsi connaissance de la chevalière dans ses moindres détails. Malgré le lourd handicap qui frappait ses yeux, il l'observa avec la rigueur et l'efficacité d'une IRM, à travers ses gros hublots, en tomba presque amoureux. Il se mit à l'ouvrage et mobilisa toutes ses qualités, non pour plaire au séide du pensionnat mais parce qu'il aimait le dessin et trouvait la chevalière du meilleur goût.

— Une chevalière miraculeusement belle ! contait-il à ses copains.

Il en faisait une description complète, soignée, avec les mots adaptés à ce qu'il considérait comme un chef-d'œuvre de graphisme et de gravure. Ceux qui s'intéressaient à son discours par intérêt pour la chose, ou seulement par curiosité, l'enviaient de parler de son travail avec autant de panache et de précision.

Il commença par le plateau sur lequel reposait une croix de quatre branches avec en toile de fond le portrait du Christ. Il lui sembla que cette représentation de la figure de Jésus était le signe distinctif de l'appartenance de la chevalière à un ecclésiastique, ou peut-être un fondu d'histoire de l'Ordre du Temple. Puis il s'attaqua aux deux côtés de la chevalière supportant le plateau, et formant l'anneau arrondi. La partie assez large permettait de graver sur chaque côté une croix templière en tous points identique à celle posée sur le plateau.

Au fur et à mesure de son avancée dans la reproduction du dessin il se documenta sur l'Héraldisme grâce à un livre qu'il dénicha dans la bibliothèque du collège, afin de mieux comprendre le sens des gravures trouvées sur le bijou, et disserter intelligemment de ses découvertes aux admirateurs.

— La forme de La Croix représente l'Ordre des Chevaliers du Temple. Leur devise latine, IN HOC SIGNO VINCES (par ce signe, tu vaincras), le confirme. Et puis une longue phrase latine occupe tout le cercle intérieur de l'anneau : « non nobis domine, sed nomini tuo da gloriam. » Une autre devise des Chevaliers du Temple que l'abbé Pouchard lit comme suit : « Non pour nous, Seigneur, mais pour la gloire de ton nom. »

Il conclut de ses lectures que la couleur pourpre du rubis sur les branches des Croix était un second signe distinctif sciemment choisi par le commanditaire, ce qui renforçait la suspicion d'appartenance à un ordre ecclésiastique sans aucun doute. La couleur saillait vive et franche, dans l'optique d'être identifiée prestement.

Une tête de lion avec crinière élégante ornait le dos du plateau dans la partie intérieure de la chevalière. Une véritable admiration traversa le jeune dessinateur. Frelon travailla dur, la représentation des détails de la bague s'avérait extrêmement complexe et techniquement ardue tant la gravure était fine et le dessin fouillé en lignes. Surtout, exécuter un dessin en grossissant l'échelle de l'objet lui infligea des corrections presque incessantes pour parvenir à la perfection désirée. Il plaça un papier calque pour conserver une trace de son travail, pour le souvenir et pour garder toute trace utile. L'idée lui traversa l'esprit d'en commander une copie ordinaire chez le graveur de sa commune qu'il paierait avec ses étrennes économisées depuis des années. « Ce sera de l'à-peu-près, songea-t-il, mais c'est mieux que rien. »

Il lut avec grande difficulté une minuscule devise au revers du plateau :

— *Fiel en mon cœur*, pourquoi cela ?

Puis un second alignement de lettres majuscules le déconcerta longtemps. Cependant sa vue fortement corrigée par ses coûteux gros verres et son habitude des lectures difficiles l'aidèrent finalement à déchiffrer l'alignement mystérieux :

INRI, le premier I et le R étant en état d'usure plus prononcé que les deux autres lettres.

Avec sa bonne culture latine et religieuse, il comprit le sens des quatre lettres, un carré célèbre dans l'histoire et que connaissent les chrétiens, les latinistes et historiens : Iesus Nazarenus Rex Iudaeorum, Jésus de Nazareth, roi des Juifs.

Toutefois, fixant au plus près l'emplacement des lettres, dans un reflet de lumière, il vit que se dégageait un trait vertical ressemblant au « I » de la quatrième lettre, et qu'en réalité le bloc de quatre lettres en composait un de cinq. Il revérifia et, bien que cette lettre ait plus que les autres souffert avec le temps, elle restait visible et symétriquement accolée aux autres pour former un acronyme dont la signification n'avait peut-être rien à voir avec les quatre lettres accrochées sur les calvaires, dont Pilate a la paternité.

Frelon chercha les combinaisons possibles, latines ou non, mais butait à chaque fois sur le troisième « I ». Le rébus semblait insoluble, alors il balança l'idée de la copie par le bijoutier et, dans une dernière tentative pour percer le mystère de ce bloc de lettres, réalisa chez lui sa propre copie de la chevalière, dans le plus grand secret. Le week-end de juin suivant la semaine de Retrait**e,** il rentra dans son village où ses parents tenaient un petit magasin de cycles et motos, mobylettes. Son père, seul à l'atelier, charmé des dons de son fils pour le travail manuel, la mécanique, la tôlerie, le bricolage, le dessin et parfois même la sculpture, lui avait réservé un recoin avec établi et outillage où, depuis l'âge de dix ans, il s'adonnait à tout ce qui, de près ou de loin, relevait de l'artisanat et de la création.

— Avec une copie de la chevalière, l'inspiration viendra plus logiquement, et puis on peut imaginer un autre usage…

Il tailla la chevalière dans une chute de laiton récupérée sur des morceaux d'un vieux réservoir de moto découpé par son père, conférant une noblesse minimum à sa création. L'atelier possédait ce qu'il fallait de poinçons, d'outils coupants, de grattoirs tranchants pour racler les chutes. L'élève Frelon réussit à sortir une chevalière de faible qualité, assez ressemblante à l'original, mais il manquait toutefois la lisibilité des lettres I.N.R.I.I., dépourvues de relief, et l'inscription *fiel en mon cœur* ressortait légèrement dentelée sur la partie supérieure. Trouvant une chute de laiton de meilleure facture, il décida de créer un second exemplaire de la chevalière, tentative couronnée d'un exceptionnel succès : tout était conforme et finement gravé, y compris les majuscules I.N.R.I.I. À la fin du week-end, lui seul possédait trois répliques du fameux bijou auteur de marques de sang sur les visages : la version papier et deux copies en laiton. Il cacha chez lui la seconde version, et glissa dans sa poche la première mouture.

Frelon, investi à fond dès qu'il fut missionné, acheva complètement son dessin et remit son œuvre le 20 du mois de juin 1963. Le cœur rempli de fierté, il le tendit à Tatase. Le dessin, sur une page de taille A 4, représentait deux parties : l'une faisait remarquablement ressortir l'extérieur de la chevalière, et dans la deuxième moitié de page apparaissait l'intérieur, avec dans chaque cas la silhouette de l'anneau de la bague. Le tout d'un graphisme parfait, rien ne manquait, y compris les lettres en leur entier.

— Beau travail, Frelon, je vous félicite. Je dois dire que je ne m'attendais pas à un tel résultat, cela m'oblige à reconnaître que votre talent vous appelle à un bel avenir. Il vous manque cependant quelque chose de très important, jeune homme, pour réussir votre vie, la discipline. Discipliner vos instincts, garder le contrôle, voilà ce que vous devez désormais travailler. Je vous avais laissé entendre qu'en échange de votre travail je passerais l'éponge sur les « mauvaises pensées » exprimées contre Frère Alfred, lors de la Retraite. Mais j'ai réfléchi depuis, reconsidéré ma position, pesé la gravité de votre faute, on n'insulte pas son maître ou son chargé de discipline, un Frère mérite le respect en toute situation. Aussi, mon cher, vous exécuterez votre peine : vous ne signerez pas votre dessin, vous serez privé de sortie dimanche prochain 23 juin, la peine vous paraîtra douce car la fin de l'année scolaire approche, vous retrouverez bientôt votre liberté. Disparaissez, Frelon ! J'veux plus vous voir.

Le malheureux Frelon s'échappa dans la cour et s'isola dans les WC. Le moral en berne. Quelle trahison ! Le priver du droit de signer son dessin lui arrachait le cœur plus que ne l'affectait la privation de sortie.

— Quel salaud ! Quel Félon ! Quel répugnant homme ! Tu me le paieras, diabolique Frère en noir !

Et de cet instant qui marqua sa vie, naquit en lui la terrible intention de se venger de celui qu'il désigna désormais comme « l'homme à l'âme de faussaire. » Tous les pensionnaires se souvinrent l'avoir entendu dire dans les derniers jours de juin de l'année scolaire 1962-1963, comme une prophétie menaçante : « Un jour viendra ! Un jour viendra ! »

***

*

Il pensait d'ailleurs à cela dans les rangs en attendant l'entrée au réfectoire, près de l'élève Baudet. Jacques Baudet n'avait pas entendu l'arrivée du gardien maudit, et se tenait un peu à l'écart du rang, dans ses pensées. Un coup de poing à l'épaule lui arriva sans prévenir, agrémenté par une engueulade de la voix de stentor : « Baudet, on respecte les rangs, abruti, reprenez votre place, ou sinon… »

Inutile de dire que tous filaient droit, d'autant que le sombre acolyte du bourreau, Frère Alfred, placé devant le tout premier rang, attendait le feu vert de son chef pour faire entrer la troupe au réfectoire. Silence total dans les rangs tant que permission de parler n'était pas donnée. Les pensionnaires attendaient, soumis comme des chiens autour de leur piqueux avant le départ de la chasse à courre.

Ils entrèrent sans parler et se répartirent sur les quinze tables réservées aux pensionnaires, à concurrence de huit par tablée. Une allée séparait les deux rangées de tables, limitée à la largeur nécessaire pour le passage des chariots contenant les plats à servir aux repas du midi et du soir.

Pour le goûter chaque pensionnaire avait droit à une tranche d'un pain de campagne de six livres sans accompagnement. Il appartenait aux parents de pourvoir leur rejeton en confitures, miel, ou chocolat pour agrémenter la tranche de pain sec.

Sur chaque table deux larges brocs attendaient à disposition : l'un contenant de l'eau, et l'autre du cidre. Dans ce collège de province, nombre de pensionnaires venaient de la campagne, souvent fils de fermiers rompus à une alimentation arrosée de cidre, la boisson traditionnelle. Alors un peu d'alcool était toléré. Léger en alcool, mais tout de même.

Sur la partie latérale de la première rangée de tables, côté cour et porte d'entrée, s'élevait une estrade couverte avec une longue table de ferme en chêne, réservée pour trois couverts : Tatase, Alfred, et un frère enseignant par alternance. Le plus souvent, les deux tortionnaires étaient ensemble, sans personne d'autre, et pouvaient ainsi donner libre cours à leurs pulsions violentes sans témoin gênant. Depuis cette place surélevée, une vue parfaite embrassait tout le périmètre du réfectoire et les élèves, rien ne pouvait leur échapper. Pas le moindre écart aux directives de conduite et de discipline ne s'aviserait d'être commis sous leurs yeux de rapaces sans tomber immédiatement dans leur champ de vision. D'autant moins qu'ils étaient en quête de toute attitude délictueuse à leurs yeux, de toute parole jugée maladroite, suspecte ou grossière à leur oreille. Il n'est pire aveugle que celui qui ne veut pas voir, il n'est pire voyeur que celui qui ne veut rien manquer.

Les pensionnaires tous installés à leur place, chacun maintenant s'occupait de beurrer sa tartine, ou de la croquer en pain sec. Ils se tenaient encore en silence, on n'entendait rien que le brouhaha de la centaine de bouches occupées à mâcher ou à boire. Le droit à la parole n'était pas encore ouvert, seul Tatase en décidait en prononçant la célèbre formule latine « Benedicamus Domino », louons le Seigneur. À laquelle les élèves d'une seule voix répondaient « Deo Gratias ». Une fine oreille décelait parfois une déviance dépourvue de toute référence latine avec un « Deo a la chiasse » de mauvais goût mais toujours du meilleur effet pour des potaches assoiffés de rire.

Le prononcé tant attendu tardait, et Tatase avait allumé le poste de radio disposé entre Alfred et lui, suivant une habitude instaurée depuis quelques années, préférant écouter les informations ou la musique radiophonique plutôt que le vacarme infernal causé par cent dix potaches qui parlent tous ensemble.

Le programme radio jouait les succès de l'année 1962 et 1963, Tatase haussa le volume du son lorsque Sœur Sourire entonna la seule chanson de langue française qui ait été classée première en Amérique : Dominique, nique, nique. Visiblement, il affectionnait cette chanson, et jugeait sans doute fort à-propos de faire écouter à ses prisonniers une ballade à la gloire d'un homme de religion.

La chanson suivante fut source d'un drame : Alain Barrière chantait « Elle était si jolie », une ballade romantique du goût des jeunes adolescents chez qui commençaient à naître des sentiments s'intéressant davantage aux amourettes qu'à l'affection d'une bonne sœur pour le fondateur d'un ordre.

« Elle était si jolie, que je n'osais l'aimer », Jean-Baptiste Jacquelin-Dubuisson, assis en face de ses deux copains Hamard et Serge-Noël Claude-Forget, dit SNCF, un des nombreux acronymes du collège, simula avec ses deux mains la silhouette de haut en bas d'un corps féminin, ce qui hélas n'échappa en rien à Tatase pour qui une telle attitude relevait du blasphématoire sinon à l'égard de Dieu du moins au sien, donc une bonne occasion de balancer des calottes à tire-larigot.

Il coupa la radio, se leva et d'un saut fut en bas de l'estrade, puis il fondit en quelques secondes vers la table de Jacquelin, lui flanqua un violent aller-retour, se saisit du broc à cidre et le lui vida sur la tête. Totalement surpris par l'acte, Jacquelin cria à pleine voix, puis se leva et tenta de s'écarter de l'emprise du bourreau qui le tenait par le bras et œuvrait jusqu'à la dernière goutte :

— Décidément, vous ne vous arrêterez jamais ! Vaurien !

— Arrêtez, arrêtez, suppliait Jacquelin qui, malgré son dégoût et presque aussi haut en taille que Tatase, n'osa pas répliquer physiquement.

— Jacquelin, espèce de mal élevé, je n'admettrai jamais vos gestes obscènes, votre intolérable comportement immoral, vous serez puni, que ceci vous serve de leçon, ainsi qu'aux autres ! Vous vivez ici dans une noble maison, une maison de foi où l'on respecte Dieu. Tout acte contraire à la morale et à la bonne éducation, je le juge un acte contre Dieu, et donc contre moi, son représentant. Oui ! Vous avez bien compris, je suis en ces lieux représentant de notre Seigneur Dieu.

— Il a des limaces dans ses haricots, souffla Frelon à son copain Jérôme Borret, assis à la table la plus éloignée du lieu où se jouait le psychodrame.

— Une araignée au plafond, tu veux dire, répondit Borret.

— Oui c'est pareil ! Les neurones en court-jus, quoi !

Il n'eut pas loisir d'en dire plus, Alfred lui envoya l'addition pour un usage de parole non autorisé :

— Frelon, vous me copierez cent fois « Je ne dois parler qu'après autorisation du Frère Anastase. »

Pas un pensionnaire ne réagit pendant l'agression subie par Jacquelin. Nul n'aurait osé lever la main ou cracher l'insulte contre le tortionnaire en robe noire, fort du risque de renvoi immédiat.

Le goûter s'acheva, les élèves gagnèrent la salle d'étude, puisque l'heure était venue d'y entrer, les plus petits surveillés par Alfred, les plus grands dans la salle attenante, surveillés par Tatase.

Jacquelin-Dubuisson monta se changer au dortoir, yeux embués de larmes malgré son âge et son expérience du collège, malgré sa pratique déjà ancienne du « bourreau sans merci »[1] qui venait de l'humilier publiquement, violemment.

Il songea au petit Bruneau, ce gosse qu'il aimait presque comme un frère : « Pauvre Pierrot, et dire que pendant six ans il va se taper ce sale type ! Je le plains vraiment, mon Dieu. Non ce n'est pas possible, cela ne doit pas arriver, il faut le protéger contre cette malédiction ! »

De cet instant, tout bascula dans sa tête. Comme Frelon six mois plus tôt, il se jura qu'il ne quitterait pas le pensionnat sans avoir réussi l'impensable : *éliminer Tatase définitivement*.

---

[1] Recueillement – *Les Fleurs du Mal*.

III
Jacquelin Dubuisson

Mercredi 30 octobre 1963

Jacquelin-Dubuisson dormit peu, inquiet de l'entretien planifié pour le matin même, face au Frère directeur, et des suites punitives probables de cette affaire de rédac. Il pensait avant tout à la déception de ses parents, si jamais une procédure d'exclusion le frappait. La profonde affection qu'il leur portait déclenchait en lui à tout propos le louable besoin de leur donner satisfaction, de ne jamais leur causer de soucis, tant ils en affrontaient déjà avec la gestion de leur affaire artisanale.

Il anticipait avec crainte les remarques acides que prononcerait son père, un homme plutôt de la vieille école, prompt à toujours donner raison aux dignitaires du Pensionnat quand ceux-là annotaient négativement son carnet scolaire.

Et puis l'agression de Tatase l'avait complètement mortifié. Depuis tant d'années que ce salopard lui collait des punitions, des lignes à écrire, des baffes à digérer, il n'avait quand même jamais osé le doucher avec un broc de cidre, lui, le bon élève. Cette attitude déjantée le convainquit qu'il connaissait le contenu de sa Composition de français : « Il est au courant par Frère Pierre, ou un autre, songeait-il. Mon pote, t'as pas fini de te prendre des torpilles sur la cuirasse ! »

Déjà, pendant les heures d'Étude du soir, successives de 17 heures 30 à 18 heures 45, puis de 19 heures 30 à 20 heures 30, avant la montée au dortoir, la brute en robe de diable n'avait cessé de l'épier, pour trouver la petite bête et remettre le couvert ; puis au moment du coucher, choisi comme par hasard son lit pour venir s'y asseoir et vérifier que son positionnement se conformait au règlement, corps allongé sur le côté droit. Toute contravention à cette position, dont le but était d'empêcher les pensionnaires d'avoir vue sur l'alcôve du surveillant, pouvait déclencher la machine à baffes ou un pensum de pages à copier. Le collège comptait deux dortoirs, celui des grands, de la cinquième à la troisième, situé au premier étage du bâtiment central de l'Institution, et celui des petits, situé à l'étage au-dessus, surveillé par Frère Alfred. Avec des pensionnaires répartis à égalité dans chaque dortoir, une soixantaine environ dans les grosses années, sur deux rangées.

Quand tous étaient couchés, Tatase et Alfred éteignaient les lumières, réclamaient le silence le plus complet, et l'installation dans la position imposée. Le noir absolu étant banni, quelques veilleuses maintenaient une clarté minimum, assez faible, suffisante pour observer ce qui se passait.

Les deux sbires consacraient en général la première demi-heure après l'extinction des feux à arpenter le dortoir par de silencieux allers-retours propres à surprendre les bavards en train d'échanger des mots qu'ils croyaient inaudibles. Ce qui s'appelait « violer une interdiction », et coûtait une peine allant du simple rappel à la loi à la grosse baffe en cas de récidive, avec l'estampille de la bagouse en or. Un « bonne nuit, les petits », façon Tatase et Freddy.

Au bout d'un moment, parce qu'ils ne pouvaient quand même pas passer la nuit à cirer le parquet avec leurs pompes à semelles discrètes mais macérées de transpiration, les deux surveillants s'asseyaient au pied du lit d'un pensionnaire, ce qui gênait le malchanceux sélectionné, le réveillait ou l'empêchait de s'endormir. Le gros fessier du surveillant, en tendant par sa position assise la literie, resserrait l'espace disponible de l'interne, entravait son mouvement. Les élèves appelaient cette action « être de fesse » : « j'étais de fesse hier soir, j'ai mal dormi », voilà un propos entendu le matin au réfectoire en se frottant les yeux.

Quant aux deux matons en noir, depuis cette position de choix ils observaient l'ensemble de leur dortoir, et identifiaient facilement tout contrevenant aux règles imposées.

Quand tout leur semblait endormi et sous contrôle, quand les ronflements meublaient le vide du silence total, Tatase et Alfred pénétraient dans leur alcôve, située au premier tiers du dortoir face à l'entrée, entre le dernier lit occupé et la zone des lavabos. C'était un espace d'un peu plus de seize mètres carrés, grand comme une chambre, ils disposaient d'un lit, de leur bureau, d'un meuble de rangement. Une veilleuse un peu plus puissante que les autres les éclairait, protégée par un globe de verre, et malgré l'épaisseur des voilages assemblés pour mieux les cacher, les élèves distinguaient l'ombre des surveillants vaquant à leurs occupations. L'ombre du diable…

Jacquelin, enfin libéré de l'oppression corporelle de Tatase, s'allongea discrètement sur le dos pour admirer les étoiles à travers la fenêtre située derrière son lit. Le dortoir donnait d'un côté sur le couloir du bâtiment, côté sombre et le moins agréable, de l'autre sur la Cour d'Honneur, avec des fenêtres sans aucun obstacle face à elles. Cette année, la chance l'avait installé du bon côté, il ne s'endormait jamais avant d'avoir contemplé le ciel lavé de tout nuage.

Il songea longtemps à la résolution qu'il avait prise, et s'en trouvait effrayé. Mille questions le gardaient éveillé : comment puis-je en arriver à une telle extrémité ? Comment ferai-je ? Dois-je en parler aux copains ? Des doutes l'assaillaient : et mes parents, que diront-ils si je suis découvert ? J'irai en prison toute ma vie, on me conspuera « enfant maudit, assassin… » Assassin, mais un homme responsable, c'est toujours ce que dit Bébert : « la grandeur de l'Homme c'est d'être responsable ! »

Et le jour finit par poindre… Sa résolution restait intacte…

Les néons crachèrent une lumière brutale, aveuglante après dix heures de veilleuse… Il était six heures trente du matin.

— Debout messieurs, cria Tatase de sa voix omnipotente, en descendant puis remontant à bonne allure d'un bout à l'autre du dortoir. Je vous rappelle que nous sommes mercredi, jour de Grande Sortie mensuelle, donc jour des valises. Les dix premiers aux lavabos se lavent, les autres font leur lit, préparent leurs affaires, puis leurs valises. Ensuite dès qu'une place se libère au lavabo, un autre la prend, et ainsi de suite. Et tout le monde se lave !

« À sept heures trente, prière du matin à la chapelle ; huit heures au réfectoire ; huit heures trente en classe ; dix heures, photo annuelle sur la Cour d'Honneur, puis récréation jusqu'à onze heures trente, heure de sortie. Et maintenant la prière ! »

Comme à chaque lever, les pensionnaires se mirent debout au pied de leur lit, et Tatase prononça les premiers mots du « Notre Père qui êtes aux cieux. » Tout le monde se mit au diapason du texte et récita les fameuses paroles invoquant Dieu, le grand absent dans ce collège comme en tant d'autres endroits du monde.

La prière dite, et Tatase ayant énoncé le programme de la dernière matinée avant la quille, le premier groupe de pensionnaires passa aux lavabos, tandis que quelques-uns dans la gêne et l'urgence s'enfermèrent dans les quatre cabinets qui servaient de lieu d'aisance à l'ensemble du dortoir, y compris à son affreux maître. Avec soixante potaches à satisfaire, le confort pour les nécessités humaines les moins glorieuses souffrait vraiment d'un équipement très réduit. Mais Tatase, avec ses années d'expérience, avait trouvé la parade pour pallier l'absence d'investissement dans des sanitaires jugés trop gourmands en espace et en argent par les financiers de la Congrégation. Après l'Étude du soir, les pensionnaires devaient impérativement se rendre tous aux toilettes de la Cour avant de monter au dortoir. Et gare au potache dérangé à l'heure du coucher ou dans la nuit ! Une fois passait encore, mais l'excès de dérangement déplaisait au « cobra ensoutané » qui bondissait morigéner le coliqueux, coupable de nuisance sonore et olfactive pendant les heures de sommeil. Une nuit que le pauvre Borret souffrait de troubles intestinaux l'obligeant à se lever plusieurs fois pour se soulager, Tatase lui était tombé dessus en lui collant un vieux coup de bague sur l'épaule, accompagnant son geste d'une observation des plus romantiques et charitables : « Mais ma parole, Borret, vous êtes une vraie machine à merde ! »

Les élèves, réveillés par le bruit, en avaient à la fois ri et ressenti une affliction pour le pauvre Borret.

Alors tous, dès la fin de l'étude, couraient aux toilettes de la cour, car l'affreuse bouffe servie par le cuistot pouvait à tout moment déclencher une alerte fatale pendant la nuit.

Jacquelin-Dubuisson, en revenant du lavabo vers son lit, observa Tatase en discussion avec Jean-Claude Duché, un fils de bonne famille dont les parents se trouvaient, selon certaines rumeurs entendues sur la cour de récréation, à la tête d'une grande chocolaterie parisienne et d'une belle fortune. Tatase, s'il fut jamais capable d'aimer quelqu'un, affichait à l'évidence depuis quelque temps un ménagement certain pour ce pensionnaire de quinze ans, bientôt seize, en dernière année de collège. La robe noire n'a jamais été insensible à la fortune ou au pouvoir. Et Duché, au demeurant un élève usuellement calme et sans histoires, ne pouvait être traité aussi sauvagement que les autres, sa famille ne l'aurait pas pardonné aux Frères responsables de la garde de leur rejeton. Cela depuis qu'étaient survenues à plusieurs reprises, avant que Tatase comprît enfin le poids prestigieux des parents Duché, des maltraitances sévères : il avait battu Jean-Claude pour les mêmes raisons qu'il violentait les autres, et le garçon lui en gardait un ressentiment tenace, une haine ravalée prête à se réveiller en n'importe quelle circonstance. Lui aussi avait tâté du broc d'eau et de cidre sur la tête, et ne parvenait pas à l'oublier malgré les minauderies et les fausses postures de Tatase dont il n'était pas dupe.

Jacquelin-Dubuisson remarqua que l'annulaire droit de Tatase ne portait pas de bague, ce bijou qui lui servait d'arme pour durcir ses coups, et dont le pensionnaire admirait la brillance et le dessin. Il l'avait ôtée, et sans doute laissée dans son alcôve.

— Tiens, se dit-il, il s'en est séparé, c'est donc qu'elle le gêne ou qu'il a oublié de la remettre après sa nuit. Par conséquent, il lui arrive bien parfois de la poser quelque part sans surveillance.

S'en emparer faisait partie des rêves les plus fous de J.B.J.D. Garder en souvenir de cette canaille la bague avec laquelle il tabassait la confrérie des pensionnaires victimes de sa folie : il commençait depuis quelque temps à réfléchir à la question. Et cette pensée soudaine que cela devenait possible le remplit d'un peu de joie, il se fit le serment de l'en déposséder avant de quitter pour toujours ce satané collège.

— Mais comment faire ? J'ai six mois pour trouver la solution, mais le plus vite sera le mieux. Je vais en parler aux copains, ils auront peut-être des idées.

Mais il se ravisa. Certes il partageait tout avec Claude-Forget, Gilbert Hamard, ses meilleurs potes, et même avec Frelon, un peu dans ses fantasmes mais tellement facétieux, depuis des années qu'ils se côtoyaient, de la Huitième à la Troisième. Chacun racontait aux autres ses misères, ses blessures, ses espoirs, et ce quatuor faisait un peu bande à part, rien ne sortait de leur pacte secret établi en fin de Sixième, quand leur amitié commune avait vraiment pris son essor et s'était révélée profonde et durable.

— Mais des actes malhonnêtes, indécents, on les garde pour soi, cela ne se révèle pas, ou alors plus tard, pensait Jacquelin.

Il se souvenait de ce que disait son père : « Les gens, y compris les amis, finissent toujours par parler autour d'eux et révéler l'inavouable d'autrui. »

Alors il abandonna l'idée première de partager ce secret avec ses copains, mais pas celle d'accomplir son forfait contre Tatase, pour garder par devers lui une preuve de ce qu'il raconterait plus tard à ses enfants et petits-enfants, la preuve d'avoir connu le diable en personne.

À neuf heures, au moment où retentit le carillon de la Cour d'Honneur, Jacquelin-Dubuisson entra dans le bureau du Frère directeur. Hilaire l'attendait, debout à la fenêtre de son mirador, surveillant son monde.

— Asseyez-vous, Jacquelin, tenez, voici votre prose, j'aimerais vous l'entendre lire, devant Frère Guy et Frère Pierre, ici témoins pour le corps professoral, Frères Anastase et Alfred pour le corps de discipline, et l'abbé Pouchard, qui nous rend visite ce matin pour la photo du pensionnat.

Jacquelin s'attendait à voir les deux exécuteurs des basses œuvres, malgré tout, en découvrant leurs sales bobines, il fut saisi d'un sentiment d'hébétude. Il serait, pensait-il, plus difficile en leur présence de se tenir muet sur l'identité du personnage dépeint dans sa Composition, reconnaissable au milieu des mots, alors qu'il s'était décidé à tenir une ligne de défense sans faille, à ses yeux, indispensable pour accomplir sa promesse de la veille, celle de détruire Tatase sans éveiller le moindre soupçon.

La présence de Frère Guy et de Frère Pierre s'avérait moins problématique. Frère Pierre connaissait le texte, l'avait déjà puni pour la cause, et Frère Guy, le prof de maths, était un homme de nature peu vindicative, tout comme l'abbé Jean Pouchard, curé desservant le collège, un homme de cœur toujours bienveillant avec les élèves, âgé de quarante-huit ans dont une vingtaine d'années de sacerdoce.

Jacquelin baissa le regard quand il croisa celui de Tatase, ce qui lui permit de constater qu'il ne portait toujours pas sa bague à l'annulaire droit. L'aurait-il perdue ? Ce doigt nu en tout cas était chose rarissime, sinon du jamais vu.

— Ils connaissent déjà le texte de votre inénarrable Composition française, souligna Hilaire, mais l'entendre de votre bouche nous permettra de démasquer le pernicieux de vos sentiments et de vos intentions quand vous l'avez écrite. La vérité doit éclater.

Jacquelin hésita, il faillit prendre la parole, s'excuser, noyer le poisson mais Hilaire insista :

— Allez lisez, que diable ! Rappelez-nous le sujet de la Composition !

— Chaque élève dressera en une page le portrait de son Frère préféré au pensionnat Saint-Grégoire…

— Très bien. J'attends…

Alors Jacquelin se lança :

« Dans ce magnifique et très ancien collège Saint-Grégoire, nous vivons, quelle chance, avec dix Frères chrétiens à nos côtés pour nous aider à devenir les meilleurs élèves du monde et apprendre la charité envers son prochain.

Je les aime tous, nous les aimons tous, mais il en est un que je préfère, on l'appelle Le Bourreau. Cet être vil, brute assoiffée du sang des élèves, mal élevé, bouledogue mangeur de crottes de nez, a de larges épaules au bout desquelles des bras musclés sont emmanchés pour frapper les faibles, les pensionnaires le nomment "kapo de l'Institution Saint-Grégoire." Homme glaçant, pervers, qui effraie tout le pensionnat, mais qui, si l'on sondait profondément son âme, livrerait fatalement des raisons d'espérer en sa rédemption.

Nous avons récemment étudié les paraboles de Saint Jean, Livre 8. Dans l'une d'elles, des Juifs reprochent à Jésus d'avoir en lui un esprit mauvais, à quoi il répond : "Je n'ai pas l'esprit mauvais, mais j'honore mon père et vous, vous refusez de m'honorer." Eh bien, notre "Bourreau" fait tout le contraire : il a l'esprit mauvais, déshonore son Institution et les autres Frères, alors oui, les pensionnaires refusent de l'honorer.

J'ai beau chercher, je ne trouve pas les raisons pour lesquelles je le considère comme mon Frère préféré. Jamais de gentillesse, rarement souriant, il parle fort et avec violence, comme s'il détestait les enfants, je le crois habité par un fantôme rongé par la haine, le remords, l'esprit de vengeance. Alors comment fais-je pour le préférer aux autres Frères ? Comment ? Que dis-tu, mon âme ? Parce que j'ai peur de lui ? Ah oui, peut être ! Oui, c'est cela, je le crains plus que mon père, et ne puis l'oublier. Et s'il devine être mon frère préféré, peut-être sera-t-il enclin à plus de mansuétude, alors il me fera grâce de ses coups de poing, ses coups de bâton, ses coups de pied. Que sonne dans le vent l'hallali de la bête ! Que l'éternité se souvienne de nos douleurs ! »

— Merci, monsieur Jacquelin, ce que nous venons d'entendre est tout simplement horrible et déshonorant, qui plus est terriblement mensonger, on ne voit vraiment pas à quel Frère de notre vénérable institution cela pourrait correspondre. Alors, que vous est-il passé par la tête ?

Hilaire parlait d'un ton ferme, se gargarisait de belles phrases, et paraissait d'avance totalement sourd à toute tentative d'essayer de comprendre pourquoi Jacquelin dressait un tableau aussi noir, et ce que cela disait sur la vie au pensionnat.

En écrivant ce texte, l'auteur se doutait bien que la Direction réagirait, tout cela ne glisserait pas comme une lettre dans la boîte. Alors privé de courage, sentant que la vérité ne pourrait sortir de sa bouche car elle ne serait en aucun cas acceptée par Hilaire, il avait bâti une réponse, qu'il livra en essayant d'y mettre une forme de conviction :

— J'ai voulu rédiger un essai littéraire. Mon idée consistait à dépeindre un personnage fantomatique, irréel. M'en tenir à une composition classique m'ennuyait, ce qu'ont fait les autres, c'est à dire ne voir le sujet qu'au travers des Frères habituels du pensionnat, je désirais de l'originalité.

— Vrai que Jacquelin dispose d'une certaine facilité d'écriture, d'un sens littéraire développé pour un enfant de son âge, mais tout de même, avança Frère Pierre.

— Il est habile ce jeune ami, il veut nous faire croire qu'il a été soudainement inspiré par le désir de se démarquer des autres, mais je crois que c'est faux, avança Hilaire, en souriant. Vous pensiez vraiment à quelqu'un, à l'évidence. Alors à qui ?

— Je n'ai cité personne, car il n'y a personne à citer, continua de se défendre l'accusé Jacquelin.

— Persiste et signe, jubila le Frère directeur. Vous jurez que le Frère dépeint dans votre texte n'est en aucun cas Frère Anastase ni Frère Alfred.

— Je le jure !

Jacquelin eut honte de mentir, mais en même temps il éprouva un sentiment de fierté à ne rien avouer, car il savait qu'un aveu pouvait lui valoir l'exclusion définitive et complète du collège, ce qui l'empêcherait de régler son compte à Tatase, son seul objectif devenu depuis la veille une terrible obsession.

— Pourquoi eux ? demanda l'abbé Pouchard. Cela le devrait ?

La question contraria Hilaire. Il ne s'attendait pas à celle-là, mais en prêtre respecté, on écoutait remarques et avis de Pouchard, il ne fallait pas le dédaigner. Et puis Hilaire n'ignorait pas que ses deux acolytes frappaient souvent d'une main lourde, des élèves s'en étaient plaints à Pouchard en confession, ou lors des heures de service comme enfants de chœur. Malgré tout, il poursuivit sa diatribe :

— Mais non monsieur l'abbé ! Je ne vois vraiment pas pourquoi, affirma Hilaire. La discipline est une chose difficile à obtenir et à maintenir, savez-vous. Les professeurs aussi vous le diront ! Les élèves sont des enfants turbulents, on les prend à l'âge où ils se forment, ils partent un peu dans tous les sens, se rebellent souvent contre l'ordre. Tenir en main cent dix pensionnaires tient du miracle, et demande fréquemment des attitudes de fermeté, de la rigueur, en gardant toujours le contrôle de soi-même, en restant juste, ce qui a toujours été notre politique. Mais avec de tels mots comme on a entendu, Jean Baptiste surpasse l'inacceptable, on est en plein délire.

Le temps passait, il fallait prendre une décision. La question de Pouchard porta un coup à Hilaire, et aux deux belzébuths chargés de la discipline. Tout semblait tellement acquis d'avance, une punition exemplaire, soit le renvoi définitif, mais peu engageant car défavorable aux finances du collège, soit la mise à l'écart pour une durée d'une semaine, le contrat prévoyant qu'aucun remboursement de la pension n'était exigible auprès de l'Institution : Hilaire avait envisagé les deux. Mais l'attitude de l'abbé enfonçait un clou dans ses certitudes. Alors il changea d'un coup d'avis et prit une décision beaucoup plus clémente qui dérouta les Frères présents mais obtint l'agrément de l'abbé :

— Élève Jacquelin-Dubuisson, vous me referez cette composition pendant la Grande Sortie, chez vous, et me la rapporterez le jour de la rentrée. Je la noterai avec Frère Pierre, et la note remplacera votre zéro. Bien évidemment, vous aurez compris ce que l'on vous demande, et je vous conseille de ne pas récidiver dans ce genre de dérapage. La prochaine fois je convoquerai vos parents. Veuillez disposer, et passez de bonnes vacances.

Tous les participants se levèrent et s'apprêtèrent à sortir pour rejoindre leurs occupations.

« Je m'en tire bien, exulta intérieurement J.B.J.D., les parents ne sauront probablement rien de ma Composition débile. » Il croisa le regard meurtrier de Tatase qui le fixait des yeux, et cette vision de l'homme âprement détesté le ramena à ses pensées délictuelles : « Et si je volais sa chevalière ! »

IV
Jacquelin-Dubuisson vole la chevalière

Mercredi 30 octobre 1963

Le maître du jeu avait rendu justice. Il était 9 heures 35. J.B.J.D se leva et sortit sans rien laisser paraître de sa jubilation. Constatant que Tatase et Alfred restaient dans le bureau du Frère directeur, et jugeant qu'ils ne remonteraient certainement plus dans leur alcôve avant la photo sur la Cour d'Honneur, il fila à toutes jambes au dortoir, de but en blanc grisé par l'envie de mettre la main sur la bague de Tatase, tellement excité qu'il ne remarqua pas le pensionnaire Albert Boisgontier montant par l'escalier du préau et le saluant de la main. Il grimpa les marches quatre à quatre, le cœur battant doublement par l'effort et le stress. En arrivant là-haut, il franchit l'entrée dont la porte bâillait ouverte, et fixa son regard sur l'alcôve. Un coup d'œil circulaire sur le dortoir, pour s'assurer d'aucune présence, peut-être un peu trop rapide, mais le temps pressait, alors Jacquelin écarta le voilage et s'engouffra dans l'alcôve. Il vit le dessin de Frelon dans un cadre accroché au mur, le jugea somptueux : « sacré Frelon, quelle mine de crayon ! ». Une odeur désagréable lui agressa les narines « ça pue le pet ici ! » mais il revint vite à l'essentiel. Son cœur battait à se rompre, il fallait faire vite, éviter surtout un retour surprise de Tatase, trouver la bague en quelques secondes. La chance s'acharna pour lui, il l'aperçut qui scintillait légèrement grâce à l'apparition furtive mais bienfaitrice d'un modeste rayon de soleil par une fenêtre d'un seul battant, unique et maigre ouverture sur l'extérieur.

Posée sur le bureau du bourreau, au milieu d'un trousseau de clefs et de papiers, il s'en empara, la glissa dans sa poche de pantalon, respira un grand coup puis s'approcha sans bruit du voilage de sortie, tendant l'oreille pour identifier la moindre présence humaine. Le chemin paraissait libre, hésitant dix secondes, égalant un siècle, il se décida enfin à quitter l'alcôve. Au moment où il sortait et s'apprêtait à filer soulagé vers le couloir d'accès au dortoir, sapristi ! Il entendit une vague musique venue du fond du dortoir et une voix hélant son nom :

— Hé, Jean-Baptiste !

Catastrophe, il l'avait oublié celui-là, Alain Blondel, le breton de Redon, immobilisé depuis plusieurs jours au lit après s'être abîmé le pied en jouant au foot sur la Cour. Ses parents ne pouvant venir le chercher, après les bons soins de la Soeur infirmière, il passait sa convalescence au collège jusqu'à la Grande Sortie d'aujourd'hui. Autorisé à écouter son transistor, il ne s'en privait pas et connaissait mieux le classement du hit-parade que les périodes de règne des Rois de France.

— Écoute, Johnny, putain quelle belle chanson !

Du poste s'échappaient la voix chaude du chanteur en vogue, et les notes de son grand succès du moment « L'idole des Jeunes ».

— Qu'est-ce que tu fais ici ? demanda-t-il.

Jacquelin avait déjà préparé sa réponse en marchant jusqu'à Blondel :

— J'ai perdu un livre, je suis monté vite fait voir s'il était là.

Blondel l'avait vu entrer et sortir de l'alcôve de Tatase, mais s'abstint d'en parler à Jacquelin. Cela ne le regardait pas, en garçon bien élevé et discret, de plus il connaissait les déboires de Jacquelin avec le bourreau. Cependant, il s'amusa beaucoup quand il vit la tête de son ami en lui apprenant une nouvelle à laquelle celui-ci ne s'attendait pas :

— Tiens, tu es le quatrième à venir me voir ce matin, révéla Blondel, comment ça se fait, il n'y a pas classe ?

— Euh… Non, en raison du jour de sortie et de la photo du collège à dix heures, on nous autorise à rester sur la cour. Moi j'ai eu le droit dès 9 heures à une engueulade du Frère directeur.

— Comment ça s'est passé ? s'inquiéta Blondel.

— Je m'en tire bien, je dois refaire la composition pendant les vacances, mais dis-moi : qui est venu te voir ? s'alarma Jacquelin.

— D'abord tes copains, Hamard, SNCF, et puis après eux un troisième, que je fréquente peu, Duché. Culottés, les mecs, pour entrer dans l'alcôve de Tatase…

— Quoi ? Dans l'alcôve ?

Jacquelin se sentit obligé de le lui avouer aussi, il réfléchit que s'il lui cachait mais que Blondel l'avait vu entrer, celui-ci se poserait des questions.

— Même combat, moi aussi, je voulais voir comment c'est gaulé chez lui, j'te cache pas que j'ai eu la trouille qu'il revienne, je ne me suis pas attardé.

Blondel, loin d'être idiot, se dit qu'il lui mentait, ou lui dissimulait peut-être quelque chose en lui racontant cette histoire de livre perdu. Ou qu'après tout les deux étaient possibles. Il trouva tout de même curieux que quatre pensionnaires se soient présentés le même jour pour visiter l'alcôve du bourreau, eu égard aux risques encourus si le maton en soutane rappliquait.

— Tu descends pour la photo ? demanda-t-il à Blondel.

— Non, mes parents ne vont pas tarder à venir me chercher, je reste ici.

Au moment où ils se séparèrent, le transistor entama la chanson de Sylvie Vartan « En écoutant la pluie ».

— Ah, ma belle Sylvie, s'exclama Blondel, et quelle voix !

Jacquelin se mettait déjà en route vers la sortie :

— Salut vieux ! Passe de bonnes vacances.

Il descendit l'escalier à toute vitesse et s'évanouit discrètement au milieu des élèves dans la Cour d'Honneur, l'heure du rendez-vous pour la photo annuelle approchait.

Plein de questions occupaient son esprit : « Mais que venaient faire Hamard, SNCF et Duché chez Tatase ? Ils ne m'ont rien dit. Ils ont dû être informés de la présence de Tatase chez Hilaire, pour oser monter chez lui. Mais pour quoi faire ? Piquer la bague, c'est impossible, on n'en a jamais parlé ! Mais alors, ils ont dû comme moi constater son annulaire nu, et la repérer sur le bureau. Quand Tatase va enquêter sur sa disparition si jamais l'un des trois, ou Blondel, passe à table, on m'interrogera, je suis le dernier à être entré, on m'accusera. »

Il songea à rapporter la bague, mais trop tard ! Tatase et Alfred faisaient barrage, obligeaient tout le monde à s'installer sur les estrades pour la photo.

Ce matin de fin octobre 1963, un plafond de nuages gris clair perturbait légèrement la luminosité. Le temps s'affichait clément pour ce premier mois d'automne ; une jolie brise de sud, remarquable par sa rareté en cette saison, enroulait mollement les visages, bruissant à peine, et réjouissait les nez de quelques effluves qu'elle dérobait en traversant le jardin du collège, un joli carré entretenu pour la Congrégation par madame veuve Boisseau, mère de Frère Guy.

L'Institution couvrait un peu moins de onze mille mètres carrés en plein centre-ville, en additionnant toutes ses surfaces.

Les cent dix pensionnaires présents pour la photo annuelle se trouvaient réunis dans la fameuse Cour d'Honneur de l'institution, célèbre par son ancienneté puisque construite en 1845, mais aussi par son architecture en fer à cheval, et par la personnalité de quelques visiteurs notoires : le Président de la République Emile Loubet en 1903, les Papes Léon XIII en 1890 et Benoît XV en 1921, sans compter les honorifiques de moins grande condition, maires, députés, évêques, archevêques, missionnaires. Elle couvrait une superficie d'environ mille mètres carrés, cernée par trois bâtiments construits en excellente pierre. Chaque bâtiment comptait un rez-de-chaussée et deux étages, chaque façade disposait d'une dizaine de fenêtres ouvrant sur la cour, le tout fermé derrière la grille d'entrée donnant sur le trottoir et la rue.

En regardant l'ensemble immobilier depuis l'extérieur, l'Institution Saint-Grégoire présentait fière allure. Au centre se tenait une statue imposante, celle du Sacré-Cœur, et la façade principale abritait en son milieu du second étage une statue de la Vierge bénite en 1880.

La Cour d'Honneur constituait l'inestimable vitrine de ce vaste collège, on entrait dans le lieu en franchissant sa grille, on le quittait par la même issue, entretemps des années s'étaient écoulées. Et le temps possédant cet incroyable génie de développer chez l'humain les capacités d'oubli, de nombreux anciens élèves revenaient un jour participer à la Fête annuelle du collège, pour parcourir une fois encore les couloirs autrefois détestés, les dortoirs aux nuits mélancoliques, les cours de jeu aux chamailleries sans fin.

Et au rendez-vous annuel, des ouvriers montaient les estrades sur lesquelles les cent dix pensionnaires se tenaient debout face au photographe, tassés sur cinq rangées de vingt-deux élèves chacune, les plus petits au premier rang, les plus grands au cinquième le plus élevé, conformément à l'esprit pyramidal qui régit le monde.

Comme chaque année, la confrérie en habit noir occupa la moitié du premier rang, au nombre d'une dizaine, les Frères Guy, Pierre, Bernard, Dominique, Anastase, Alfred, et les autres. Le Frère directeur Hilaire, placé au centre, regardait fièrement l'objectif avec un léger sourire aux lèvres. Frère Hubert paraissait malheureux.

Sur les visages de certains pensionnaires se lisait la tristesse, une sorte de résignation face aux mois qui restaient à courir avant la libération définitive ; d'autres acquiesçaient un gentil sourire, le cœur plus léger, transfigurés peut-être car à une heure et demie de la grande sortie de Toussaint.

La photo à peine terminée, la voix d'Anastase aboya à toute volée pour répéter les ordres : « Vous montez tous vos valises dans la bagagerie du rez-de-chaussée, puis vous redescendez sur la cour, en attendant l'arrivée de vos parents, à partir de onze heures trente. Ceux qui ont déjà déposé leur valise n'ont rien à faire ici. Que chacun redescende sur la cour dans l'ordre, et je ne tolérerai aucun chahut ! »

Jacquelin-Dubuisson, Hamard et Claude-Forget se retrouvèrent sur la cour, mettant tout de suite sur le tapis la question de l'intrusion dans l'alcôve de Tatase. Comme ils n'avaient pas eu le temps de se concerter avant la photo, leur conversation soutenue s'engagea à l'écart d'oreilles potentiellement indiscrètes :

— Vous êtes entrés dans l'alcôve ? demanda Jacquelin.

— Qui te l'a dit ? interrogea Hamard, le visage étonné, presque pâle.

— Blondel, rassure-toi, répondit Jacquelin. Je suis passé le voir, il vous a vus, entrer et sortir, mais il s'en fout. J'y suis allé aussi, je suis ressorti direct, ça sentait la merde.

— Pas étonnant, avoua Claude-Forget, se retenant à peine de rire, en scrutant tout autour de leur périmètre, pour le valider à l'abri de toute écoute. Voyant qu'il était chez Hilaire avec Alfred, pour s'occuper de ton cas – au fait tout s'est bien passé j'espère ? – on s'est dit c'est le moment, il ne remontera pas de sitôt dans sa piaule, ce crevard !

— Le moment de quoi ?

Les deux se regardaient, et pouffèrent avec bruit :

— On a chié dedans, lâcha Hamard, direct, rigolard.

— Hein, quoi, non ! C'est pas vrai ? demanda Jacquelin, qui n'en revenait pas, mais où ? Chié dans l'alcôve ?

— Ouais mon vieux, on l'a fait. Je suis monté sur sa chaise, j'ai dévissé le globe de sa lumière de plafond, on a chié dedans, chacun son tour, chacun sa merde, et j'ai revissé le tout ! Pour le faire payer, ce salaud, de tout le mal qu'il nous fait.

Jacquelin était stupéfait. Il n'aurait pas pensé à celle-là !

— Vous ne m'avez rien dit, bande de salauds ! s'agaça-t-il, légèrement jaloux de ne pas participer à l'aventure.

— Cela nous est venu comme ça, Gilbert a eu l'idée, et ça m'a plu, c'était l'occasion à saisir. Tu n'étais pas là, dommage.

— Quand Tatase va s'en apercevoir, il va devenir fou, dit Jacquelin, pourvu que Blondel tienne sa langue.

— Oui, mais il le verra trop tard, on sera partis, on peut compter sur le silence de Blondel, il dira qu'il était dans sa musique. En plus on a aperçu sa grosse bagouse sur son bureau, on l'aurait bien fauchée, mais là on tombait dans le vol, on a hésité, reprit Hamard, on s'est contenté de l'admirer, ainsi que le dessin de Frelon, quelle classe !

— Pourquoi vous l'avez zieutée, c'était risqué ? demanda Jacquelin, feignant de se perdre dans des détails, mais principalement inquiet de leur intérêt pour la chevalière, soucieux de connaître leurs intentions.

— Comme ça, pour en garder un souvenir.

— Elle est belle, demanda innocemment Jacquelin ?

— Oui, t'en prends plein les yeux, elle est gravée resto-verso, et pèse son poids, du beau travail, précisa SNCF, mais on ne s'est pas attardé, et puis j'te dis pas l'odeur, c'est infâme !

— On a préféré se calter, ajouta Hamard, mais tout ça doit rester entre nous, sinon ça fuitera fatalement un de ces jours.

Après avoir hésité, reculé, refusé, Jacquelin se décida à raconter aux deux copains son intrusion dans l'alcôve, après leur passage, mais il n'avoua rien de sa prise :

— Moi aussi je suis entré chez Tatase, après mon entretien chez Hilaire, je voulais voir à quoi ça ressemblait, je comprends maintenant pourquoi ça puait à ce point, bientôt l'odeur va descendre jusque sur la cour, vivement qu'on parte avant.

— Alors Blondel t'a vu ? insista Hamard.

— Oui, on a discuté, il m'a dit qu'il vous avait parlé et que Jean-Claude Duché était aussi entré dans l'alcôve, après vous, avant moi.

— Ah bon ! Duché est passé. Qu'est-ce qu'il allait y foutre ? Faut qu'on le voie, on va le lui demander, recommanda SNCF.

— Tiens, voilà Alfred qui arrive dans notre direction, on ferait mieux de se rapprocher de la sortie du préau, proposa Hamard.

— Il est peut-être déjà au courant, suggéra SNCF, inquiet.

— Non, impossible, si c'était le cas, il courrait partout et poserait déjà des questions, se rassura Hamard.

Effectivement Alfred ne savait rien, il se demandait simplement ce que pouvaient se raconter les trois énergumènes aperçus au bout de la cour pour rire autant. Une sorte d'instinct, peut-être, l'instinct du chasseur de coupables… Il vint vers eux, accompagné du sieur Gaston Prévost, un civil en charge de la surveillance ponctuelle du Petit Jeu pour aider Alfred à couvrir l'espace d'observation, et dont les Frères acceptaient la présence sur la photo annuelle du collège. Âgé d'environ cinquante ans, il se montrait plus humain que ses deux chefs, aimait partager avec les élèves, pendant le temps des récréations, les résultats des événements sportifs nationaux et les grandes nouvelles du monde : football, athlétisme, départ des vingt-quatre heures du Mans en juin. Il avait même annoncé aux internes, quelques jours plus tôt, le samedi matin 12 octobre 1963, pendant la récréation de dix heures, la mort d'Edith Piaf.

Les trois copains croisèrent leur route en se dirigeant vers le préau, impatients désormais de l'heure de la sortie. Ils eurent soudain un coup au cœur quand ils aperçurent Duché en discussion avec Tatase :

— Purée ! Qu'est-ce qu'ils se racontent ? trembla Hamard.

— Qu'est-ce qu'il est allé fabriquer dans son alcôve ?

— Peut-être qu'il lui raconte la bonne odeur qui se répand dans le dortoir…

— Ou que les chiottes sont bouchées.

Ils éclatèrent de rire, puis redevinrent sérieux.

— S'il avait parlé, Tatase serait monté voir et fermerait déjà la grille de sortie pour trouver les coupables. On va essayer de lui poser des questions, Tatase s'en va.

Trop tard. Une femme élégante s'approcha, Tatase tout sourire se dirigea vers elle en lui tendant la main. Devant la mère de Duché, l'ex-bourreau du gamin de dix ans devenu presque un jeune homme faisait le tout gentil ; l'air patelin, il tentait de sortir son meilleur effet devant cette mince et élégante mère de famille fortunée. Ils montèrent les marches de l'escalier, trait d'union entre préau et Cour d'Honneur, poursuivirent leur conversation jusqu'à la grille d'entrée.

En se retournant une fraction de seconde, Jean-Claude Duché aperçut le trio Jacquelin, SNCF et Hamard, et tourna sa main droite pouce vers le bas : le signe romain demandant la mise à mort des gladiateurs !

— Merde, ça veut dire quoi son pouce vers le sol ? s'alarma SNCF, il a un message à nous passer ?

— On s'est fait avoir, il a dû nous dénoncer, réagit Hamard.

Mais Jacquelin les rassura, il connaissait un peu Duché, et ne le considérait pas comme un traître ou un délateur :

— Je vous dis non, c'est pas un gars comme ça, et puis il ne nous a pas vus, on ne s'est même pas croisés. Blondel ne m'a rien dit, ils se sont à peine parlé. Par contre, il serait bon que nos parents arrivent, parce qu'au moment où il va avoir connaissance du désastre dans sa piaule ce sera la guerre. Tiens, bin justement voilà les miens. Salut les copains !

Loin de se douter que leur fils quittait le collège avec en poche la chevalière du surveillant général, les parents Jacquelin-Dubuisson saluèrent vaguement Tatase, toujours en discussion, et Jean-Baptiste arriva à la grille d'entrée avec sa valise. Le voyant, Tatase ferma sa bouche et offrit au regard de la société un rictus de dureté glaçant. Puis, saluant madame Duché, se revêtit d'un brin de sourire.

Quelques instants plus tard, SNCF et Hamard partirent, puis ce fut le tour de Frelon, Borret, le petit Bruneau tout à sa joie immense de revoir sa mère et enfin de Blondel, aidé par son grand frère et son père.

La Cour d'honneur se vida rapidement, et lorsque le carillon sonna midi tout le petit monde de Saint-Grégoire s'était presque totalement dispersé. Le collège désert ressemblait à une cité morte, privée des habitants d'un coup atomisés, les voix des élèves, évaporées, ne rebondissaient plus leur écho sur les murs de l'Institution. Ces grands bâtiments semblaient des ruines abandonnées, les longs couloirs ne vibraient plus du pas des pensionnaires, ne restait plus que le bruissement des soutanes passant furtivement, rien que les silhouettes austères des hommes en noir.

Ce n'est qu'en regagnant son alcôve après le déjeuner que Tatase découvrit les déjections avachies comme un poulpe dans le globe de la veilleuse. Il éructa, maudit les responsables de cette odieuse machination en utilisant même des termes qu'on entend rarement sortir de la bouche d'un ecclésiastique. Puis songeant soudain à sa bague laissée sur le bureau, il s'avisa qu'elle s'y trouvait toujours. Cœur de Jésus : elle avait disparu ! Il regarda sur le sol, s'agenouilla dans l'espoir qu'elle l'y attendît, un sol hélas vierge. « On m'a volé ! » Alors doublement fou de rage, il descendit à grands pas les escaliers pour prévenir Hilaire, après s'être assuré qu'il ne restait plus un seul pensionnaire. Pas de témoin à interroger, hélas, mais pas de témoin non plus, Dieu merci, pour se réjouir, en le voyant fulminer, du succès de l'entreprise menée contre lui.

Hilaire monta constater sur place, accompagné par « Sent du bec » et « Freddy la pédale », il lui fallait toujours des témoins prompts à acquiescer à ses observations et remarques.

— Malheureux homme ! souffla Hilaire à Tatase, d'un ton compatissant, quand, comment et pourquoi ? Avez-vous une idée de l'identité des coupables ?

— Pour l'instant je n'en ai aucune, répondit-il, rouge de colère, en proie à une poussée de tension annonciatrice d'une vengeance qui serait terrible. Peut-être l'élève Blondel saura-t-il quelque chose.

— Mon pauvre ami, le plaignit Frère Bernard, à quelle heure cela s'est-il produit selon vous ?

— Entre 9 et 11 heures 30, en estimant large. Je suis monté dans mon alcôve un peu avant 9 heures, chercher les clefs de l'économat, où j'avais à faire, ensuite redescendu à vos côtés pour la réunion avec l'élève Jacquelin-Dubuisson.

— Lui déjà on peut l'exclure, pour la période entre neuf heures et neuf heures quarante environ, observa Hilaire.

— À moins d'avoir des complices informés de ma présence à l'entretien, et donc conscients que la voie était libre... répondit Tatase, plutôt d'une nature perspicace, le genre pas né de la dernière pluie.

— Il faut durcir la discipline, se montrer impitoyable, renforcer les surveillances ! Freddy annonçait son projet politique.

— Écoutez, conclut Hilaire, tous les pensionnaires sont partis pour quelques jours. Nous allons faire nettoyer toute cette scène écœurante, et nous ouvrirons une enquête à leur retour. Vérifiez une fois encore si vous retrouvez votre bien personnel. Deux points me semblent d'ores et déjà acquis : les coupables seront renvoyés du collège si nous réunissons de justes preuves, et la discipline sera dans le principe considérablement durcie dès la rentrée.

Hilaire venait de prononcer son jugement. La répression serait terrible, et il conduirait personnellement l'enquête.

Il n'en eut pas le loisir. Contre toute attente, malgré une vie sobre et pieuse, il mourut dans la nuit d'une congestion cérébrale, et la Congrégation se mit dès le lendemain en quête du nouvel homme en noir destiné à régner sur le collège Saint-Grégoire au jour dit de la rentrée de Toussaint.

V
Vacances de Toussaint

Toussaint 1963

Jean-Baptiste Jacquelin-Dubuisson dormit encore mal cette nuit-là. Au bonheur d'avoir retrouvé les siens se mêlait avec persistance un sentiment d'inquiétude quand il repensait à tous les événements récents survenus au pensionnat : sa propre action, celle de ses copains, et le pouce tendu vers le bas de Jean-Claude Duché, geste inexpliqué. Il possédait certes la bague d'Anastase, mais une petite voix parfois se manifestait avec sévérité dans sa conscience : « Tu as volé ton prochain ! Tu as trahi tes éducateurs ! »

Un sentiment de culpabilité naturel, inhérent à son éducation, qu'il refoulait avec effort. N'entendait-il pas tous les jours les préceptes chrétiens, à tout propos : « Aimer son prochain, respecter autrui, se bien comporter, bannir la malhonnêteté de ses tentations, tendre la joue gauche si on te frappe la droite. » Cependant, plus que l'oppression de la faute morale, pesait sur lui l'émoi de la frousse. Il ne cessait de penser aux conséquences qu'il devrait affronter s'il venait à être découvert. Alors que faire ? Rendre la bague, dictait une partie de son cerveau. Sans rien avouer, incidemment, et puis c'en serait fini. Et puis non ! La garder, suggérait l'autre partie, on ne réussit qu'une fois dans sa vie un exploit pareil : punir le responsable de ses maux. Cerise sur le gâteau : quel fier souvenir quand il s'en souviendrait dans dix ou vingt ans en arborant la brillance à son doigt !

La voix douce de sa mère l'arracha au bon moment à ses pensées débordantes : « Jean-Baptiste, descends déjeuner, lève-toi tout de suite, il est sept heures. »

— Ah non, maman, c'est mon premier jour de vacances, je voulais me reposer !

— N'exagère pas ! Tu as la semaine pour cela, viens un peu avec nous, avec la Pension on ne te voit jamais.

Le grand-père Jacquelin, soixante-dix ans, installé sous le toit de son fils et sa belle-fille depuis son veuvage, lisait le carnet de notes abandonné sur la table quand parut Jean-Baptiste :

— Dis donc, tu t'en tires bien ! Ton père n'en apportait jamais d'aussi bonnes… Deuxième sur vingt-huit, 75 sur 100, ce qui, si je ne m'abuse, équivaut à 15 sur 20, ou sinon je ne sais plus compter ! Et 13 sur 20 de moyenne en compositions, ou en « compals » si tu préfères. Non vraiment, je suis fier de mon petit-fils, avec en prime des appréciations fort « appréciables » si je puis dire, les mots me manquent ! « Très bon classement et bon travail dans l'ensemble. » Viens là, mon gamin, que je t'embrasse !

Jean-Baptiste s'approcha de son grand-père, et reçut un baiser sur la tête dont il tressaillit de bonheur. Il adorait Marcel, son grand-père paternel, un homme de cœur, toujours prêt à s'occuper de ses petits-enfants, à les conseiller, à les défendre.

— Tu étais au courant, Max ? demanda-t-il à son fils. Maxime Jacquelin-Dubuisson écoutait sans rien dire et terminait tranquillement son petit-déjeuner assis au bout de la table.

— Oui, bien sûr, j'ai lu le résultat des courses dès hier après-midi, en rentrant du collège. Bonnes notes, je dois l'admettre, mais ce qui me déplaît, c'est qu'il y a un bémol !

— Ah bon, lequel ? interrogea Marcel.

— La discipline, papa, la discipline ! Au bas du carnet tu trouveras une appréciation nettement moins « appréciable » comme tu le dis si bien, lis toi-même…

— D'accord, je lis : « Depuis la rentrée la discipline qu'on connaissait chez ce bon élève se relâche, Jean-Baptiste semble enclin à céder facilement aux mauvaises influences, et doit en outre faire des progrès dans le respect de l'Institution. »

Qu'est-ce que cela signifie ce charabia ? s'amusa Marcel, de fond un tantinet anticlérical. Ah c'est bien du langage de curé ! Qu'est-ce qu'on te reproche de mal mon petit-fils ? demanda-t-il, coupant l'herbe sous le pied à Max. Vous parlez des filles entre copains ? C'est ça ?

— Je ne fais rien de mal, expliqua Jean-Baptiste, le ton sirupeux. De toute façon, ils ne sont jamais satisfaits, on ne peut rien dire ni rien faire sans être mal vu par les profs et les surveillants, alors…

— Ouais, enfin, y a pas de fumée sans feu, réagit son père, s'ils écrivent cela tu le mérites certainement, faudrait juste que tu aies le courage de nous dire la vérité. D'ailleurs, tu as intérêt à la dire, parce que sinon je demanderai des détails au Directeur !

Jean-Baptiste se sentait irrité, il retrouvait bien là toute la réactivité dont son père était capable quand l'ordre et la discipline s'invitaient dans le débat sous la critique des Frères de l'Institution.

— Je n'ai rien fait de grave, Frère Anastase avait allumé la radio du réfectoire, j'ai juste fait ça avec mes mains, pendant qu'ils passaient la chanson d'Alain Barrière.

— Laquelle ? demanda Max.

— Elle était si jolie…

— Elle était si jolie, que je ne l'osais l'aimer… chantonna Marcel. Écoute, franchement, si ce n'est que cela, y a vraiment pas de quoi en faire une histoire !

— Écoute, papa, les règles demeurent les règles. On a choisi de placer Jean-Baptiste au collège Saint-Grégoire parce qu'on veut pour lui une éducation sérieuse, et l'apprentissage du respect. Après, le contenu, la méthode, on s'en fiche ! C'est le problème des Frères, nous on veut qu'il apprenne à respecter les règles quand il en existe ! dit Max, agacé par les remarques de son père.

— Certes, certes, mais profiler le corps d'une fille avec ses mains, tout le monde l'a fait ! dit Marcel, un peu gouailleur. Je n'y vois pas un grave manquement au respect ! Relever ce genre de détail et en faire un casus belli, voilà ce que j'appelle « regarder le monde par le petit bout de la lorgnette », ou de la quéquette, à mon avis.

Il s'amusa de sa trouvaille mais, sentant que l'unanimité n'adhérait pas, il poursuivit :

— Cela ne mérite pas de le relever sur un carnet de notes au demeurant excellent, on se contente d'une remarque et on n'en cause plus. Enfin moi, je vois le monde comme ça !

— On paie assez cher pour obtenir un résultat ! Tiens, à ce propos j'ai reçu la facture ! Ils ne se mouchent pas avec le dos de la cuiller, les prix ont une fusée où je pense, on grimpe au ciel !

Max prit la facture à l'intitulé de « Association d'Éducation Populaire des Écoles Libres – Institution Saint-Grégoire », et lut à voix haute :

— Cinquante et un mille francs pour le trimestre ! Soit dix pour cent d'augmentation, ils n'hésitent pas les gars en soutane, s'énerva-t-il.

— Max, ne dis pas de choses comme ça devant Jean-Baptiste, intervint sa femme Eléonore, mais il poursuivit son réquisitoire en haussant le ton :

— Alors moi j'en veux pour mon argent, voilà tout. Si je travaillais sans discipline dans mon atelier, cela fait longtemps qu'on aurait mis la clef sous la porte. Qu'est-ce que tu peux fabriquer pour les pousser à écrire « cède à de mauvaises influences » ? Raconte un peu, on est entre nous, en famille ici.

Jean-Baptiste se contenta de quelques amuse-gueules pour toute réponse, et se tint dans des propos vagues, les portes ouvertes habituelles : des bavardages avec les copains pendant les cours, des blagues commises à l'encontre d'autres collégiens, ou des profs, mais rien d'important à son goût, et il affirma à son père ne pas comprendre ce que recouvrait le terme « mauvaises influences ».

Son père n'insista pas davantage, il fallait qu'il aille ouvrir son atelier. Ses quatre ouvriers et les deux apprentis seraient bientôt devant la porte. « On reparlera de ça au prochain carnet de notes, tiens-toi à carreau, je ne veux plus revoir des histoires comme ça ! »

Jean-Baptiste s'en tirait à bon compte pour l'instant, mais à entendre les propos stricts de son père il n'en menait pas large, et même à dire vrai il baignait dans la trouille. Cela lui remit en mémoire qu'il conservait dans sa poche de pantalon la bague de Tatase, et qu'il fomentait dans sa tête un complot pour se débarrasser du personnage. Ce n'était pas le résultat de mauvaises influences, mais bien des volontés très personnelles, dont il mesurait parfois l'énormité. Si son père le savait, il entrerait dans une furie terrible.

En même temps, son père ignorait tout des sévices personnels qu'il subissait du personnage en habit noir, il s'était figé dans un mutisme total sur la punition du broc de cidre glacé dont il sentait encore le froid sur sa tête et tous ses membres, rien que d'y penser. Il hésitait à l'avouer, peut-être qu'avec l'appui du grand-père Marcel son père aurait pris conscience que c'en était trop, que Tatase allait trop loin, mais il avait renoncé. « Si je le lui dis, pensait-il, à coup sûr il se plaindra au Frère directeur, l'Institution s'excusera, ou fera semblant d'admettre un excès, mais ensuite mon sort sera encore pire, Tatase m'en voudra à mort et s'acharnera sur moi. »

Jean-Baptiste restait sur l'idée de se venger de l'humiliation infligée, « la victime doit se rebeller à défaut d'obtenir justice » songeait-il, et si le bon moment se présentait il aviserait l'état de son âme et passerait ou non à l'action. Pour l'heure, dans l'indécision la plus totale, son éducation lui forgeait un remords, l'inclinant à restituer la bague volée à son propriétaire, il se résolut d'essayer au moins d'en obtenir une copie, pour le cas où il renoncerait à l'original.

Max sortit accueillir son équipe d'artistes qui venait d'arriver, et fit glisser la lourde porte en fer de l'atelier. Maxime Jacquelin-Dubuisson, âgé de quarante-deux ans, dirigeait avec autorité et réussite sa petite affaire artisanale de joaillerie créée tout seul voilà quinze ans. Sa clientèle se composait de grossistes travaillant pour les maisons de bijouterie-joaillerie les plus prestigieuses de Paris et d'Anvers, essentiellement, mais également de quelques grandes villes de province. Ces clients prestigieux lui sous-traitaient la réalisation de commandes pour catalogue, mais aussi d'œuvres spéciales, en petite série ou en pièce parfois unique, des bijoux de collection, également des montres de série ou des réalisations très personnelles.

La petite affaire s'en sortait bien mais les prix étaient très étudiés, réclamant une extrême rigueur sur la qualité des produits finis et sur les coûts de réalisation. Aussi Maxime Jacquelin-Dubuisson, naguère rêveur et élève Jean-foutre, s'était-il, avec le lycée professionnel et les coups de pied au cul de l'apprentissage, forgé le caractère, contraint d'être impitoyable avec lui-même, et plus tard avec ses ouvriers sur le travail fourni pour satisfaire une clientèle rare et pointilleuse. Il n'y avait donc pas de place dans sa vie pour l'à-peu-près, le manque de sérieux, la tolérance pour le travail mal fait, l'absence de scrupules, la réussite se situait au bout de l'extrême exigence.

— Tu as l'exclusivité sur ton destin, répétait-il souvent à son fils, si tu ne veux pas le meilleur pour toi, personne ne le voudra à ta place.

Jean-Baptiste admirait son père, et tous les artisans qui travaillaient à l'atelier. Ils accomplissaient de belles choses, créaient des bijoux magnifiques, taillaient, polissaient, sertissaient, dessinaient, et au terme de toutes ces étapes où l'on ne côtoie que le talent naissaient des œuvres brillantes et superbes.

Outre ses ouvriers, qui excellaient tous dans leurs métiers respectifs, Max s'entourait d'un contremaître chevronné à qui il déléguait un maximum de responsabilités techniques, ce qui lui permettait d'abandonner l'atelier pour tenter d'élargir ses offres à de nouveaux clients. « Je pars pour la journée, dit-il à Claude, n'hésitez pas à me joindre si nécessaire. » Et il s'éclipsa.

Pour Jean-Baptiste l'absence de son père constituait une aubaine pour passer le bonjour à Philippe Boisnard, un ouvrier qualifié âgé de vingt-cinq ans, considéré comme l'un des plus doués de l'équipe, avec lequel existaient de bons rapports en sa qualité d'ancien de l'Institution Saint-Grégoire. Philippe aimait beaucoup Jean-Baptiste et l'adolescent en avait presque fait un confident. Occupé à regarder les plans de coupe d'une bague en étoile, il reçut l'adolescent avec un grand sourire.

— Je suis très embêté, attaqua directement Jean-Baptiste, j'ai besoin de toi.

— Je vois un mauvais signe quand le fils du patron se dit très embêté et se confie à l'ouvrier plutôt qu'à son père. Tu as fait une grosse connerie, toi !

Jean-Baptiste plongea la main dans sa poche, regarda autour de lui pour s'assurer de l'absence réelle de Max et de l'inattention des ouvriers à son endroit. Il sortit la bague et la tendit à Philippe Boisnard :

— J'ai ça à te montrer, dit-il, l'air gêné.

— Oh joli ! Magnifique ! D'où tu sors ce bel accessoire ? Une chevalière qui me dit quelque chose d'ailleurs !

Jean-Baptiste se tint dans un mutisme absolu. C'est vrai qu'elle paraissait splendide, cette chevalière, finement ciselée, brillante de ses feux concentrés prêts à exploser au moindre rai de soleil. Conquis tout autant que Frelon par le plateau et sa croix à quatre branches, celle des chevaliers du Temple, et la toile de fond représentant un visage de Christ portant la couronne d'épines, Boisnard s'extasia :

— Le rendu est impressionnant, d'une élégance rare. La finition du polissage offre un fin contraste entre la figure chrétienne et la croix de couleur pourpre.

— Tu vois ici, les mots latins ?

Boisnard lut en arrondi tout autour du plateau les mots latins soigneusement gravés.

— IN HOC SIGNO VINCES, par ce signe tu vaincras, célèbre devise des Chevaliers du Temple à la gloire de Jésus de Nazareth. À l'intérieur de l'anneau, il vit gravés sous le plateau une tête de lion et ces quatre mots : *fiel en mon cœur*.

Il signala également un groupe de lettres soigneusement gravées, mais le bloc avait souffert, il lisait I.N.R, la suite perdait en netteté :

— Peut-être INRI ! Cela tombe sous le sens, sans certitude cependant, en tout cas gravures de très bon goût, finement exécutées, du grand art, conclut Philippe.

Il réitéra sa question. Jean-Baptiste hésitait à répondre, résistait, mais c'était inutile, la confiance ne s'acquiert que par des actes ! Il expliqua la situation sans même prononcer la traditionnelle formule qui n'engage que celui qui la prononce : tu ne diras rien à personne, promets-moi !

— J'ai volé la bague à Tatase !

— Quoi ! Mais pourquoi ça ? D'ailleurs, je me disais bien reconnaître un objet familier…

— Dans six mois, je quitterai Saint-Grégoire et je veux emporter un souvenir de celui qui m'aura tyrannisé pendant cinq ans.

— Tu te rends compte que c'est un vol, si ton père l'apprenait tu serais dans de beaux draps !

— Il ne le saura jamais ! Sauf si tu le lui racontes…

— Tu sais très bien que cela n'arrivera pas, tu peux avoir confiance. Et puis Tatase, tu penses à lui ? Quelqu'un t'a peut-être vu commettre le larcin et lui aura rapporté ? Et d'abord comment tu as réussi à lui soustraire ? Raconte !

Jean-Baptiste raconta les circonstances dans le moindre détail, mais prit soudainement conscience qu'il ignorait à cet instant si l'Institution avait connaissance du vol et pris des dispositions pour en chercher l'auteur :

Tu crois qu'ils ont porté plainte à la gendarmerie ? interrogea-t-il, rongé par l'inquiétude.

— À mon avis, dit Philippe, je suis certain que non, les Frères de l'Institution règlent toujours leurs affaires en interne, il faudrait au moins une mort suspecte pour qu'ils les sollicitent, non. À mon avis, l'unique certitude de ta situation tient dans l'attitude de Tatase, il doit être fou, et va vouloir trouver le coupable, je connais le bonhomme.

Philippe parlait d'expérience, celle des anciens pensionnaires du collège. Sa présence dans les lieux remontait à une douzaine d'années, déjà Tatase sévissait sous les murs de Saint-Grégoire, sous la direction du Frère Hilaire fraîchement nommé. Il connaissait tout des pratiques bonnes et mauvaises du collège et des excès du bourreau sans merci, et portait dans son cœur, comme tous ceux ayant vécu sous sa férule, les résidus d'une rancune autrefois puissante.

— Quel salopard, je ne vais pas le plaindre ni te blâmer mais mon conseil est celui-ci : il serait préférable que tu lui rendes sa chevalière.

— J'hésite, je voudrais absolument la garder en souvenir.

— Tu la subtilises trop tôt, l'année scolaire est encore longue, fallait attendre les derniers jours pour s'en emparer, il va se comporter comme un vrai fauve, va tous vous interroger, je le sais rusé comme un renard, ce sera très difficile de résister à sa pression.

— L'occasion ne se représentera peut-être jamais, si je la restitue je n'aurai pas exaucé mon vœu.

Comprenant que Jean-Baptiste était résolu, Philippe tenta une autre approche :

— Quel est l'intérêt de conserver un objet ayant appartenu à un personnage amoral et peu recommandable ? Avec le temps, ta blessure se résorbera, cela perdra de sa signification…

— Je suis certain qu'il y est très attaché et qu'elle lui manque, et rien que de le savoir j'ai le sentiment heureux d'un peu de vengeance !

Face à l'obstination de l'adolescent, et désireux de l'aider, Philippe lui proposa un autre scénario :

— Écoute, je pourrais à mes heures perdues le soir fabriquer une copie presque conforme de la chevalière, avec du métal ordinaire et quelques chutes de métal jaune pour le liseré doré, bien entendu il manquera la patine du temps mais cela te permettrait d'avoir une forme de souvenir et répondrait à l'essentiel de ton désir. Tu restitues l'original et puis vers la fin de l'année scolaire, quand l'opportunité se représentera bien à un moment ou un autre, tu substitueras la copie à la vraie.

Philippe se disait que d'ici là Jean-Baptiste serait peut-être passé à autre chose et qu'il abandonnerait cette idée saugrenue de commettre un larcin.

— Tu ferais cela, vraiment ? se réjouit l'adolescent, tout feu, tout flamme ? Bonne façon de procéder. Puis, s'obstinant avec plein de dépit dans la voix : « Sauf qu'en la restituant je risque de m'en séparer à jamais… »

— Mais non, s'impatienta Boisnard, je t'ai donné la marche à suivre : tu la restitues pour couper court aux enquêtes, aux recherches, aux ennuis, et puis fin du mois de juin 1964, si tu restes fixé sur cette idée tu trouveras un moyen de te réapproprier la vraie chevalière, et de réaliser l'échange. Mais d'abord tu la rends à Tatase, et surtout tu attends au moins une semaine ou deux avant de la replacer dans l'alcôve, car il va vous fouiller dès que vous rentrerez au collège.

Jean-Baptiste songea qu'il y avait une autre option : garder pour lui la chevalière originale de Tatase et replacer la copie dans l'alcôve dès le retour au pensionnat mais Philippe le lui déconseilla :

— Il est tout sauf idiot il verra qu'elle est trop propre, trop récente, sans patine ! Et puis j'ai besoin d'un peu de temps pour réaliser la copie !

Jean-Baptiste restait concentré sur la copie de la chevalière, il pressa Philippe de le fixer sur le délai de réalisation :

— Quand pourras-tu me donner la copie ? Et dois-je prévoir de l'argent ?

— Pas d'histoire d'argent entre nous ! Si tu me laisses la chevalière aujourd'hui je vais la photographier sous tous les angles, analyser ses composantes, je te la rends demain ou après-demain. Quand repars-tu au collège et quand reviens-tu chez tes parents ?

— Je repars dimanche soir et ne reviendrai que le dernier samedi de novembre.

— À ton retour, tu auras la copie.

***

*

On trouvait à Saint-Grégoire, comme partout dans les sociétés humaines, une certaine « monotonie des habitudes », dans le passé déjà soulignée en d'autres lieux et situations par certains écrivains[2]. S'y ajoutait la scélératesse pour certaines, imputable encore et toujours aux concepts immoraux de l'affreux Nikitanastase. Parmi ses manies en effet, condamnées à l'inamovible s'il eût vécu éternellement, figurait celle de la « réserve de points », dont les Pensionnaires commençaient à se préoccuper dès la rentrée scolaire. Un système pensé et construit par Tatase, ou plutôt une combine, consistant à punir sans tempérance les pensionnaires placés sous son autorité et celle de son acolyte, avec parallèlement la faculté d'une remise de peine ou d'un sursis total, reposant sur une réserve de points, dans laquelle il pouvait puiser pour laver d'un coup en quelque sorte le pensionnaire de sa sanction. Une réserve individuelle de

[2] *Cruelle énigme*, roman de Paul Bourget.

points, avec possibilité d'abondement par des dons de toute nature, et solde de points d'un trimestre reportable sur l'autre. Un authentique plan d'intéressement né bien avant l'ordonnance de 1967 du Général de Gaulle.

Quand il prononçait sa plus commune condamnation : « Vous me remplirez quatre, six, huit voire dix pages », il pouvait tout aussi vite réduire la sanction à néant en prélevant sa dîme de points si la réserve affichait un crédit suffisant. Quatre pages valaient cent points, huit pages, deux cents. La condamnation à cent lignes valait cent points, et ainsi de suite.

En certaines circonstances, la condamnation à la privation de sortie du dimanche pour un fait de discipline pouvait être effacée par un prélèvement de trois cents points sur le capital.

Seules les gifles assénées du plat de sa main droite puissante, complétées par un violent revers de chevalière agissant comme ersatz de poing américain, ne pouvaient trouver d'absolution par prélèvement dans la réserve : quand elles partaient, elles arrivaient droit au but !

Tous les internes comprenaient vite, dès leur intégration au pensionnat, où se situait leur intérêt pour passer entre les gouttes : se constituer au plus vite, dès le début ou en cours de trimestre, une copieuse réserve de points. Pour cela, malgré la répulsion que la combine provoquait chez certains, car tous les élèves, selon leur corps social, ne disposaient ni du sens de la débrouille ni des moyens pour acheter des points, il fallait pourvoir Tatase des biens dont il dressait la liste : timbres-poste, enveloppes de courrier, papier à lettres, calendriers et agendas de l'année nouvelle, carnets et cahiers avec ou sans spirale (mais il payait plus cher la spirale, elle avait sa préférence), cartes postales, livres, porte-clés. Liste non exhaustive, chaque bien apporté avait un prix, fixé par Tatase, sans possibilité de négocier le barème.

Qui vivait son année scolaire sans points exécutait toutes ses punitions. Qui avait le moyen de se procurer des calendriers ou des agendas par dizaines, ou obtenir de ses parents des timbres-poste en promettant d'écrire des courriers qu'ils ne recevraient jamais, ceux-là pouvaient arriver à boucler l'année sans avoir rédigé la moindre ligne de punition, ou presque.

Jean-Baptiste n'ayant donc pas oublié que la Toussaint se singularisait comme une saison prolifique pour la « réserve », en ouvrant la période d'impression des agendas et calendriers de l'année 1964, demanda à sa mère Eléonore, chargée de la comptabilité et de l'administration de l'entreprise, de lui fournir d'une bonne dizaine de chacun :

— Une bonne dizaine, tant que cela ! Mais pourquoi autant ?

— Parce que je souhaite faire plaisir au Frère Anastase, il en donne à des œuvres de charité, alors plus on lui en apporte plus il est aidé par ses collégiens, et puis on nous prêche la charité, donc on la pratique… Il me faut quatre carnets de timbres aussi.

En réalité, tout cela relevait d'un tissu de mensonges, mais les élèves évitaient d'aborder la question du système des points, car leurs parents n'y voyaient que pure invention. De plus, Jean-Baptiste demandait beaucoup parce qu'il pensait au petit Pierrot Bruneau, son ami, dont les parents aux modestes moyens ne pouvaient le gratifier que de quelques calendriers dont ils se fournissaient en demandant à gauche et à droite. Et sans l'aide d'un ami pour gonfler le stock, Pierrot pouvait voir une sortie du dimanche annulée pour une peccadille, ce qui lui aurait causé un grand chagrin. D'autant que Tatase se savait fort avec sa combine, il lui suffisait d'accroître le nombre de punitions en prétextant des motifs futiles pour déshabiller rapidement un pensionnaire de son capital. Il avait inventé un système de pression idéal, dont personne, dans la hiérarchie des Frères de

Plourmel, n'avait connaissance du fait de la loi du silence instaurée par la peur.

Eléonore s'exécuta et prépara un sac qu'elle remplit des objets dont elle ne soupçonnait pas un seul instant à quel point ils étaient précieux pour son fils.

VI
Complots pour une chevalière

Novembre 1963

Pendant ce temps, à peu près à la même heure, un jeune homme élégamment habillé, chaussé de noirs mocassins neufs, emmitouflé dans un pardessus sombre en totale harmonie avec sa silhouette fine, sa grande stature, sa chevelure brune, marchait d'un pas agile sur le boulevard des Capucines. Paris en ce jour de novembre se pavanait exceptionnellement ensoleillé, les arbres presque dénudés laissant au piéton le plaisir de surprendre, à travers leurs ramures transparentes, les curiosités qu'on aperçoit encore sur les immeubles d'un certain âge, datant pour certaines de la Révolution.

Il jeta un regard admiratif sur l'opéra Garnier en passant sur la place de Paris la plus réputée dans les arts musicaux, puis se dirigea place Vendôme où on l'attendait dans une des plus notoires bijouteries dont l'enseigne lumineuse et aguichante pour hommes fortunés et amoureux clignote à deux pas de l'appartement où mourut Frédéric Chopin.

Il sonna à la porte, l'on vint lui ouvrir. Qui aurait pu croire, à voir la démarche sûre de ce jeune homme et son apparence décidée, qu'il s'agissait d'un élève de Troisième d'une Institution religieuse fixée en Province ? Qui aurait pu le deviner âgé de seize ans à peine, gonflé à bloc, d'une aisance d'homme ayant beaucoup vu, acheté, négocié, alors qu'il avait si peu vécu ?

Jean-Claude Duché prit place à l'une des tables où les employés de la joaillerie soumettaient parmi les plus belles et coûteuses créations de France et de l'Étranger. L'un d'eux s'approcha, le salua « Je suis à vous tout de suite », et acheva de ranger une superbe rivière de diamants dans son écrin avant de le rejoindre. Duché profita de ce bref instant pour jeter un coup d'œil sur toutes ces richesses mises en avant dans des vitrines blindées aux glaces reluisantes. À quelques mètres de sa table, un employé du magasin conseillait un client sur l'achat d'une bague sertie de rubis, il observa l'homme et se dit dans son for intérieur qu'un jour il deviendrait riche à son tour et ressemblerait à ce personnage au portefeuille bien garni d'une épaisse couche de billets de cinq cents francs Molière, complétée par du supplément dépassant, sans discrétion, de ses poches.

Pour l'heure, sa passion précoce pour les bijoux et autres œuvres d'art de joaillerie l'amenait ici dans le but de s'informer sur une autre affaire, et l'employé le sortit de ses spéculations en s'asseyant face à lui :

— Bonjour, monsieur. Que puis-je pour vous ? Vous avez pris rendez-vous hier…

L'employé estimait Duché certes plutôt jeune pour s'introduire dans une maison où le moindre achat s'élevait à des milliers de nouveaux francs, mais dans une profession où l'on ne sait jamais à qui l'on a affaire il restait prudent.

— Eh bien voilà, j'ai dans mon champ de relations un ecclésiastique qui possède une très belle chevalière dont il voudrait connaître la valeur, dans l'optique de la vendre peut-être, et de léguer le produit de la vente à une œuvre de charité. Et de plus je voudrais avoir une copie de cette chevalière, si bien entendu vous réalisez ce type de reproductions.

— Oui très bien, coupa l'employé, visiblement bien attentif et concentré sur le discours qu'on lui faisait.

— Je me présente donc devant vous pour savoir si vous auriez l'obligeance de bien vouloir regarder cette œuvre et donner une approximation du prix, reprit-il, pour se persuader que l'on comprenait parfaitement son propos.

— Oui, bien sûr, répondit l'autre, il aurait été cependant plus conforme à nos règles déontologiques que ce soit le propriétaire lui-même qui fasse cette démarche, de ce fait la loi m'oblige à vous demander une pièce d'identité pour des raisons de sécurité et pour éviter de me retrouver un jour au tribunal correctionnel pour complicité de recel d'objets volés.

Duché fut saisi à froid par cette demande de l'employé dont une étiquette portant son nom était cousue sur son habit : Bertrand Bertel. Il ne s'attendait pas à celle-là, et se demanda si son entreprise ne devenait pas dangereuse. Mais il tenait tellement à savoir tout sur la chevalière et en posséder une semblable qu'il déclina son nom et sa carte d'identité. Puis il crut bon de rajouter :

— Je comprends mais c'est un ecclésiastique, qui plus est de province, et ces histoires d'argent le mettent toujours mal à l'aise, dans une sorte de mauvaise conscience, voilà pourquoi il m'a chargé de cette mission.

L'employé compulsa la carte d'identité, réfléchit un moment, hésita, puis se dit que le risque de commettre un impair était voisin de zéro, aussi demanda-t-il à voir l'objet.

— C'est que je ne l'ai pas physiquement en ma possession, répondit Duché, par contre je détiens quelques beaux clichés que je peux vous montrer sans tarder.

Il sortit d'un baisenville cuir flamboyant une série de photos en couleur sur lesquelles on distinguait parfaitement le bijou, dans tous ses détails, l'employé l'interrogea :

— C'est vous l'auteur de ces belles photos ?

C'était lui en effet. Le jour où Jean-Baptiste Jacquelin-Dubuisson s'apercevait que Tatase ne portait pas sa chevalière, Jean-Claude Duché faisait un constat identique lors d'une discussion avec lui au dortoir. Depuis, il nourrissait le même désir de pénétrer dans l'alcôve au moment opportun, pour s'en emparer. Car Duché, comme bien d'autres au terme de plusieurs années du régime Tatase, trainait dans son cœur des comptes à régler. Les brimades endurées dans ses premières années de collège entretenaient en lui un ressentiment profond à l'égard du bourreau de Saint-Grégoire, beaucoup de révolte, et l'idée d'une revanche à prendre.

Il n'était pas le seul pensionnaire dans cet état d'esprit, tant s'en faut. L'adolescent possède en général une prédisposition à la contestation de l'ordre établi, un appétit de justice, la propension à la rébellion, dans une période de mûrissement des passions humaines. Mais tous ne passent pas à l'acte. Lui faisait partie de ceux prêts à agir pour assécher leur soif de vengeance, de nuisance.

Dans sa tête, avec des adieux au pensionnat dont la date se rapprochait, fermentait de plus en plus la même intention que celles de Frelon et Jacquelin-Dubuisson : priver à jamais Tatase de sa chevalière, se l'approprier et peut-être la vendre pour se « payer sur la bête » de ses souffrances. Mais aussi, a minima, posséder une copie à titre de relique. Voilà les raisons de son passage dans l'alcôve le jour du départ en vacances, photographier la chevalière, en renonçant sagement à s'en emparer, au vu d'une date de fin d'année scolaire trop lointaine et de risques d'enquête très élevés. Il ignorait bien sûr que Jacquelin-Dubuisson se l'était appropriée peu de temps après sans en informer personne, son projet de jouer les Arsène Lupin ne verrait donc le jour qu'à condition que celui-ci la restituât à son propriétaire.

Il se revoyait dans l'alcôve, au terme de la séance rapide mais soignée de clichés, réactivait les instants pénibles de lutte contre la tentation de repartir avec la chevalière, et la glorieuse victoire sur lui-même en s'échappant les poches vides, après un court regard sur le dessin de Frelon accroché au mur : « Quel talent, ce Frelon ! »

— Oui, j'en suis l'auteur, avec un appareil de type Leica, ce qui explique l'excellente netteté des images.

— Et la belle mise en relief des gravures. Notre atelier réalise très fréquemment des chevalières. Des originales et des copies. Voici un bel exemple d'un travail de perfection, admit l'employé en regardant les photos. J'ignore quelle maison est responsable de cet objet mais vous voyez, ici, le fonds du plateau a été décaissé pour que les lettres latines soient à fleur par rapport aux rebords. On notera le trait fin de gravure. Le rendu est simple et élégant. Belle finition grâce au polissage avec un suave contraste entre le fonds mat et le poli brillant. Cela crée un jeu de lumière sur le métal.

— Vous évaluez à quel prix une chevalière comme celle-ci, demanda Duché ?

— Il m'est impossible de donner une estimation sur la base de seules photographies. D'autres éléments entrent en jeu : la nature du métal – s'agit-il d'or, a priori oui mais combien de carats, quel est le poids de la bague, sa taille et son état. Elle semble en or, avec de la patine tout de même donc elle a quelques années, et puis peut-être une histoire. L'histoire d'une chevalière peut ajouter à sa valeur intrinsèque, il faudrait réunir tous ces éléments et surtout venir avec la chevalière. Un examen physique est indispensable. Cela fait partie de nos pratiques, nous estimons, achetons et revendons quand il s'agit de produits de beauté et de qualité indiscutables. Et là nous sommes en présence d'un objet d'art certainement de grande valeur. Il n'a d'ailleurs pas été réalisé en série, du moins j'en suis presque sûr, cela semble une œuvre unique.

— Ah ! Comment peut-on le vérifier ?

— Plusieurs choses : j'ai remarqué deux lettres minuscules au revers du plateau, N et I, minuscules mais qu'on identifie avec ceci, ma loupe spéciale qui grossit dix fois, ces deux lettres indiquent une identité, peut-être celle de votre ecclésiastique ou de la personne dont il la tient. On les distingue très difficilement. Ensuite les chevalières sont une catégorie de bagues aux formes et aux particularités très variées. Un modèle représentant les grandes compagnies religieuses figure parmi les plus exceptionnels, souvent d'une grande originalité. Cette croix à quatre branches est celle des Chevaliers du Temple, dit-il en rendant les photos à Duché. Mais la Croix avec le Christ en fond de plateau puis le revers très inédit, c'est la première de cette sorte que je vois.

— Et combien coûterait la réalisation d'une copie ?

— Tout dépend du poids d'or que vous voulez, et puis il y a un important travail de gravure et de polissage, ce serait pour vous ?

— Oui, je dois en parler à mes parents d'abord.

— Revenez me voir avec l'un de vos parents et nous établirons un chiffrage.

Duché ressortit en partie déçu car l'employé n'avait avancé aucun prix. Puis en réfléchissant à la conversation il se rassura, tout n'était pas négatif dans ses propos : l'originalité de la bague, peut-être son passé, la qualité de l'orfèvrerie. Tout cela comptait et le résolut plus que jamais à mener son plan à terme, avant la fin de l'année. « Ce qui importe c'est que je m'empare de la chevalière pour punir le bourreau. Après j'aviserai : la vendre ou la garder en souvenir, la valeur après tout serait dans le souvenir. Mais pour éviter toutes représailles, le mieux est que j'en obtienne une reproduction pour pouvoir interchanger les deux. Qu'il n'y voie que du feu, ce tortionnaire d'enfants ! »

Il rentra chez lui en reprenant le chemin inverse de l'aller. Il s'arrêta quelques instants pour admirer l'Opéra Garnier, remonta le boulevard des Capucines puis celui des Italiens jusqu'au croisement de la rue Lafitte, qu'il descendit en direction de l'église Notre-Dame-des-Champs. Il s'arrêta devant l'immeuble où demeuraient ses parents, celui-là même où avait vécu au siècle précédent le constructeur automobile André Citroën.

— Te voilà, Jean-Louis ; tout va bien ?

— Tout va très bien, maman, très, très bien ! J'ai découvert mon cadeau d'anniversaire, il faut que tu viennes demain avec moi chez le joaillier !

— Un joaillier, mon Dieu pour quoi faire ?

— Je voudrais une copie de cette chevalière.

Il l'embrassa et disparut dans sa chambre, lui abandonnant ses photos. Il songea qu'il reprendrait dans quelques jours le chemin du Pensionnat, avec une certaine appréhension et une culture nouvelle. Mais aussi un espoir, et un objectif interlope : récupérer la contrepartie de ses souffrances passées dès qu'il entrerait en possession de son cadeau de Noël.

Le lendemain, vaincue par les convictions de son fils, madame Duché signa un devis pour la reproduction d'une chevalière. Jean-Claude aurait un beau cadeau pour commencer l'année 1964 et, peut-être, achever en fanfare son année scolaire.

***

*

La cruauté morale et l'inflexible autorité conduisent à des réactions identiques quand elles s'imposent aux mêmes personnes dans un même lieu. Ce postulat mûrissait dans les cœurs de deux autres jeunes êtres placés en vacances du pensionnat Saint-Grégoire : Gilbert Hamard et Serge-Noël Claude-Forget alias SNCF Tous les deux vivaient dans le même bourg d'Escarbille, une petite ville commerçante, avec des parents agriculteurs. Les deux fermes se trouvaient accolées le long de la route nationale. Voisins, les adolescents se connaissaient pratiquement depuis leur jour de naissance, comme deux jumeaux ils avaient vu le jour le 21 janvier 1948, « jour de la mort du Roi Louis XVI » aimait le leur rappeler Frère Dominique, qui ajoutait : « Je saurais donc me souvenir de vous par ce tragique moyen mnémotechnique. »

S'ils se trouvaient à Saint-Grégoire depuis six longues années, la faute en revenait au banquier du Crédit Agricole d'Escarbille. Un dénommé Gaston Francis Deugouttes, directeur de cet honorable établissement entre 1953 et 1960, surnommé « une goutte » par les deux agriculteurs, car malgré un patronyme de quantité double il radotait toujours cette formule en relevant le goulot du doigt quand ils lui versaient un alcool.

Il avait conseillé les parents Hamard et Claude-Forget quand, dans une conversation, ceux-ci avaient exprimé leur inquiétude :

— On ne sait pas où mettre nos fils à l'école pour la prochaine rentrée. Ils finissent leur primaire, la communale, ça ne vaut rien, l'instituteur connaît mal son métier, ils ont un niveau faible…

— Faites comme moi, inscrivez-les à Saint Grégoire. C'est du privé. Certes, ça coûte un peu plus, mais ils sont bien pris en main, et ça travaille. J'ai mis les miens autrefois, j'en suis satisfait.

— Paraît que la discipline est vache ! observa le père Hamard.

— La discipline est un mal nécessaire, on coudoie le régime de la schlague parfois, certes, mais je n'ai pas de mauvais retours au point de m'alarmer. Ils les font travailler dur, seule clef de la réussite.

Alors les parents suivirent l'avis Deugouttes, et leurs enfants se retrouvèrent pensionnaires au collège où l'ordre régnait avec la bénédiction tacite des parents d'élèves. La bonne entente des deux familles facilita le transport aller-retour des deux collégiens. Quand madame Hamard les ramenait du Pensionnat, madame Claude-Forget les y reconduisait le jour de rentrée.

À l'évidence, les deux garnements ne se vantèrent pas auprès de leurs parents de leur forfait dans l'alcôve de Tatase, et furent même d'un mutisme exemplaire avec leurs copains d'Escarbille. Une indiscrétion peut en cacher une autre !

Comme pour leurs copains Frelon, Jacquelin-Dubuisson, et Duché, la chevalière faisait maintenant partie de leur vie, c'était arrivé comme ça, en pénétrant dans l'alcôve ils avaient soudain pris conscience de la force du symbole qu'elle représentait. Ce jour-là Hamard voulut emporter le dessin de Frelon mais SNCF s'y opposa, trop dangereux.

— Alors on prend la chevalière ! C'est le moment !

— Non ! s'était dégonflé SNCF, on va se faire piquer ! On reviendra une autre fois.

— Y aura pas de deuxième fois, une occasion aussi facile ne se reproduira jamais !

— Oui, mais vu la gâchée qu'on laisse au plafond, je pense préférable de s'en contenter_et d'assurer notre fuite.

SNCF avait eu le dernier mot. Et là, entre deux tours d'autos tamponneuses à la Fête d'Escarbille, ils se prirent à réfléchir à la manière dont ils subtiliseraient la chevalière. Ils connaissaient tout du personnage à roubler : sa méfiance, sa ruse, sa violence.

L'asymétrie de l'emploi du temps des Pensionnaires avec celui de Tatase ne réservait que peu d'espaces où toute rencontre inopinée avec lui s'avérait impossible. Du lever à l'entrée en classe, pas l'ombre d'un instant de chemin libre. La récréation de dix heures ? Nada ! Ou très risqué car il se trouvait à l'Économat pour prendre et servir les commandes de fournitures scolaires des collégiens, au guichet situé sur la Cour d'Honneur. Il gardait la porte ouverte donnant sur l'escalier venant du préau et montant aux dortoirs : « Au moindre bruit, il lèvera son gros cul et nous chopera », conclut Hamard.

— Pas simple d'agir dans l'irrationnel, ajouta SNCF, lancé à se creuser la tête. Après les cours du matin, la courte récréation avant la mise en rangs, le réfectoire du midi, puis de nouveau la cour du Grand Jeu, et les classes à nouveau jusqu'au goûter, l'Étude du soir, le chapelet, le réfectoire du dîner, l'Étude, le passage aux chiottes, au ciroir, et puis le dortoir : pas d'ouverture ! Escroquer le tyran nécessitera une circonstance exceptionnelle…

Ils en dressèrent une liste qu'ils nommèrent « pacte entre Gilbert Hamard et Serge-Noël Claude-Forget », une idée de ce dernier.

— Et surtout ne pas mettre les autres dans la confidence, dit-il à Hamard, le pacte ce n'est que nous deux.

Cela ne correspondait pas totalement à la vision de Gilbert Hamard, qui partageait certes une solide amitié avec son voisin depuis toujours, mais admirait aussi d'autres copains du collège : Jacquelin-Dubuisson et Frelon notamment, et Blondel aussi. Enfin il accepta l'exigence de SNCF, doté d'une large propension à se méfier de tout le monde, mais aussi d'une forte lucidité.

— Moins ils en savent, mieux ça vaut pour nous, si jamais l'affaire tourne en eau de boudin. Déjà qu'on leur a fait des révélations sur nos exploits scatologiques... Et puis tu crois qu'ils te le diraient, eux, s'ils s'en emparaient, certainement pas !

Point n'était dans leur intention de réaliser une copie de la chevalière pour, en la troquant contre l'originale, créer l'impression qu'elle n'avait pas été volée. Croire qu'une copie plus ou moins bien réalisée duperait le zozo en soutane leur semblait illusoire.

— On la pique, et ce sera notre secret éternel à tous les deux, un point c'est tout !

Claude-Forget pensa tout à coup qu'une bonne occasion se présenterait au moment de la séance de vaccins que le Pensionnat organisait pour les élèves qui le désiraient. Traditionnellement, la séance se déroulait en novembre-décembre, à l'infirmerie. Les élèves se rendaient à l'infirmerie classe par classe, sous la surveillance de Tatase et de Freddy. Pendant cet épisode, il est vrai, les jumelés de la trique restaient en surveillance à l'infirmerie, et l'accès au dortoir était libre.

— On va se faire vacciner, proposa SNCF, et quand toute la Troisième Rouge aura reçu la dose, s'il s'avère que le doigt de Tatase est nu, on montera vite fait dans l'alcôve voir si la chevalière est sur la table. Si on a le pot qu'elle y soit, ou ailleurs, mais bien visible, on s'en empare, on redescend en classe aussi vite, ils n'y verront que du feu.

— Ouais, tu as raison, ce sera peut-être l'instant du cadeau sous le sapin.

Et ils prirent deux nouveaux tickets pour les autotamponneuses.

VII
Retour au collège – Scrogneugneu

4 novembre 1963

L'agitation causée chez les hommes en noir par la découverte scabreuse au plafond de l'alcôve, envenimée par la disparition de la chevalière, avait, par la force des choses, cédé la place au pieux recueillement autour de la dépouille de Frère Hilaire. Les hommes en noir, comme tous les autres, possèdent généralement une famille. On a beau servir Dieu, on n'en est pas moins homme, frère, beau-frère, oncle, neveu, cousin.

Hilaire, depuis longtemps orphelin, avait un demi-frère et une sœur religieuse clarisse, des neveux et nièces puis quelques cousins venus se recueillir sur son cercueil. Celui-ci reposa dans la chapelle du collège, près de la Cour d'honneur, veillé par les Frères à tour de rôle mais aussi par des nonnes de l'ordre des « Clarisses-Pauvres Dames », dont un couvent existait dans les parages de l'Institution. L'abbé Pouchard se chargea de célébrer une messe dite des « Frères défunts », d'autres prêtres se rassemblèrent pour réciter des messes basses et des prières à tout moment de la journée, depuis la mise en bière jusqu'à l'heure de l'ensevelissement. Les obsèques se tenant trois jours après le décès, Frère Hilaire quitta pour toujours l'Institution

Saint-Grégoire où il avait servi douze ans de mandat, et partit rejoindre sa Bretagne natale dans un fourgon sombre et vibrant.

Pour la première fois depuis sa création, le collège perdait un Frère directeur en fonction. Cette mort constitua un choc parmi les Frères et autres enseignants qui travaillaient sous son obédience.

Fort heureusement, les élèves de retour le lundi 4 novembre au matin avaient été épargnés par l'incident. Sous l'influence de l'opinion de Pouchard, la Communauté des Frères de Plourmel avait renoncé à attendre la rentrée pour différer la cérémonie funèbre. Outre les contraintes techniques de la conservation, il considérait que ce n'était pas un spectacle absolument nécessaire pour de jeunes élèves et de surcroît ne se faisait plus trop d'illusions sur la prétendue affection que les collégiens pouvaient porter à leur directeur.

La Congrégation trouva rapidement un directeur remplaçant pour Saint-Grégoire. Frère Mathieu, homme de cinquante ans environ, grand avec un léger bedon, large d'épaules et costaud, tempes grisonnantes, s'exprimant d'une voix percutante avec un fort accent de terroir, dos légèrement voûté, marchant les poings fermés. La particularité de ces traits facilita rapidement entre les élèves un consensus sur le surnom à adopter : ce fut Scrogneugneu !

Expérimenté, à l'aise en public, il avait deux fois déjà présidé une Institution de type Saint-Grégoire. Il ne concéda donc aucune retenue ni appréhension à tenir un discours aux collégiens le jour dit de rentrée, pour se présenter et annoncer la nouvelle du drame récent survenu entre les murs de leur collège.

— Vous avez perdu un grand Directeur, dit-il, un homme dont les qualités de professeur, de prêtre, d'apôtre de l'église et de berger de l'école se signalaient immenses, ineffables, inépuisables. Nous continuerons sans relâche de prier tous ensemble pour la paix de son âme, dès cette fin d'après-midi l'heure d'Étude sera remplacée par une messe que dira pour nous monsieur l'abbé Pouchard. Jusqu'à la fin de cette année scolaire, à sa mémoire, nous nous réunirons dès 18,15 pour prier ensemble avant le moment du chapelet. L'année scolaire a commencé avec lui, elle ira à son terme avec lui, par le biais de nos pensées collectivement tournées vers sa personnalité.

— Merde, une demi-heure de plus de bondieuseries, entendit-on dans les rangs, à voix très basse, lèvres serrées. Pour les potaches déjà sevrés de prières, la soupe continuait dans l'amer. « Oui, mais pour une bonne action » répliquaient quelques potaches calotins, « alors, si c'est pour une bonne action, y a rien à ajouter » concluait ironiquement la mouvance anticléricale.

Le remous bouillant dans ses tripes provoqué par la farce nauséabonde et le chapardage dans son alcôve avaient rendu comme folle la victime. Quel heureux moment que ce jour de rentrée ! Tatase retrouva ses proies avec un appétit féroce de rancune, épris de vengeance et de victoire, en cela encouragé par la suite de l'allocution revancharde et autoritaire de Scrogneugneu :

« Mais, chers enfants, la cruelle réalité que je viens d'évoquer devant vous n'est pas l'unique sujet dont je dois vous entretenir. Des faits graves et scandaleux se sont déroulés le jour de sortie du congé de Toussaint. La plupart parmi vous demeurent encore dans l'ignorance parce que les faits n'étaient pas connus avant l'heure de sortie, mais les coupables eux, aujourd'hui ici, au collège, présents parmi vous et dont j'ignore à cet instant encore le ou les noms, savent de quoi je vais vous parler maintenant. »

Et Scrogneugneu raconta dans le menu détail les deux affaires que les pensionnaires découvrirent avec stupéfaction et pour certains un léger sourire aux lèvres, mais sans le moindre ricanement bruyant qui eût été vite remarqué, réprimé, suspect.

— Chers enfants, termina-t-il, sachez que ces infamies ne resteront pas impunies. Nous trouverons le ou les coupables, ils subiront leur châtiment. Et si certains parmi vous les connaissent, n'hésitez pas à venir m'informer, vous aurez accompli une belle action chrétienne. Et l'anonymat sera, je vous le garantis, totalement préservé.

Ayant parlé aux collégiens, cet homme en noir teigneux et d'apparence impitoyable inaugura sa nomination par une réunion de l'ensemble des Frères de l'Institution. Frères Alfred, Anastase, Bernard, Dominique, Guy, Hubert, Jean-Baptiste, Pierre, l'abbé Pouchard, neuf compagnons absolument dévoués à l'épanouissement des pensionnaires et des autres, attentifs au parfait fonctionnement de l'établissement, engagés tous personnellement pour faire rayonner le plus loin possible sa bonne réputation.

Scrogneugneu commença par tirer un bilan pédagogique de la période Hilaire. Usuellement, les supplétifs critiquent leurs prédécesseurs sans paraître les critiquer : on vante et remercie son action, son travail remarquable et les résultats obtenus, et puis subrepticement, insensiblement les mots choisis avec soin mettent en évidence qu'il y aurait à ajuster dans le domaine de ceci, amodier dans le domaine de cela, bref « adapter le dispositif ».

C'est au fond de bonne guerre, sinon quelle justification y aurait-il à un poste de directeur s'il suffisait de continuer dans la voie du précédent avec lequel tout était huilé ?

Le nouveau directeur félicita le corps enseignant pour ses résultats et se déclara partisan d'un accroissement des devoirs et leçons à faire le dimanche. Il indiqua vouloir maintenir le système des trois sorties par mois pour inciter les élèves pensionnaires à travailler, mais en durcissant les critères d'obtention du nombre maximum de sorties, puis instituer un classement des dix meilleurs de l'ensemble des classes d'une section : par exemple les dix premiers des cinq classes de quatrième, de troisième, etc., afin de dynamiser l'activité des meilleurs et par la même de tout le collège : « Avec de bonnes locomotives, le convoi marchera plus vite et mieux. »

Enfin il déclara vouloir enseigner le dessin aux classes de troisième pour, justifia-t-il, combler le poste vacant depuis la Toussaint, Frère Dominique ne l'animant qu'à titre accessoire, pour rester au contact du quotidien des élèves, et principalement par appétence spéciale pour cette matière.

Puis il mit sur la table le vaste et rugueux sujet de la discipline. À peine arrivé aux commandes, les affaires du « globe d'aisance » et du vol de bague, commises au détriment de Frère Anastase, carillonnaient à toute volée à ses oreilles. Scrogneugneu savait en parler avec une retenue verbale et une forme de préciosité :

— La transformation du plafonnier d'éclairage en globe d'aisance, imputable sans nul doute à plusieurs comparses, est très regrettable.

Cela répondait en miroir à la version de Tatase qui lui avait présenté l'affiche dans son style « terre brûlée », avec ses mots à lui et une colère toujours écorchée vive : « Plusieurs élèves dégueulasses ont posé leurs pêches dans mon globe de plafond, ça mérite le fouet puis l'exclusion, Frère directeur. »

— En comprenant fort bien et en prenant en compte l'humiliation écœurante et vulgaire que vous vaut cette affaire, cher Frère Anastase, la cause au demeurant la plus grave à mes yeux reste le vol de votre chevalière. Il s'agit là d'un larcin répréhensible non seulement moralement mais également d'un point de vue pénal. Et puis il place la réputation de l'Institution en danger. Si nous laissons passer ce genre d'actes, cela altérerait le sens de notre mission, notre crédibilité… Par ailleurs, nous pouvons tous ici figurer parmi les prochaines victimes. Et des élèves le devenir à leur tour.

Il convenait donc de réagir « avec force, esprit de justice, impitoyablement ». La ligne politique de Frère Mathieu énoncée, ne restait qu'à fixer les règles d'application et agir : renforcer la sévérité des sanctions, supprimer les activités des jeudis et dimanches après-midi – très chiches, avouons-le – en les remplaçant par des marches forcées, prévenir les parents dès la moindre punition motivée, privilégier les sanctions physiques.

— Mes chers frères je terminerai cet exposé par un serment : celui de mettre la main sur le ou les coupables des machinations dont a été victime Frère Anastase. À cet égard, je ne vous cache pas mon étonnement en apprenant que le jour de sortie de Toussaint, contre toute attente, les élèves ont finalement été autorisés à jouer dans la cour depuis la sortie du réfectoire jusqu'à l'heure de sortie tout court, au lieu de regagner leur classe. Frère Anastase étant occupé par ailleurs, la voie était libre pour monter au dortoir et commettre un forfait. Je pense donc qu'à la prochaine sortie nous devrons agir autrement.

On ressentit quelque gêne dans l'assistance, globalement du même avis que le directeur, mais après tout Hilaire en avait autrefois décidé ainsi. Frère Hubert, professeur d'anglais, au surplus de formation philosophe et sociologue, prit la parole pour marquer son désaccord :

— C'est une tradition dans le collège. La dernière matinée avant les vacances est réservée au jeu. Cela me semblerait injuste d'en priver tous les collégiens à cause des mauvais agissements de deux ou trois personnes.

Frère Hubert, homme de bon sens, d'une intelligence déliée, exprimait ici comme souvent un avis différent de celui de ses confrères. Il prenait, s'il l'estimait juste et utile, la défense des élèves, tant sur leur vie matérielle que sur leurs droits. Il profita des interrogations du nouveau Directeur pour aborder un point qui lui tenait à cœur : la propreté des toilettes de la cour. L'espace « toilettes » disponible pour les pensionnaires et les externes se tenait effectivement dehors pour l'essentiel, à l'exception des quatre WC installés dans chaque dortoir. Cent dix pensionnaires et les externes se partageaient dix urinoirs et dix WC situés dans l'angle est de la cour, zone dite du Petit Jeu. Un endroit immonde, malodorant et sale, nettoyé une fois par semaine, et encore.

— Dix urinoirs, dix WC, c'est la norme, répondit Scrogneugneu.

— Personnellement, je ne vois pas d'urinoirs, mais dix puantes « pissotières » Frère directeur, pardonnez ma truculence. Quant aux WC…

À l'égal, les dix WC équipés à la turque incarnaient la honte du collège : la porte butait sur les immondices, vomissements et déjections, et ne pouvait s'ouvrir normalement, il fallait pousser de l'épaule pour pénétrer dans le réduit puant et abject. Frère Hubert s'était déjà agité auprès d'Hilaire pour réclamer la dignité minimum dans ce domaine, en vain. Scrogneugneu lui promit de traiter la question.

— Chers Frères, dit-il d'un ton un peu solennel, je voudrais maintenant que nous engagions le débat sur les deux faits méprisables dont vous avez connaissance, et que nous ne devons pas laisser impunis. Notre crédit est en jeu, notre autorité également, je voudrais vous entendre sur la question suivante : qui, selon vous, s'impose d'emblée comme coupable possible de ces actions contre l'autorité de Frère Anastase ? Une conspiration de certains élèves paraît-elle concevable ?

Il ressortit des échanges que répondre à cette question n'était pas envisageable en ce jour de rentrée. Les pensionnaires ayant tous quitté le collège peu de temps après les faits, évidemment sans aucun interrogatoire, ni le moindre témoignage recueilli.

Anastase déclara qu'il allait commencer son enquête au plus vite, mais se lançait sans aucune intuition sur le nom ou les noms des coupables.

— Je crois cependant qu'il s'agira d'un ou plusieurs élèves de Quatrième ou Troisième, je ne vois pas les moins de treize ans oser accomplir de tels actes. Frère Alfred m'aidera dans la recherche de la vérité, nous vous ferons part en temps réel de nos avancées.

Le jour de rentrée, lors de l'Étude du soir, bien calé à son bureau, la mine réjouie, Tatase remplit les tiroirs de rangement avec les « dons » rapportés des vacances par les internes, et se chargea d'en comptabiliser dans son registre dédié aux « amendes » le détail et la contrevaleur en « points » revenant à chaque élève. Pierrot Bruneau obtint sa quote-part grâce aux libéralités de son protecteur J.B.J.D.

Il se délectait de cette occupation triviale, comme d'un gagne-pain fait avec plaisir, ce qui se rencontre chez peu de gens.

— Dites donc, Jacquelin, vous avez dévalisé une librairie ? Vous collectionnez des calendriers et des agendas ? Et comment se fait-il que Bruneau m'ait remis les mêmes ?

Décidément, ce Tatase en permanence insatisfait dardait ses yeux partout :

— Mes parents ont donné des cadeaux à son père, un client de l'atelier, inventa Jean-Baptiste.

Il se contenta heureusement de cette réponse.

Dès les premières heures de son enquête, Tatase comprit qu'un de ses atouts majeurs pour identifier les honteux auteurs lui avait échappé pendant les vacances, compromettant ainsi la récolte d'indices précieux. Blondel, l'élève en convalescence au dortoir, n'était pas rentré à Saint-Grégoire, ses parents optant pour le garder près d'eux et l'inscrire au collège public de sa ville. Lui ne s'en plaignait pas, la vie d'interne l'horrifiait par certains aspects, seuls lui manquaient ses amis. Tatase, à juste titre, se doutait qu'il connaissait nécessairement le nom des élèves montés à l'étage puis dans son alcôve, en raison de sa position idéalement panoramique au dortoir, mais de dépit se rangeait à l'opinion de Freddy la Pédale : « Il ne lâchera aucun nom et niera avoir vu quelqu'un. »

— Il nierait, certes, mais nous trouverions à coup sûr des astuces, des pièges pour le décider à parler. Pour ne rien laisser au hasard et parer à tout reproche de Frère Mathieu, nous allons tout de même écrire à ses parents, leur expliquer les choses, notamment en quoi le témoignage de leur fils serait précieux, de surcroît un acte de charité envers l'Institution.

Aucune plainte pour vol n'ayant été par souci de discrétion déposée, la Gendarmerie et les moyens de coercition dont intrinsèquement elle dispose restèrent donc à l'écart de l'enquête. Tatase ne reçut aucune réponse au courrier adressé aux parents Blondel, sans doute tenus informés des détails par leur fils, mais considérant préférable de le laisser à l'écart de cette double histoire rabelaisienne, discordante avec le sérieux habituel d'une Institution catholique.

Tatase et Alfred repartirent de zéro avec deux dégradantes tactiques à leur disposition : la première, recueillir des témoignages de tous les élèves, puis les recouper afin d'identifier de possibles incohérences. Mais rien ne ressortit de tout ce travail d'investigation vite abandonné. Ni Hamard, SNCF, Jacquelin-Dubuisson, ni Duché ne furent spécialement désignés pour la simple raison que personne, à l'exception d'Albert Boisgontier resté discret, ne les avait aperçus dans l'escalier d'accès au dortoir.

Tatase pouvait se prévaloir d'une solide formation religieuse mais pas de celle d'enquêteur ni d'agent secret, encore moins de commissaire politique soviétique. Néanmoins, il débordait d'imagination pour son métier, l'ordre. Pour mener l'enquête, son esprit malin lui souffla une seconde idée : monter une opération basée sur la délation de certains élèves par d'autres. Aidé par Alfred, il dressa une liste de pensionnaires réputés faibles, fragiles, dociles, sensibles à la menace et l'autorité. Leur mission : espionner les conversations sur la cour de récréation, en promenade, en classe, aux urinoirs, partout où les pensionnaires se retrouvent, aux fins de saisir la moindre allusion relative aux deux affaires ignobles désormais connues de tous. Au moindre doute, au moindre soupçon d'une connexion quelconque avec elles, noter les noms et les propos des élèves, les dénoncer aux Frères Anastase et Alfred. En contrepartie, les points distribués pour échapper aux punitions doubleraient pour chaque information, et chaque « Oreille » se verrait gratifier de trois cents points dès sa prise de fonction. Tatase inventait les promos avant l'heure d'accouchement de la Grande Distribution.

Il cherchait des alliés, s'estimant désormais menacé et convaincu que ces deux affaires ne devaient rien au hasard. L'opération « Oreilles » le dota des services d'un parfait réseau d'écoute, en ruminant cette interrogation liée à son sens du doute : obtiendrait-il des résultats conformes aux attentes ?

Le groupe Oreilles réunissait dix pensionnaires : trois de la classe de « Quatrième », trois de celle de « Cinquième », deux de celle de « Sixième » et les deux derniers de celle de « Septième ». Tatase avait été clair : « Si l'un de vous raconte aux autres pensionnaires la mission que je vous ai confiée, ma vengeance sera terrible. Donc n'évoquez jamais entre vous votre rôle ou vos résultats, au contraire évitez-vous et ne rendez compte qu'à nous deux. »

Le petit Pierrot Bruneau faisait partie du groupe contre sa volonté. Quelle honte, cette idée d'espionner son ami Jean-Baptiste, pire encore le dénoncer si celui-ci se laissait aller à des confidences embarrassantes ! Il essaya de se soustraire à la liste, s'inventant une peur noire des grands élèves, mais Tatase ne voulut rien entendre et, par son aveuglement intraitable, se flanqua d'un ennemi à sa cause car le petit Bruneau, malgré l'effroi immense dans lequel le tenait la pression du bourreau en noir, informa J.B.J.D. des intentions d'espionnage contre sa personne, l'incitant à la prudence.

Premier résultat de cette offensive inhabituelle ? Tombé deux jours après la rentrée de la bouche d'Yves Chatizel, élève de Sixième, révélant à Freddy l'écho d'un échange sur la cour du Grand Jeu entre Jean-Baptiste Jacquelin-Dubuisson et Gilbert Hamard : « Je ne dors plus la nuit, faudra que je trouve une solution pour la lui rendre… »

Lui rendre quoi ? Et à qui ? On pouvait concevoir qu'il parlait de la chevalière, alors Alfred se précipita chez son maître illico :

— On le tient, c'est lui.

— Cela n'est pas suffisamment probant, raisonna Tatase, j'en prends note, c'est un élément intéressant mais il m'en faut d'autres, j'ai besoin de recoupements pour avoir des certitudes.

Et l'opération « Oreilles » se poursuivit.

Une autre investigation concerna les valises, cartables, casiers des pensionnaires, Tatase l'entama dès le lendemain de la rentrée. Fidèle aux conseils de Philippe, le graveur, Jacquelin-Dubuisson avait eu l'inspiration clairvoyante de laisser la chevalière chez lui : Tatase et Alfred en effet engagèrent une fouille discrète mais minutieuse, pendant les heures de cours, moment propice pour fouiller les valises au dortoir, tenues selon le règlement de rester ouvertes et accessibles. Ils les visitèrent les unes après les autres, les remuant, les sondant, glissant leurs mains dans la plus mince ouverture, mais avec respect et souci du détail pour éviter l'ébruitement de l'acte. Personne n'avait été informé préalablement de la fouille, mais l'opération se solda par un échec : la bague resta introuvable.

La fouille des casiers au ciroir se solda également par un résultat nul. Situé au bout de la pièce réservée à l'Étude, le ciroir était un espace où les pensionnaires déposaient leurs chaussures le soir avant de monter se coucher, ils mettaient alors une paire de chaussons pour éviter de salir le parquet du dortoir. Le lendemain, la manœuvre inverse leur incombait en regagnant l'Étude du matin : déposer les chaussons et renfiler les chaussures. Chaque casier à chaussures pouvait recevoir un peu d'objets hétéroclites, restait en général une maigre place pour cacher un bijou, mais la fouille n'aboutit pas.

En repensant à ces actions diverses, Tatase se forgea l'idée qu'en toute logique la chevalière ne se trouvait plus au collège, hélas ! Quel voleur serait assez crétin pour la laisser dans la place ? C'eût été commettre la pire erreur pour se faire prendre.

Aussi cessa-t-il les fouilles, et décida d'attendre que les augures lui deviennent favorables en stimulant les résultats de l'opération « Oreilles ».

VIII
Les méfaits du bourreau

Novembre 1963

Respectant les vœux du directeur Mathieu, il n'attendit pas les calendes grecques pour durcir une discipline déjà amplement rigoureuse. La promenade du jeudi, première « marche forcée » du programme Scrogneugneu, démarra à 12 heures 30, à peine achevé le repas insane du réfectoire. Les pensionnaires se rangèrent par rang de trois, dans l'ordre imposé de la plus petite classe (Huitième) jusqu'à la plus grande (Troisième).

Cent dix pensionnaires équivalaient à trente-sept rangées environ, soit une longue file d'élèves d'une quarantaine de mètres, avec Alfred devant et Tatase fermant la marche, ou inversement.

Tatase fit l'appel avant le départ. Après quelques noms honorés par la formule « Présent », une voix s'éleva à la citation suivante et répondit « Mort pour la France ». Assez audible dans tout le périmètre de la file ! Fou rire général, mais de courte durée, car Tatase devint fou de rage, comme un « wanasabe ».[3] Les premiers du rang prirent des coups de bâton. Qui a dit ça ? Il bavait comme un veau, personne ne se dénonça.

---

[3] Wanasabe, oiseau en japonais, nom du tortionnaire japonais dans le film « Unbroken » (Invincible).

Ses yeux gonflés de rage impressionnaient, comme s'il fût habité par un diablotin placé derrière ses prunelles et dont le regard perçant dédoublait par translucidité son propre regard. Alors il choisit un coupable au hasard, et le malheureux Jean-François Baudouin, surnommé Jean-çois se prit une trempe de haute volée.

— Vache, il se torche à l'absinthe, souffla discrètement Philippe Dupuy à ses deux copains de rangée, trois rangs derrière, regardez Jean-çois saigne…

Entre des adolescents et leur chargé de discipline se crée toujours un jeu du chat et de la souris. Ils ont beau connaître les risques, eux testent le surveillant parce qu'il représente le pouvoir auquel ils obéissent, et même si le test est empreint d'humour et candidat à une répression violente, la tentation est trop forte : l'un d'eux s'y frotte toujours. Aux dépens des autres, parfois.

La longue file de pensionnaires quitta Saint-Grégoire par la rue du Château et descendit pour tourner à droite dans celle qui donne tout de suite sur le grand édifice Renaissance, ce château du XVIIe aux lignes pures, entouré d'étangs et plans d'eau miroitant au soleil. Ils la suivirent pendant trois cents mètres et parvinrent à la grande route nationale. Ils prirent à gauche et effacèrent rapidement le faux plat qui conduit après trois cents mètres encore vers une route de campagne rétrécie que les marcheurs empruntent pour se diriger vers la forêt de chênes située à dix kilomètres, le Bois des Chaumes. La langue d'asphalte serpente d'abord au milieu de hameaux habités, jusqu'à un agglomérat d'ifs millénaires, une des fiertés végétales du canton.

Les pensionnaires traversèrent d'un bon pas une route départementale et s'engagèrent dans le chemin de campagne en direction de la forêt.

Tatase refusant d'accorder le droit de parler dans les rangs aussi longtemps que cela lui plairait, un silence complet et lourd régnait, seulement coupé par le bruit cadencé des pas sur la terre.

Le chemin avançait au cœur d'un univers bocager, avec des prés de gauche et de droite, des haies bien fournies en arbrisseaux, ronces, fougères, où des unités d'oiseaux d'espèces variées créaient un joli vacarme.

Le festival d'automne battait son plein. Les vents de Toussaint avaient dévêtu les branches, nombre d'écorces exposaient leur peau décharnée, des tapis de feuilles jaunies et déjà en décomposition bordaient les bas-côtés du chemin, comme une belle et colorée haie d'honneur réservée aux pensionnaires.

Après cinq kilomètres, la file adolescente coupa au niveau du garde-barrière la voie de chemin de fer qui passe à cet endroit, une voie unique, avec un train qui en croise un autre à la voie de dégagement située en amont de la maisonnette placée en surveillance. C'est la résidence du garde-barrière, en l'occurrence d'une femme, veuve depuis trois ans.

Enfin l'autorisation de bavarder sortit de la bouche de Tatase, monté du bas de file vers le milieu, et relayée par Alfred descendu depuis l'avant pour rejoindre la « sale bête », comme le désignaient les hispanisants du collège, paraphrasant Manchard. Alors une grande cacophonie s'éleva dans l'air, comme une montgolfière poussée par sa flamme, cent dix voix d'un coup exprimèrent cent dix pensées tout en avançant dans la campagne à bon pas.

Les sujets de conversation se distinguaient par une extraordinaire uniformité : les deux affaires évoquées par le Directeur contre la personne de Tatase. Plus les dialogues s'échangeaient loin des oreilles de Tatase et Alfred, plus les réactions, exprimées avec la plus grande discrétion, et couvertes par le bruit ambiant, allaient toutes dans le même sens : « Il l'a bien mérité ! Il faudrait recommencer ! J'aurais voulu y être ! Il mérite la mort ! » La haine des gamins était bouleversante à entendre.

D'autres surtout se demandaient qui pouvait bien s'être soulagé dans le globe du plafond et émettaient des avis :

— C'est sûrement un gars de Troisième, il n'y a que les grands pour oser faire ça, et les bras suffisamment hauts pour dévisser le globe.

Un « Sixième », Albert Boisgontier, fit une confidence qui intéressa une « oreille » placée dans la rangée devant :

— Moi, je voterais bien Jacquelin-Dubuisson pour avoir participé à l'un ou l'autre des châtiments.

— Ah bon ! Comment tu le sais ?

— Je l'ai vu monter au dortoir, je revenais de poser ma valise, j'étais tout seul, je l'ai vu attaquer les marches. Donc il y est peut-être pour quelque chose…

— Mais ce serait un héros ce type…

Hamard, Jacquelin et Duché s'étant groupés ensemble, il fut enfin question de son geste étrange aperçu le jour du départ en vacances :

— Pourquoi ce pouce tourné vers le sol ? Qu'est-ce que ça voulait dire ? demanda Jacquelin.

— Tatase discutait avec ma mère devant le portail, et cela m'agaçait qu'elle perde son temps avec cette peau de vache en train de minauder. Alors j'ai fait ce geste, ça signifiait qu'il fallait le condamner à mort. Vous auriez pu me répondre ! J'ai cru que vous m'aviez compris.

La file de pensionnaires parvint à l'orée du grand bois des Chaumes, où le chemin de campagne se transforme progressivement en sentier forestier. Situé à dix kilomètres et demi du collège Saint-Grégoire, ce jardin sylvestre couvert essentiellement de chênes possède un charme inouï grâce à d'autres espèces qui les complètent fort heureusement : châtaigniers, érables, hêtres, buissons de genêts en étages sur des blocs rocheux qui ne sont pas sans rappeler certains endroits de la forêt de Fontainebleau, ou de Brocéliande.

La promenade faisant toujours une halte à cet endroit, d'une durée variable fixée par Tatase, selon son humeur, la file s'arrêta et attendit les instructions.

— Un quart d'heure d'arrêt et on repart, annonça-t-il.

Ils marchaient depuis plus de deux heures déjà, l'allure soutenue, et bien des élèves de Huitième, Septième et Sixième sentaient dans leurs petites cuisses la douleur de muscles atrophiés. L'Institution n'offrait aucun casse-croûte pour la pause, ni boisson, ni en-cas, tout apport de goûter personnel était prohibé. Alors la plupart des pensionnaires s'asseyaient sur des buttes, ou sur des rochers posés là en sentinelles d'une cassure géologique ouvrant sur une pente ravineuse, hautement facteur de risques de chutes.

D'ordinaire, Tatase et Alfred organisaient des jeux dans la forêt, le plus notoire mais aussi « le plus con » selon une opinion majoritaire chez les Troisièmes, s'appelait « Virevice », consistant à chercher un élève caché dans le périmètre autorisé, assez restreint. Un jeu pour les enfants du Petit Jeu avec un inconvénient pas très joli, joli : certains grands parfois poussaient les petits nouveaux dans un ruisseau étroit, peu profond, et sans grand courant qui traversait un bout du bois. Le monde méchant du bizutage, sous l'œil goguenard des deux ensoutanés au cœur dénué d'empathie ! Les gamins rentraient au collège, les pieds trempés. Heureusement pour la gloire de l'humanité, d'autres grands plus intelligents s'interposaient parfois rudement pour mettre fin à un épisode que Tatase et Freddy laissaient bêtement prospérer.

Le football restait l'activité préférée des pensionnaires, ils apportaient des ballons et exerçaient leur adresse dans une clairière assez large, si les deux matons le permettaient…

Parfois les deux hommes en noir s'asseyaient sur deux énormes billots en chêne laissés par des forestiers et devisaient à voix basse sans ne jamais sourire. C'est ce repos que choisirent Hamard, Duché, SNCF, Frelon et Jacquelin-Dubuisson pour se poster sur un des rochers qui leur tendait une place assise. Ils contemplèrent le paysage puis se tournant vers le ravin Hamard dit :

— Un de ces jours, je le pousserai d'ici, il ira direct en enfer…

— Tu n'oseras pas, dit Duché, au dernier moment ta main se bloquera !

— C'est ce qu'on verra, dit Hamard, si ce n'est moi ce sera un autre, la liste est longue de ceux qui veulent sa peau.

— Oui, fit Alain Frelon, mais on n'est pas taillés pour devenir criminels, il faut attendre une opportunité et que ça devienne une non-assistance à personne en danger, un truc comme ça, j'ai lu ça dans un roman, ou un événement possiblement accidentel.

— Moi je suis décidé, ajouta Jacquelin, rien ne m'arrêtera, et s'il me refait le coup de l'arrosage au broc de cidre, j'agis tout de suite, en légitime défense, plus rien ne me retiendra.

Leur conversation prenait un tour de serment, « le serment du ravin », tant leur résolution s'exprimait avec plein de force, mais aussi de risque. En effet, les cinq garçons, presque des hommes physiquement, s'abandonnèrent aux confidences plus qu'il ne fallait, leurs paroles furent comprises par Alain Loriot, un des espions du « duo maton ».

Un coup de sifflet parvint à leurs oreilles. C'était l'heure du retour. Ils regagnèrent la zone de rendez-vous pour retrouver la troupe.

La jeunesse prisonnière, comme une colonne de fourmis écrasée sous le poids des ordres, reprit sa marche en sens inverse, direction le collège distant de trop de kilomètres. L'allure se fit plus soutenue qu'à l'aller, c'est que Tatase avait affaire à la maisonnette de la garde-barrière.

À marche forcée, ils gagnèrent presque un quart d'heure, c'est le temps qu'il s'éclipsa voir la veuve, souriante en l'accueillant à sa porte. Une femme petite, pas très jolie, pas loin de la cinquantaine : Tatase venait présenter ses hommages depuis au moins deux ans, de préférence lors de la promenade du dimanche, car les pensionnaires étant moins nombreux que les jeudis, leur surveillance n'en restait que plus facile pour son acolyte Freddy.

C'est à force de passer devant la maisonnette qu'il avait créé le contact, et qui refuserait d'admettre vers quelle forme cette relation avait évolué ?

Tout le temps qu'il se trouva à l'intérieur de la maison, invisible, les pensionnaires attendirent sagement en rang dans ce chemin où l'on ne croisait presque personne, sous la surveillance d'Alfred, et s'entretint alors un bavardage incessant, bruyant et scabreux sur ce que Tatase faisait à l'intérieur :

— Il va choper la chaude-pisse, disaient les grands, ça lui fera les pieds.

— C'est quoi la chaude-pisse ? se renseignaient les plus jeunes internes ? On peut l'attraper aussi, nous ?

Tout le monde s'esclaffait même ceux des petites classes, ignorants bien sûr du sens et de l'implication de la formule. Et Atkinson rajouta du rire au rire en demandant à son tour, avec son accent britannique et ses constantes confusions entre l'emploi du féminin et celui du masculin :

— C'est quoi « le » chaud de pisse, s'il vous plaît ?

Enfin Tatase sortit de la maisonnette l'air benoît, et relança la marche vers la ville. Alfred arbora une mine coincée et resserra les rangs pour que l'allure du groupe présentât un profil impeccable. C'était un fait incroyable qu'un groupe de cent dix pensionnaires puisse être tenu en laisse, sans le moindre désordre, par la volonté d'un seul subalterne, pendant que le maître de discipline goûtait aux joies de la chair dans la maison d'à-côté. Mais mentalement, les élèves vivaient tellement conditionnés par la discipline et soumis à la crainte de la punition extrême que leur esprit de révolte, pourtant bien présent au fond des cœurs, restait maîtrisé.

Le plus extraordinaire ? Nikitanastase menait son petit jeu sans que personne, sauf son comparse, n'en eût seulement connaissance : ni la Congrégation, ni les parents d'élèves. Une omerta totale ! Les élèves restaient très discrets et même muets sur leur vie disciplinaire, sur le joug de leurs deux bourreaux : leurs parents n'y accordaient aucun crédit, et s'ils s'en étaient plaints auprès du Directeur, celui-ci n'aurait pas admis l'impensable, par crainte pour la notoriété de la Congrégation.

La dernière portion de marche depuis les ifs millénaires jusqu'au collège paraissait sans fin, écorchante pour les pieds, et pesante pour les jambes des petites classes. Mais pas question de ralentir ! Tatase tenait toujours à la minute près son impératif d'emploi du temps : réfectoire à 17 heures 30.

Piètre consolation que la perspective d'en finir avec la marche épuisante et monotone de l'après-midi, en effet le retour à la réalité du pensionnat avec son cortège de contraintes en attristait plus d'un et les conversations glissaient vers les sujets les plus sensibles pour un pensionnaire : le manque de famille et le prochain jour de sortie.

Rentrés au collège, les élèves s'installèrent au réfectoire à concurrence de huit par table et une petite révolution dans l'organisation. Scrogneugneu venait de décider la création d'une fonction de « chef de table », afin disait-il de « responsabiliser des collégiens chez qui l'on décelait des qualités de chef, de recueillir des informations capitales sur le fonctionnement bon ou mauvais du réfectoire, et des informations de toute nature sur tel ou tel. »

Rien sur la qualité de la cuisine ! Dommage, il y avait à dire, sur des repas tout simplement immondes, tous les jours aux deux tiers immangeables.

L'incommensurable appétit des pensionnaires au retour de vingt kilomètres de promenade n'avait d'égal que la taille du gouffre de Padirac. Tant d'efforts hélas pour la si insignifiante récompense d'une tartine de pain de six livres. Les huit tranches se logeaient calées dans une corbeille au bout de la table. Auparavant, sous Hilaire, chacun se servait en prenant une tartine sans rien demander à personne, mais avec l'instauration d'un chef de table, la distribution changea : il se servait en premier, donc avec la plus grosse tranche, et passait la corbeille par ordre de rang. Les deux derniers placés furent donc dorénavant les plus mal servis, surtout en frites, quel que fût le repas concerné.

Bien au fait que les longues promenades creusaient horriblement l'estomac, certains pensionnaires ne mangeaient pas leur tartine du repas du midi et se la réservaient pour le goûter. D'autres complétaient leur nourriture de gâteaux, de biscottes, et autres pains d'épice rapportés de la maison.

Après le réfectoire, bâclé en un quart d'heure, commença l'Étude. Chaque pensionnaire, prenant place dans son Étude respective, s'installa à son bureau et se mit au travail. Tatase s'effondra dans son gros fauteuil de cuir, bras croisés à son bureau, situé sur l'estrade. On ne pouvait pas rêver d'un point de guet plus approprié pour observer le contrebas, un véritable arbre à chat pour gros matou en mal d'attraper des souris.

Les yeux à demi clos, n'ayant l'air de rien sinon de sacrifier à un roupillon réparateur, il réfléchissait aux confidences de l'élève Loriot rapportées à Freddy sur le chemin du retour : Hamard, Claude-Forget, Duché, Jacquelin-Dubuisson et Frelon complotaient contre lui.

L'opération « oreilles » venait donc de prouver son efficacité, et il se délecta de l'idée selon laquelle bientôt il connaîtrait les coupables de ses misères. Pour s'occuper l'esprit, il considéra l'un après l'autre chaque membre du quintette surpris par Loriot, et prit plaisir à estimer leur capacité personnelle à exécuter des actions grossières, crapuleuses, voire violentes.

Il se souvenait des « branlées » qu'il avait collées à Hamard quand ce petit « trou du cul » était entré à l'Institution, en septembre 1958. Non mais ! Il se prenait pour qui, ce mal élevé, sans discipline, incapable de comprendre les limites du ramdam ? Une tête dure, qu'il avait souvent tabassée avec le haut de sa chevalière, mais un lâche. S'il a déféqué dans le globe, l'idée peut venir de lui, mais il lui fallait un complice. Quant à subtiliser la chevalière, il ne lui voyait pas de mobile – trop plouc – et pas le culot d'agir seul. Alors, aller jusqu'à l'agresser ou le tuer ? Il en refusait l'idée.

Juste derrière il aperçut Claude-Forget, l'égal de Hamard dans bien des compartiments : nés le même jour au même endroit, demeurant dans le même trou, parents même métier, jamais de calendriers ou d'agendas pour marquer des points ! Ah ! Quel minable, ce blaireau avec son nom à rallonge !

Comment l'appellent-ils entre eux ? SNCF ! Cela lui va comme un gant, toujours à se traîner derrière Hamard comme un wagon derrière une locomotive, aucune personnalité ! Si Hamard était dans l'alcôve, il ne devait pas se tenir loin ! Me voler, lui ? Impossible sans Hamard, ce qui renvoie au portrait précédent.

Droit devant lui, dans sa ligne de mire, se situait Jean-Claude Duché. Le Parisien de bonne famille venu se perdre en province pour trouver, selon ses parents, de meilleures conditions de travail. Rentrée de septembre 1958, lui aussi. Sur ce coup-là il n'avait pas été astucieux : les rejetons des parents fortunés devaient être ménagés, la Congrégation avait besoin d'argent. Mais bon, pour qui se prenait-il aussi, ce jeune endimanché qui ne portait que des gilets blancs et des vêtements de marque ? Même ses chaussures sentaient les grands magasins parisiens. Il n'était pas membre de la confrérie des petits emmerdeurs, Duché, mais comme tous les mômes il faisait des sottises et une bonne poêlée de calottes ça remet les idées en place. Certes, il avait peut-être frappé un peu dur, parfois, mais chacun son travail. Et depuis, en grandissant, il avait acquis une certaine sérénité ce jeune homme. Les revers de chevalière, ça assagit. Alors, se laisser aller à une manœuvre aussi repoussante ? Non, pas lui ! Quant à dérober sa chevalière, quelle idée ! Sa famille avait les moyens de le satisfaire s'il voulait parer d'or ses dix doigts. Non, vraiment Duché n'était pas le profil idéal.

Il obliqua la tête sur sa gauche et ses yeux accrochèrent la chevelure toute blonde de Jacquelin-Dubuisson. Une montée de haine vaporisa un voile de dureté dans ses yeux. Ce merdeux, ce cradingue de Dubuisson, songea-t-il ! Il le détestait, coupable à ses yeux d'être allé moucharder droit chez Hilaire d'avoir reçu quatre paires de gifles, au Noël 1958. Faut dire qu'il ne les avait pas volées en crachant dans le broc à eau de ses petits camarades, sous ses yeux : il trouvait ça amusant ce crétin ! Et tant d'autres attitudes qui méritaient une correction. Il en a reçu des baffes, et puis le broc de cidre, pour lui rafraîchir les idées. Ses parents n'ont pas été assez durs avec lui, moi je le serai jusqu'à la fin. Cela fait deux fois qu'il est cité dans l'opération « oreilles » et je n'en suis point étonné, je le sens capable de déposer sa crotte dans mon globe. Pourquoi pas un voleur par-dessus le marché ! Avec un père graveur et fabricant de joaillerie, ma chevalière hors du commun pourrait lui plaire, pour la copier en série. Il faut non seulement le surveiller mais lui tendre un piège, meilleure tactique pour vérifier son innocence ou sa culpabilité. Et il me menacerait ? Lui ? Petit merdeux !

Il ne cessa plus de penser à Jacquelin-Dubuisson qu'en apercevant Frelon, occupé à dessiner une carte de géographie. Ah celui-là, quel artiste ! Quel clown ! Pas plus tard qu'hier Frère Mathieu, à l'issue de son premier cours de dessin, lui racontait la présentation demandée aux élèves de Troisième Rouge : « Présentez-vous en quelques mots et expliquez pourquoi vous aimez le dessin. » La réponse de Frelon valait son pesant d'originalité : « Je m'appelle Alain Frelon, né à Taon (Calvados), fils d'une mère à la taille de guêpe, père prenant facilement la mouche, éleveur d'abeilles. J'aime le dessin parce qu'y tremble le reflet de mon âme. »

Du Frelon tout craché, autiste, artiste, poète. Arrivé au collège aussi en 1958, personne ailleurs n'en voulait. Trop incontrôlable, passablement turbulent, trop malin, trop clownesque. Toujours à l'affût de raconter une blague. Un jour, en classe de géographie, le professeur Frère Dominique demanda à l'élève assis devant Frelon : « citez-moi le plus long fleuve d'Inde. » Il en ignorait le nom – Brahmapoutre – alors Frelon lui souffla « Rien à foutre », et l'élève répéta sottement la réponse. Cela provoqua une grande marrade que Dominique eut du mal à contrôler.

Je l'ai claqué plusieurs fois, il l'avait mérité. Je crois que sa hauteur d'esprit se situe au-dessus d'une pitoyable pantalonnade sans pantalon. Histrion oui, mais scatologique non, je ne le vois pas de cette veine grotesque.

La chevalière ? Il m'en a fait un tableau au détail près, merveilleusement réussi. Pourquoi me voler ? Parce que lui seul en sait toute la beauté ? Peut-être… Par vengeance ? Parce qu'en dépit de mes promesses, je l'ai privé de sortie ? Franchement, non. Il la méritait dix fois, cette colle, avec ses remarques cochonnes.

Convaincu de la justesse de ses analyses psychologiques, Tatase finalement éprouvait le sentiment de piétiner, de manquer de faits suffisants pour supputer sérieusement la culpabilité d'Untel ou d'un autre dans les deux affaires prégnantes dans son esprit. Mais soudain il prit conscience que peut-être un de ces gamins en voulait à sa vie. « Mon analyse est-elle juste ? Ils ont de curieuses conversations, je dois me méfier, en parler avec Alfred. »

Il fut tiré de ses pensées par le carillon de l'horloge sonnant sept heures moins le quart. Moment du « chapelet », première prière du soir ; après le renoncement rapide de Scrogneugneu sur son idée débile de placer le chapelet à 18 heures 15. Il s'empara de la sonnette posée sur la petite tablette parallèle à son bureau, fixée au mur, sur laquelle reposait son poste de radio de marque Radiola. Il sonna et annonça la couleur : « Chapelet ! »

Les pensionnaires rangèrent livres et cahiers dans leur pupitre et s'engagèrent vers l'escalier pour monter à la chapelle. « Ce moment pourrait s'avérer idéal pour restituer la chevalière le jour venu, songea Jacquelin-Dubuisson, pourtant bien hésitant à remettre à sa place ce qui lui avait coûté tant de stress. Il est peu probable que Tatase constaterait mon absence. »

— Ce soir on a droit à Sent du Bec, glissa Frelon à l'élève Pierre Heuvin, un gamin de cinquième.

Frère Bernard s'avança en effet devant l'autel et procéda à l'ouverture de la prière. Chaque fois, en effet, en l'absence de l'abbé Pouchard, un Frère différent se chargeait d'officier. Les pensionnaires récitèrent avec lui un premier « Je vous salue Marie », puis un deuxième. Ensuite Scrogneugneu prit la parole et rappela la mémoire de Frère Hilaire à qui les élèves ne pensaient déjà plus, ou de moins en moins. Il lui dédia une prière latine qu'il débita dans le plus grand silence et la plus grande indifférence. À quoi songeait un pensionnaire noyé dans la masse d'un groupe où chaque respiration est en réalité celle d'une solitude ? Certainement pas à la mémoire d'un homme qui n'était rien d'autre qu'un passage obligé dans sa vie, mais à sa famille et aux jours qui lui restaient à tirer avant de rentrer chez lui.

Le chapelet terminé, le programme monotone du pensionnat conduisit les internes au réfectoire pour le dîner. Un moment des plus difficiles pour eux tant la nourriture qu'on leur servait était infâme. Ce soir-là ne trancha rien avec l'habitude. Il leur fut servi un mauvais pâté en entrée – du singe, disaient-ils –, puis un plat de riz au lait caillé en plat de résistance. Certains pensionnaires, dotés d'estomacs affamés ou réceptacles d'un palais très accommodant, parvinrent à avaler cette déplorable nourriture. D'autres, ô combien nombreux, tirèrent le tiroir correspondant à leur place assise, étalèrent un papier dans le fond puis, à l'abri des regards et avec la complicité du chef de table, placèrent la tranche de pâté et leur part de riz dans le papier qu'ils plièrent et cachèrent dans leur poche. Destination les goguenots immondes dans la cour du Petit Jeu.

Avec l'apparition du froid, l'Institution réchauffait les pensionnaires (les « penseculs », comme ils s'autodésignaient trivialement) en leur faisant grâce d'un verre de vin chaud. On le leur servit ce soir-là, deux verres de mauvais vin pesant treize degrés, bien brûlant, que tous avalèrent avec délectation, interne de huit comme celui de quinze ans, et la montée en puissance du tintamarre, ressortant des discussions plus animées qu'en d'autres jours, indiquait aux oreilles rompues à l'ambiance que, sans être proche de l'ivresse, le collège s'était épris de vin jusqu'à l'enthousiasme, sentiment d'ordinaire inconcevable.

Après le réfectoire, les élèves se ruèrent dehors pour la minute pipi, dernière chance de s'offrir un moment d'aisance avant d'affronter le régime « WC limités » imposé pour la nuit par Tatase. Ruée vers les urinoirs puis vers les WC où s'entassait un magma de papiers renfermant des monceaux de nourriture avariée tels que pâtés, viande pourrie, riz au lit caillé, etc., un magma aggloméré avec les déjections humaines, et des portes difficiles à ouvrir et refermer…

Les deux pandores en habit noir sonnèrent le rassemblement général pour la montée vers le dortoir. Dans un pensionnat existe toujours un rassemblement pour une bonne raison, à ce moment le carillon de la Cour d'Honneur sonna vingt heures trente, le rite du coucher jouait son premier acte.

IX
Retour de la chevalière

Fin novembre-décembre 1963

Les heures et les jours de novembre tombaient lentement de leur compte-gouttes et s'écrasaient pesamment. Que le temps paraissait long entre les murs gris de l'Institution, à la lumière blafarde des soleils raccourcis, où les heures s'écoulaient au rythme des cours, entrecoupées de prières.

Les pensionnaires croisèrent pourtant la grande Histoire le soir du vendredi 22 novembre 1963, dans une communion sans précédent avec des millions de gens à travers le monde, grâce à Tatase. Le Big Ben de l'Étude venant de sonner vingt heures, il alluma son poste de radio et colla son oreille pour écouter le bulletin d'informations, comme chaque soir, sans perdre de vue ses proies au travail.

Le lendemain tombant jour de sortie, il régnait une atmosphère faussement détendue, du bonheur coulait dans les esprits des pensionnaires, même si pas le moindre assouplissement au règlement n'était pour autant toléré la veille de congé.

Tatase suivait une règle très simple : écouter discrètement la radio de manière à la rendre inaudible pour les pensionnaires, le niveau du volume au plus bas. Ce 22 novembre, il écoutait depuis deux minutes à peine quand soudain lui prit l'idée d'orienter le bouton du volume vers son maximum, alors dans l'Étude se répandit la sidérante nouvelle : « Le Président des États-Unis d'Amérique John-Fitzgerald Kennedy est mort à l'hôpital de Dallas Texas, assassiné dans sa voiture. »

Tatase, semble-t-il, bouleversé par la chose, laissa la radio au volume maximum jusqu'à la fin du flash d'informations. Il voulait certes entendre pour lui-même jusqu'à son terme le récit des faits, mais indéniablement crut de son intérêt d'en faire profiter les pensionnaires en se disant : « Dans cinquante ans, ils se remémoreront cet événement qu'ils ont vécu grâce à moi, dont ils se souviendront par la même occasion. »

***
*

Le samedi suivant Jean-Baptiste Jacquelin-Dubuisson retrouva sa famille au congé de fin novembre 1963. Le premier acte de son week-end le conduisit dans sa chambre, vérifier immédiatement la présence de la chevalière à l'endroit où il l'avait cachée : sous une latte du parquet située au pied du lit, une latte devenue amovible avec l'usure du temps.

Elle se trouvait au bon endroit, enveloppée dans un mouchoir, la reconquérir lui causa de la joie, de la fierté, toutefois saupoudrées de crainte, et d'un zeste de remords. Il se sentait sous pression à Saint-Grégoire, vu que Tatase cherchait son bien aussi excité qu'un chien de chasse et menait la vie dure à l'internat. Après l'endurcissement des promenades, la privation collective de la séance trimestrielle de cinéma – ils avaient tout de même raté les projections de « Ben-Hur » et du film « Le Jour le plus long » mais pas « Monsieur Vincent » – l'arrêt de toute activité sportive, l'accroissement du temps consacré à la religion, Tatase avait créé une nouvelle punition :

la corvée de toilettes au dortoir. Elle consistait à astiquer les lavabos, nettoyer les trois WC à la turque et le quatrième avec cuvette. Jacquelin avait eu droit à la punition et en gardait un très mauvais souvenir. Cette situation ne pourrait durer.

Et puis revenait en boucle cette impression, depuis quelque temps, de voir Tatase le fixer d'un air soupçonneux, avec un faciès de type au courant de quelque chose. Or lui-même n'ayant rien confié de son acte à personne, il se demandait sur quoi pouvaient reposer ses soupçons. Il lui revint cependant d'avoir tenu avec ses copains, sur la cour et en promenade, des propos menaçants contre Tatase. Cette pensée l'éclaira d'un coup, même si Pierrot Bruneau, interrogé, lui garantit n'avoir entendu aucune rumeur de dénonciation : « Il faut se montrer plus discret. Quelqu'un a entendu nos paroles, et les a rapportées. Et s'il s'entourait vraiment de mouchards ? »

Pour la première fois, il entrevit cette hypothèse comme plausible. Qui ? Il n'avait aucune piste, mais savait le bourreau rusé et persuasif. Cela ne fit que fortifier l'intention qui l'obsédait maintenant chaque jour : restituer la chevalière. Pour la reprendre plus tard, dans les ultimes jours de l'année scolaire, une occasion se présenterait nécessairement.

La restituer mais quand et comment ? Quelle astuce pour éviter de se faire prendre ? Il fallait d'abord transporter la chevalière sur soi sans attirer l'attention, afin d'agir sur-le-champ si l'opportunité se présentait. Jean-Baptiste eut une idée et descendit voir Eléonore :

— Maman j'ai quelque chose d'important à te demander.

— Tiens, Jean-Baptiste, tout va bien à Saint-Grégoire, j'espère qu'il n'y a rien de grave. Qu'as-tu à me demander ?

— Je voudrais que tu couses une petite pochette dans la doublure de ma veste, tu saurais faire cela ?

— Oui, je suis assez moyenne couturière mais ce genre de travail me semble à ma portée. Pourquoi as-tu besoin d'une pochette à cet endroit ?

Sachant qu'elle le questionnerait, il avait anticipé la parade :

— Le collège envisage d'installer une serrure à chaque tiroir des tables du réfectoire, chaque tiroir aura sa clef, et je voudrais l'avoir sur moi en permanence pour ne pas l'oublier ni la perdre.

— D'accord, mon chéri. Monte chercher ton manteau, je vais te faire ça tout de suite. Et quelle dimension pour la clef ?

Il avait aussi réfléchi à cette question et trouvé une vieille clef dans l'atelier familial pouvant servir de patron : « De cette taille environ. »

Grâce à ce scénario bien huilé, le soir même, Jean-Baptiste put glisser la chevalière dans la pochette solidement cousue par Eléonore ; parfaitement calée derrière la poche avant du manteau, pratiquement invisible, en sécurité dans la pochette fermée par une fermeture éclair.

— Et maintenant, pensa Jean-Baptiste, il faut que je réussisse le plus dur : la restituer sans être démasqué.

Jean-Baptiste se rendit dans l'atelier pour interroger Philippe Boisnard sur l'état d'avancement de la copie. L'ouvrier qualifié, occupé sur une commande urgente, le fit patienter dix minutes.

— Alors Jean-Baptiste, où en es-tu ?

— Toujours au même point. En possession de la chevalière mais décidé à m'en débarrasser… pour le moment.

— Sage décision, répondit Philippe, mais comment tu envisages la chose ?

À vrai dire, il y réfléchissait sans arrêt, mais face à la surveillance étroite et permanente à laquelle les internes se trouvaient soumis, aux espions de tout poil engagés par Tatase, il peinait à visualiser où se situerait le créneau propice à agir. Il retourna la question à Philippe, mais celui-ci n'avait pas non plus d'idée convaincante à proposer.

Jean-Baptiste changea de sujet, impatient de découvrir la réplique de la chevalière :

— As-tu terminé la copie ?

— Mais oui jeune homme, c'est fait, et comme nous sommes tranquilles ce matin je vais te la montrer.

Philippe sortit de son casier personnel une petite boîte très neutre, en bois blanc, et prit la bague. Parfaitement ressemblante, à s'y méprendre, il la présenta sous les yeux médusés de Jean-Baptiste.

— Incroyable ! dit-il, on dirait que c'est elle, la même !

— Pas tout à fait. Comme je te l'ai annoncé, il manque la patine de l'original, mais je suis assez satisfait de mon travail.

— C'est de l'or ?

— La chevalière originale oui, et du vrai. En carats au moins vingt-quatre, elle pèse quarante grammes. Pour la copie, je n'ai pas trouvé toutes les chutes qu'il fallait, le plateau est donc en métal avec un plaqué or, mais d'un bon grammage. Le rendu crée l'illusion et tu porteras un très beau souvenir au doigt.

Jean-Baptiste remercia Philippe et lui demanda une seconde fois la promesse d'une discrétion totale auprès de son père. À quoi Philippe, amusé, répliqua :

— Alors, arrange-toi pour qu'il ne découvre jamais la vraie chevalière ni la copie, auquel cas tu auras du mal à expliquer d'où tu la tiens. Et en prime je perdrai mon emploi…

Le dimanche soir, Jean-Baptiste Jacquelin-Dubuisson rentra au collège, le congé de fin novembre 1963 achevé. Malgré un retour autorisé le lundi matin, ses parents trop occupés par leur affaire pour un déplacement le lundi incitaient Jean-Baptiste à retrouver le dortoir dès le dimanche soir.

Ce retour avant dix-huit heures lui imposa la coutumière pratique religieuse dont il se serait bien passé : le Salut. Les pensionnaires présents au collège se réunirent dans la Chapelle, participèrent à la récitation de versets composés pour vénérer le sacrifice du Christ.

Suivirent des chants puis des offrandes réalisées avec l'usage de l'encensoir. Une fumée parfois épaisse s'échappait du récipient, une occasion supplémentaire de moqueries pour des internes en mal d'un dérivatif d'amusement :

— Putain, Pouchard allume sa gauloise ! souffla Frelon dans l'oreille de Jacquelin-Dubuisson !

— Pouah la fumée ! Le vieux bouillonne sous sa calotte ! réagit moins discrètement un autre, dans une travée à l'arrière. Par chance, pas un bourreau en noir ne capta l'allusion, et Frère Guy temporisa avec un « chut… » assourdi, qui coupa court à toute réprobation musclée du surveillant général.

Jean-Baptiste était rentré au collège avec la tête toujours serrée dans le même étau : la chevalière. Rien que de revoir la bobine de Tatase à son arrivée dans l'Étude du dimanche soir après le Salut, son profond sentiment de culpabilité lui déclencha un stress étouffant.

Passant en revue plusieurs scénarios pour restituer la chevalière, dans tous les cas un impératif revenait comme un boomerang : ne pas être identifié. Scénarios accompagnés de résolutions qui, pensait-il, s'avèreraient utiles au moment crucial : réduction presque à néant de sa tignasse blonde, elle marquait par trop sa silhouette et désignait son nom à cent mètres, placement dans sa valise de vêtements qu'il ne portait jamais au collège, tout cela pour mieux se dissimuler, passer inaperçu. En quelque sorte il complotait, non pour le mal mais pour le bien, cette appréciation morale le soulagea.

En attendant que survienne le moment opportun, la routine de la vie de pensionnaire se remit en marche. Le jeudi de décembre 1963 suivant leur retour au collège, les internes furent appelés comme chaque semaine à la messe de onze heures. Les anciens dans leur quatrième, cinquième et sixième année de pensionnat n'en pouvaient mais de cet excès de pratique religieuse, hélas il n'existait aucune voie de traverse. Aucun loisir n'était disponible ni organisé pour les malheureux internes, très peu de sorties au cinéma, pas d'enseignement pratique ni d'ateliers, pas d'activité musicale à l'extérieur. Rien que la vie chiante d'un quasi-séminariste ! Maurice Quinton, le plus grand et le plus fort du collège, gradé de sept années de présence pour cause de redoublement en sixième, répétait sans cesse : « Mises à part les matières classiques, depuis sept ans "pensecul" je n'ai rien appris que des bondieuseries ! »

L'abbé Pouchard recrutait chaque année autour de lui un groupe d'enfants de chœur issus des classes de huitième, septième et sixième. Ils l'assistaient à tour de rôle au service de la messe, et l'inexpérience de certains déclenchait parfois de cocasses situations dans le cours de la célébration.

Ce jeudi-là, Pouchard s'était adjoint la collaboration de Claude Leduc, élève de septième, et de Marcel Jardin, élève de sixième. L'assemblage de deux enfants de chœur inexpérimentés ne figurait pas dans le logiciel de Pouchard, il rompait ici avec ses principes professionnels efficients et sans faille : au service soit deux enfants de chœur expérimentés, soit un enfant de chœur chevronné, connaissant bien les rites, associé à un débutant. Jamais, au jamais deux débutants ensemble. Jardin n'avait auparavant pas servi à droite de l'autel, Pouchard le prit pourtant en remplacement de Jean-Marie Bedel-Dupuy, plus chevronné mais grippé. Pouchard pensait Jardin à hauteur des compétences requises, mais le pauvre n'y connaissait pas grand-chose, retenant peu ce qu'on lui apprenait. Erreur de casting dont l'assistance allait profiter pour vivre malgré elle un office en deux phases : dans l'hilarité… puis avec la colère du bourreau.

Dans le continuum du service de la messe, la responsabilité la plus lourde incombait à l'enfant de chœur regardant la droite de l'autel, car il lui revenait de régler le ballet de l'office en actionnant une sonnette de sa main droite : un coup de sonnette ou plusieurs indiquaient aux fidèles soit de se lever, soit de s'agenouiller ou de s'asseoir, et le procédé fonctionnait à condition de sonner – pile poil aux moments inscrits dans la liturgie – un nombre de coups conforme aux recommandations de l'office. Il portait également les burettes de vin au curé, et le cas échéant utilisait l'encensoir. Autant dire qu'il se devait de connaître par cœur la chronologie des actes, afin d'éviter toute mise en branle de l'assistance par des coups de sonnette à contretemps.

Indifférent à ce méli-mélo de spirituel et de temporel, Jardin balbutiait dans la fonction d'enfant de chœur. Leduc ne connaissant pour sa part que les tâches de l'officiant placé à gauche de l'autel, beaucoup plus simples, l'avait laissé côté droit sans sourciller, sans perfidie, mais bien content de ne pas endosser le rôle de son voisin. Or donc, le malheureux garçon, d'une totale inexpérience, ignorait à quel moment l'office réclamait son dû de sonnette pour susciter à bon escient les mouvements des fidèles, et Leduc n'y connaissait foutre rien dans le tempo liturgique.

Pendant tout l'office, avant de secouer la quincaillerie Jardin sonda du regard l'avis de Leduc. Ses yeux trahissaient un douloureux malaise et, stressant sous le poids de la responsabilité dont il se trouvait investi, il l'appelait à la rescousse, le suppliait à voix basse :

— C'est le moment ? Je dois sonner ? Maintenant ? C'est trop tard ? Tout de suite ?

À chaque fois, Leduc opina de la tête vaguement, sûr de rien, en dépit des quelques offices où il avait déjà servi, mais souvent la tête ailleurs, sans prêter attention à l'action de son équipier du moment, s'en remettant totalement à lui sans mémoriser ni le détail ni le moment de ses interventions.

Tout aussi affligé par le doute et le stress de l'ignorance, à chacune des sollicitations de l'officiant de droite Leduc sur sa gauche acquiesçait du bout des lèvres, ou d'un hochement de tête à peine prononcé, tout pâlissant de devoir se mouiller. Alors Jardin, rassuré d'un aval pourtant fragile et hésitant, actionnait la sonnette.

Il agita inlassablement son grelot sans respecter les intervalles, après des silences durant quelques secondes, presque à jet continu, et l'assistance se levait, s'agenouillait, se relevait de suite, à peine debout s'agenouillait encore, provoquant un désordre et un tintamarre dont la répétition prolongée rendait la situation grotesque et cocasse. Et toujours cette sonnette au tintement insatiable, presque toutes les cinq à dix secondes, jusqu'au moment où le curé Pouchard, homme bon mais au caractère bien trempé, jeta de colère à la figure de l'infortuné Jardin : « T'as pas bientôt fini de sonner, non ? »

Cette marque d'impatience déclencha l'hilarité générale dans l'assistance, hilarité vite réprimée par le bourreau de l'Institution, qui fit régner, avec son compère Frère Alfred, une réaction brutale, sous les yeux médusés de Pouchard : une paire de gifles, par-ci, une paire de double revers par-là, de préférence sur les élèves des petites classes, moins sur les élèves de quatrième et troisième qui, alors que l'année s'avançait, grandissaient, grandissaient…

— Foutre d'imbéciles, comment osez-vous rire de vos camarades qui servent notre Sainte Messe ? Vous serez privés de la séance de cinéma « West Side Story » ! Je suis le représentant de Notre Seigneur Dieu ici, devant vous, et j'ai le lourd devoir de veiller à ce qu'il soit respecté en toute circonstance, notamment sous notre sainte chapelle.

Le petit Pierrot Bruneau, encore jeune et naïf, le cœur pur et sincère, posa alors une question, intelligente, mais qu'il aurait dû garder pour un autre lieu, un autre moment, et surtout un autre homme en noir :

— Mais… Frère Anastase, comment peut-on représenter quelqu'un qu'on n'a jamais vu ? Comme si mon oncle Emile Bouissou, voyageur commercial, représentait une entreprise dont on n'a aucune preuve de l'existence !

— Putain, il a abusé du vin chaud ou quoi, ton copain ? Il va morfler, murmura Frelon dans l'oreille de Jacquelin-Dubuisson, placé à sa droite.

— Petit pendard, vociféra Tatase, oser m'interrompre pendant que je parle, me contester de surcroît, tu vas le payer cher !

Il se rua vers lui, le gifla sèchement et s'apprêtait à le frapper encore quand Pouchard toussota et l'interrompit :

— S'il vous plaît, Frère Anastase, nous sommes tournés vers Notre Seigneur Dieu et Jésus-Christ, j'aimerais achever dans l'ordre et la sérénité ma Sainte Messe. Remettons à plus tard, hors de la présence du Seigneur, les sanctions humaines.

Tatase s'arrêta, il n'aurait pas osé l'affronter, et les coups de sonnette cessèrent, l'abbé Pouchard ayant décidé de s'en passer et de gérer les séquences gesticulatoires de l'assistance.

Pierrot Bruneau se prit une bonne paire de gifles pendant l'Étude, et écopa de seize pages à écrire qui, grâce aux points obtenus avec l'appui de Jean-Baptiste, furent ramenés à deux pages.

Le lendemain, un vendredi glacial de décembre, à la sortie de l'Étude du matin, Jacquelin-Dubuisson s'approcha de l'estrade de Frère Anastase et demanda à lui parler :

— Qu'est-ce que tu veux ? l'accueillit le bouledogue, visiblement de sale poil.

— C'est de ma faute, Frère Anastase, si Pierre Bruneau vous a dit des sottises hier, pendant l'office, dit-il, je suis seul responsable, c'est moi qui lui ai parlé ainsi de l'existence de Dieu, aussi je vous demande de me punir à sa place.

Tatase plongea son index dans son nez et rabota l'intérieur avec acharnement, il en sortit une grosse crotte qu'il écrasa sur son bas de soutane :

— Jacquelin-Dubuisson, voilà un magnifique geste de probité que vous accomplissez là, mon ami, je vous ordonne donc d'aller en confession chez l'abbé Pouchard en fin de semaine, vous avez de mauvaises pensées qu'il faut laver dans l'âme et dans l'esprit. Par ailleurs je vais vous punir parce que vous le méritez amplement pour tenir de tels propos impies à un élève plus jeune que vous, et enfin, et enfin, mon pauvre ami, ce n'est pas en vous accusant que vous sauverez la tête de votre ami Bruneau : vous ne lui avez pas suggéré de m'interrompre quand je parle, je l'espère, sinon ce serait tellement plus grave, dites-moi non, hochez la tête…

Jacquelin-Dubuisson hocha la tête négativement, effrayé : « Quel salaud ! » pensait-il.

— … Donc Bruneau aura tout de même sa punition, et vous Jacquelin-Dubuisson, demain samedi, monterez au dortoir à midi, après le réfectoire, nettoyer les lavabos et les toilettes, en compagnie des monstrueux punis que sont Baudet, Frelon évidemment, cela m'aurait étonné, Borret, Hamard, souvent les mêmes d'ailleurs.

Jean-Baptiste s'éloigna, la tête basse. C'est exactement ce qu'il désirait : pouvoir se rendre au dortoir dans l'espoir de remettre la chevalière dans l'alcôve du bourreau.

Dès l'affaire du globe grassement souillé puis celle du vol de sa bague, Tatase et Scrogneugneu mirent en place la punition jugée infamante par les internes : le nettoyage des lavabos et des quatre WC au dortoir des grandes classes par ceux qui y couchaient, le même sort étant réservé à ceux des petites classes qui dormaient au second étage. Cela resterait comme une mesure de la Présidence Scrogneugneu, jusqu'à l'écœurement. D'ordinaire deux employés de l'Institution se chargeaient de cette besogne, Charles Boisroux et Serge Paul Quentin-Richard, connu comme « monsieur Paul » ou S.P.Q.R. – trouvaille d'un latiniste de Quatrième qui avait fait le rapprochement avec l'acronyme latin, emblème de l'Empire romain – deux quadragénaires bricoleurs doués d'une diversité de talents sans limites : ménage, bricolage, électricité, réparations en tous genres, ils servaient d'hommes à tout faire aux hommes en noir.

Avec la mise en place de cette punition, le nettoyage fut réalisé le midi après le réfectoire, pendant la récréation, et le soir à cinq heures et demie si un complément de présence était nécessaire. Le sieur Prévost, en sa qualité de vacataire admis par les directeurs successifs de l'Institution pour aider à la discipline, accepta de surveiller l'exécution des punitions au dortoir des grands, et Alfred se chargea de celles de son dortoir. Un contrat de travail terminé en général au bout d'une heure.

Jacquelin-Dubuisson se retrouva aux galères avec les quatre autres forçats collés en même temps que lui, Baudet, Frelon, Borret et Hamard. Sous les ordres d'un garde-chiourme comme monsieur Prévost, la peine paraissait douce, car l'homme, gentil, n'élevait jamais la voix, respectait les élèves. Mais il y avait un travail à exécuter et chaque condamné devait mettre la main dans le cambouis.

Prévost répartissait les tâches entre les détenus, Frelon, Borret et Hamard nettoyèrent et briquèrent les lavabos, et Baudet hérita comme chaque fois des immondes toilettes à la turque, car Tatase le détestait de sorte que lorsqu'il infligeait à un groupe de damnés la punition référencée « nettoyage dortoir 1 » il n'omettait jamais de préciser :

— Baudet se chargera des toilettes !

Jacquelin-Dubuisson entrevit la chance pencher vers lui ce midi-là : Prévost le chargea d'astiquer le parquet de l'alcôve de Tatase : « Ça y est, songea-t-il, je vais pouvoir replacer la chevalière. » Chevalière qu'il prenait soin de glisser dans sa poche de manteau chaque matin, pour le cas où…

Persuadé qu'il trouverait une ouverture favorable pour enfin s'alléger de ce fardeau, il alla d'un bon pas vers l'alcôve, muni du matériel nécessaire à cirer le bois, mais monsieur Prévost le suivit et resta près de lui tout en gardant un œil sur ce que faisaient les quatre autres. Gentil mais pleinement attentif aux potaches en action, toujours capables d'une turlupinade dès qu'un surveillant tourne le dos.

— Pas moyen de faire un geste autre que l'astiquage du parquet sans attirer l'attention ! constata amèrement Jacquelin. Par ailleurs le bureau de Tatase était vide, bien rangé, et Jacquelin Dubuisson pensa que s'il laissait l'enveloppe contenant la chevalière sur le lit, le bureau ou le meuble de rangement des affaires, on le démasquerait facilement comme l'auteur du retour miraculeux.

Non, vraiment cela relevait du suicide, de l'aveu !

Au cours du nettoyage des WC à cuvette, Jacques Baudet s'aperçut d'un défaut dans la fermeture de la porte. Pris d'une envie qui ne souffrait pas d'attendre, conséquence des fayots mangés au réfectoire le midi même, il s'apprêta à se soulager, et se hâta de verrouiller la porte. Il remarqua que le pêne, qui se tournait avec une manivelle pour l'engager dans la gâche, était un peu lâche. Dans son empressement il l'engagea seulement à moitié de sa course jusqu'à l'entrée de la gâche puis claqua sèchement la porte. Suite au choc, il vit alors le pêne reprendre sa course et se loger droit dans la gâche. Le constat était simple : la porte se verrouillait toute seule en la fermant avec force après avoir engagé à moitié le pêne.

Ayant réglé ses affaires, Baudet nettoya la cuvette, ouvrit la porte en restant à l'intérieur des WC, puis renouvela l'expérience du pêne en la fermant à nouveau. L'expérience fut concluante.

Le soir vint, l'heure du coucher, déjà, à vingt heures trente.

Baudet, endiablé depuis quelque temps, recommença son stratagème du verrou de la porte et causa la plus grande peur que le pensionnat connût en un siècle. Discrètement il alla aux toilettes, profitant de l'absence de file d'attente, jeta un coup d'œil panoramique, et sentant le moment propice engagea le pêne comme il fallait, puis il sortit, ferma la porte sèchement mais sans excès de force, et vérifia : la porte était fermée avec personne à l'intérieur. Il resta planté devant la porte, comme s'il attendait son tour, et la file des potaches pris d'une envie s'allongea peu à peu. Baudet attendit quelques minutes, puis frappa à la porte en exigeant : « On se dépêche là-dedans ! »

Alerté par le bruit, Tatase, exaspéré par les files d'attente devant les toilettes, surgit comme un fauve les mains derrière le dos, sentant qu'il y avait une anomalie.

— Que se passe-t-il ? Pourquoi cette agitation ? s'informe-t-il.

— Il y a un élève à l'intérieur, monsieur, répond Baudet. Voilà bien dix minutes qu'on n'entend plus rien, et la porte est verrouillée. Il est peut-être victime d'un malaise. Il faut lui porter secours.

— Mon Dieu ! s'écrie Tatase, devenu pâle comme un mort, écrasé par le poids de sa responsabilité de surveillant. Pourquoi ne pas m'avoir prévenu plus tôt ?

Affolé, il se mit à frapper de toutes ses forces dans la porte, pour réveiller le malade ou l'endormi. Il criait, jusqu'à s'en briser les cordes vocales : « Répondez ! Mais répondez, enfin quoi ! » Les internes, ignorant tout de la machination de Baudet, s'attroupèrent autour des toilettes, et criaient avec une sincérité égale à la force de leur innocence : « Oh, oh ! Oh, oh ! »

Aucun signe de vie – et pour cause – ne parvenait de l'intérieur. Tatase se précipita hors du dortoir pour trouver du secours, et cet abandon momentané favorisa le déclenchement d'une bagarre générale d'oreillers.

Dans un état d'excitation inouï, muni d'un pied de biche, Tatase revint en compagnie de Frère Alfred, puis de Scrogneugneu et força la serrure. Il y avait le feu de l'affolement dans les têtes des hommes en noir. Comme elle résistait encore, il enfonça la porte avec l'épaule, et réussit enfin à l'ouvrir. Il s'attendait à trouver un élève malade, voire mourant, et là, devant ses yeux ébahis, il ne trouva que des toilettes vides.

Tandis que Tatase, d'un air stupide, regardait les internes sans paraître comprendre la situation, Scrogneugneu ne fut pas dupe et comprit très vite qu'il s'agissait d'un coup monté.

— Qui a fait cela ? demanda-t-il.

Pas de réponse. Il réitéra sa question, mais buta sur un pesant silence.

— Que tout le monde s'habille, ordonna-t-il. Nous descendons sur la cour et vous y resterez jusqu'à ce que les coupables se dénoncent.

Le peloton d'internes obéit et se retrouva à piétiner dans la nuit. On était en décembre, et la fraîcheur les glaça bien vite. Au bout d'une heure de marche dans la cour, sous le regard obstinément froid du Directeur et de Tatase, figés dans un mutisme impressionnant, déterminés à rester jusqu'à l'aube s'il le fallait, Baudet, par respect pour ses amis et ceux qui ne l'étaient pas passa aux aveux.

Tatase immédiatement s'acharna sur lui avec son bâton, et lui asséna plusieurs coups dans les jambes, puis une série de grosses calottes comme un boxeur achève son adversaire. Baudet se mit à pleurer. Une grande tristesse se lisait dans les yeux des pensionnaires, la situation paraissait irréelle.

— Regagnez le dortoir, je ne veux entendre personne !

Pour la non-dénonciation de Jacques Baudet, qui fut exclu une semaine du collège, et pour le chahut organisé dans le dortoir, Scrogneugneu donna ordre de retenir en colle tous les pensionnaires le dimanche suivant. Le dimanche après-midi, dès 13 heures 30, ils partirent en promenade, comme un jour habituel. En rangs serrés, interdits de bavarder, ils remontèrent la rue du Château, marchant tristement derrière Tatase qui guidait la troupe, Freddy la Pédale verrouillant la promenade à l'arrière. Il les dirigea vers le centre-ville, parvenus au grand carrefour deux options se présentaient, à gauche la sortie vers la campagne, à droite le prolongement dans la rue Champollion, un grand français, génial déchiffreur des hiéroglyphes. Ils s'engouffrèrent dans cette rue étroite au milieu de laquelle se trouvait le cinéma « Le Viking » : « Ah ! Chouette, ils nous emmènent au cinéma ! » commençait-on à murmurer dans les rangs ; il s'y jouait « Le secret de Joselito », l'enfant espagnol à la voix d'or, un héros de cinéma particulièrement apprécié des pensionnaires, et une espérance de bon moment traversait les cœurs. Mais devant le cinéma Tatase passa son chemin et poursuivit la promenade dans les rues de la ville. Il n'était que deux heures à peine, et la séance commençait à 14 heures 30. Après la déception, l'espoir revint quand ils remontèrent la rue centrale où, plus haut, commence sur la droite la rue Champollion : « On était peut-être trop en avance, c'est pour ça qu'il ne s'est pas arrêté ! » pensaient les malheureux pensionnaires, et la file effectivement tourna de nouveau dans la rue, en direction du cinéma. En chemin, ils croisèrent les filles de l'Institution religieuse Sainte-Thérèse, remontant la rue, encadrées par deux bonnes sœurs en tête, deux bonnes sœurs au milieu et deux fermant la troupe. Philippe Dupuy reconnut sa sœur aînée dans la file, salua d'un signe de tête et d'un large sourire, mais l'une des bonnes sœurs corrigea le tir d'une voix forte : « On tourne la tête, mesdemoiselles ! » On frôlait maintenant l'heure limite d'entrée au « Viking » pour ne rien manquer du début de la séance. Mais ô déception, une fois encore, Tatase passa devant le cinéma sans s'arrêter. C'était fichu.

Ils rentrèrent au collège. C'était un coup monté, un miroir aux alouettes : Tatase et Freddy la Pédale les gardèrent toute la journée à travailler, à leur regard lubrique ils comprirent qu'ils se délectaient de leur revanche.

Vers le dix du mois de décembre 1963, Frère Anastase, terrassé par la grippe, fut contraint de s'aliter dans l'infirmerie du Collège. Elle se situait dans un dispensaire dépendant du bâtiment érigé à gauche de la Cour d'Honneur, aux mains d'une religieuse rentrée de Mission en Afrique, sœur Marie-Josèphe. Une bonne personne unanimement appréciée.

Frère Dominique assura l'intérim pour la surveillance du dortoir des grands, le dortoir des petits restant sous l'autorité de Freddy la Pédale. L'absence de Tatase sonna pour Jacquelin-Dubuisson comme l'opportunité à saisir pour remettre à sa place la chevalière, devenue en son for intérieur objet de fantasmes et d'un stress irrationnels. Il se prépara comme un lieutenant de commando se prépare à passer à l'action.

Chaque matin, il surveillait attentivement l'alcôve du dortoir occupée par Frère Dominique, s'assurant que les pans de tissu fermant l'entrée, récents et plus épais, restaient faciles à manipuler. La nuit il observait les allées et venues du Frère pour conforter son impression sur la rapidité d'accès ou non. Dominique, assez grand et large d'épaules, semblait traverser le rideau de tissu avec force aisance, il devrait en être pareillement pour lui.

Un mardi matin, n'y tenant plus, décidé à tout risquer, il simula pendant le cours d'espagnol des maux de ventre et demanda à se rendre aux toilettes. Don Quijote de la Manchard accepta de le laisser sortir. À peine franchie la porte de la classe, il s'enfuit en courant, traversa la cour déserte, passa sous le préau, monta l'escalier jusqu'au parvis de la Cour d'Honneur, s'arrêta devant la porte de l'économat et colla son oreille pour vérifier que Frère Alfred y travaillait. Il l'entendit parler au petit guichet donnant sur la Cour d'Honneur avec des élèves venus acheter des fournitures. Persuadé que Frère Dominique faisait classe, il poursuivit alors sa course jusqu'au dortoir, sans croiser âme qui vive, entra à l'intérieur, et ne percevant aucun mouvement fila sans bruit jusqu'à son lit, attraper sa valise. Il l'ouvrit, il avait tout préparé. Il revêtit un imperméable qu'il ne sortait jamais, en assez mauvais état, se cacha la tête dans un passe-montagne et s'entortilla dans une écharpe lui cachant le visage. Personne n'aurait pu le reconnaître. Il prit la bague dans la poche de son manteau, la déposa dans une enveloppe prérédigée sur laquelle il avait inscrit en lettres capitales un nom, Frère Anastase, et se dirigea vers l'alcôve pour y déposer la chevalière. Soudain une voix à l'intérieur : « Qui êtes-vous, que faites-vous ici ? » Il était découvert. Dominique, assis au bureau, corrigeait des copies, sans doute entre deux cours. Il ne l'avait pas aperçu dans un jeu d'ombre rendu impossible par l'absence de lumière. Sous l'effet de surprise l'homme en noir resta collé à son bureau, Jean-Baptiste lança alors l'enveloppe à travers l'alcôve.

La peur donne des ailes, Jacquelin-Dubuisson les ouvrit et tournant les talons s'enfuit à toutes jambes vers la sortie, puis traversa le couloir. Frère Dominique retrouva ses esprits, se lança à ses trousses, mais trop ralenti par le port de sa soutane perdit vite du terrain. Jean-Baptiste redescendit l'escalier, traversa la Cour d'Honneur, sortit sur la rue Lamartine qui borde la Cour et se cacha derrière l'installation électrique de l'imprimerie qui fait l'angle de cette rue avec celle du Château. Il se débarrassa de l'écharpe, du passe-montagne et du vieil imperméable, dévala la rue du Château qui borde l'autre bâtiment de la Cour d'Honneur, entra dans la Cour du Petit Jeu, fila aux toilettes, y resta trente secondes puis, entendant une voix, sortit et croisa monsieur Prévost, le surveillant occasionnel du Petit Jeu. Son alibi était construit :

— Que fais-tu ici ? demanda-t-il à Jean-Baptiste ?

— J'ai mal au ventre, monsieur, Frère Jean-Baptiste Manchard m'a autorisé à venir.

— Si tu vas mieux, regagne ta classe, sinon rends-toi à l'infirmerie.

Jean-Baptiste regagna la classe d'Espagnol. Il avait été absent huit minutes en tout et Manchard, l'héroïque octogénaire malentendant, occupé à identifier d'où partaient des bruits suspects ressemblant à des sifflements d'élèves, ne fit aucun commentaire.

L'intrusion d'un « individu » au dortoir et dans l'alcôve causa évidemment grand bruit. Frère Dominique se montra incapable de trouver un détail susceptible de faire porter des soupçons sur Jean-Baptiste, et l'affaire en resta là. Quand Dominique porta l'enveloppe à Tatase, celui-ci remercia Dieu, puis le Frère à qui il dit simplement : « C'est un grand jour ! Notre Seigneur m'a fait restituer le seul souvenir qui me restait de ma famille maternelle, un legs de mon oncle Isidore Noël Réaux d'Inville d'Isseaux. » La fièvre visiblement l'affaiblissait, le poussait aux confidences, jamais ô grand jamais il ne se serait auparavant laissé aller à évoquer sa vie personnelle. D'autant plus atypique que, non loin de lui, se reposait allongé Alain Frelon, terrassé par le même mal depuis trois jours, mais doté de facultés de récupération plus rapides étant donné son jeune âge. Il sommeillait donc, totalement conscient quand Dominique rapporta la chevalière, et entendit parfaitement les propos des deux hommes sur la réapparition du bijou. Cela lui permit également de mettre un nom sur le « I » du groupe des cinq mots gravés au dos de la chevalière. Sans le savoir, Tatase avait soufflé la solution d'un rébus qui donnait à Frelon beaucoup de fil à retordre, et qu'il était désormais l'unique collégien à connaître :

— I.N.R.I.I., un acronyme introuvable ! Merci, Tatase !

Deux autres élèves partageaient les lits de l'infirmerie, sous le coup de cette grippe de décembre fort contagieuse, mais ils dormaient et n'entendirent rien de la conversation de Dominique. Celui-ci ajouta qu'en raison de l'épidémie et de la forte occupation de Sœur Marie-Josèphe, le Frère directeur renonçait à procéder à la séance de vaccination annuelle avant la fin du trimestre, et la repoussait sine die. De quoi se réjouir si

Tatase avait eu connaissance de la déception des deux outsiders de Jacquelin-Dubuisson, Gilbert Hamard et SNCF, dont les plans, pour l'instant, tombaient à l'eau.

Mais qui avait restitué la chevalière ? Le voleur victime d'un remords ? Un découvreur trouvant par hasard la chevalière, mais désireux de se maintenir dans l'anonymat par crainte justement de se voir soupçonné de vol ?

Les recherches ne donnèrent rien, on en resta donc aux supputations.

Jean-Baptiste ne fut jamais inquiété, pas même noté dans l'enquête interne parmi les élèves qui s'étaient absentés de classe pendant l'heure de l'intrusion. Quand le Directeur l'interrogea, Frère Jean-Baptiste Manchard oublia même de mentionner sa sortie aux toilettes. Monsieur Prévost signala l'avoir aperçu mais la cause avancée pour sa présence sur la cour du Petit Jeu et le lieu de rencontre suffirent amplement à considérer sa bonne foi établie. L'alibi avait fonctionné.

Jean-Baptiste éprouva un soulagement indicible : la chevalière enfin de retour chez son propriétaire. C'était le premier acte de la machination qu'il ourdissait depuis plusieurs semaines contre Tatase. Certes, pensait-il, la chevalière lui échappait, cette restitution ressemblait à tout sauf au succès, mais sa détention avait permis de réaliser une copie déterminante quand viendrait précisément le moment du dernier rendez-vous fatal, puis d'évaluer les sources de difficultés réelles pour s'approcher de l'homme en noir condamné par plusieurs élèves.

X
La dure vie de pensionnaire

Décembre 1963

Tatase reprit ses fonctions quelques jours avant les vacances de Noël, la Grande Sortie de fin de trimestre étant fixée au vendredi 20 décembre 1963, la Rentrée au vendredi 3 janvier 1964. Les internes le virent arborer un rictus hautain, avec sa chevalière au doigt, qu'il manipulait en tous sens pour obtenir le scintillement vainqueur, il ne se priva pas de faire l'annonce officielle de sa richesse retrouvée :

— Mes chers enfants, l'indigne voleur qui s'était emparé de ma chevalière, ce misérable, rattrapé par un puissant remords, l'a rapportée, et je crois sa décision très sage, car nous l'aurions identifié un jour ou l'autre. D'ailleurs son impunité provisoire prendra fin dans peu de temps, j'en fais le serment. Le pauvre, je le plains, ce jour-là il comprendra de quel bois je me chauffe.

Bien rétabli après une grippe sévère, il remercia Frère Dominique d'avoir assuré l'intérim, et lui demanda les noms des élèves qui, le cas échéant, s'autorisaient des écarts de conduite en son absence. Il rentrait frais et dispos, plus que jamais investi de l'importance de sa mission, certain du bien-fondé de ses méthodes et décidé à mater les rebelles.

Son enquête n'était pas innocente, après les échos parvenus dans sa chambre de malade, quand Dominique se montrait très disert sur les difficultés parfois rencontrées par les professeurs – citant notamment le prof d'anglais Hubert, ils ne s'appréciaient pas – pour obtenir le silence complet, l'ordre et la discipline partout où lui la jugeait nécessaire, c'est-à-dire en tout lieu, en toute occasion. Il poussa ses investigations, ne pouvant s'empêcher de remuer ce qu'il considérait comme son « tas de fumier », c'est-à-dire l'ensemble des faits d'indiscipline et d'irrespect empilés jour après jour mais demeurés, pour diverses raisons, en particulier la faiblesse complaisante de certains Frères, impunis :

— Alors, Frère Hubert, dites-moi qui s'est montré effronté et irrespectueux pendant mon absence ? Que je lui montre de quel bois je me chauffe !

Hubert n'était pas un collabo, en lui vibrait l'âme d'un homme ouvert à une certaine tolérance, du style « il faut bien que jeunesse se passe ».

— Vous savez, les enfants sont plutôt de bons petits diables, pas des canailles. On est plutôt chez George Sand que chez Dostoïevsky ! fit-il observer.

Qu'est-ce qu'il me raconte là ? s'interrogea Tatase, qui faisait des efforts de langage avec les Frères enseignants, mais réfléchissait crûment. Qu'est-ce que l'écrivain russe, dont je n'ai jamais lu la moindre ligne du moindre chef-d'œuvre, vient foutre dans nos affaires ?

— Bons petits diables, vous allez vite en besogne, mon Frère. En deux temps, trois mouvements, ils vous retournent un dortoir s'ils sentent la moindre faiblesse en nous, s'ils ne craignent pas nos règles. Il ne faut rien tolérer avec l'humain. C'est une espèce qui par nature a le fond mauvais. Les gènes sont imparfaits, soumis aux passions…

— Vous exagérez, il y a du bien chez beaucoup parmi nos collégiens, parfois j'admets que certaines attitudes ou réflexions sont limites, mais il faut bien un minimum de tolérance.

— Que nenni, Frère Hubert, que nenni ! Tolérer égal « ouvrir une brèche pour le Diable ». Le Malin s'y engouffre aussitôt. L'humain est fait pour être « tour de vissé », croyez mon expérience, sinon l'instinct du mal inhérent à sa nature prend vite le contrôle.

Tatase n'obtint pas de nom. Pas plus que de l'opération « Oreilles », aux promesses non tenues, exception faite de la perception de dialogues conspirationnistes trop vagues.

Il accrocha son regard sur la photo annuelle des Pensionnaires dans la Cour d'Honneur, un agrandissement très soigné étalé sur son bureau, offert par le photographe. Il s'en saisit et son visage s'empourpra peu à peu en détaillant le cliché visage après visage :

— Quand je pense que les saligauds qui m'ont fait le coup du plafond d'alcôve sont assis sur leur cul devant moi, ils me regardent les regarder, et j'ignore toujours leurs noms ! Et mon voleur de chevalière ! Il l'a remise à sa place certes, mais tout de même il fait partie de ce groupe. Et moi comme un imbécile, je me morfonds là, impuissant à démasquer ces goujats, ces délinquants, sans idée, la tête vide, l'esprit asséché pour trouver la ruse fatale, le piège intelligent dans lequel les faire tomber ! *Fiel en mon cœur !*

La neige se mit à tomber dans la nuit du mardi dix-sept au mercredi dix-huit décembre 1963. Au petit jour, d'épais flocons recouvraient les deux cours, Grand et Petit Jeux, et les pensionnaires sentirent tout de suite l'arrivée du froid dès le lever à 6 heures 30. Le dortoir, à peine chauffé, non seulement tirait les thermomètres vers la limite des dix degrés, mais portait, sur les vitres gelées des fenêtres, les stigmates d'un blizzard vif arrivé du nord-Est. Et à Saint-Grégoire, sitôt le froid renforcé, sitôt la vie devenait un enfer : dortoirs gelés, classes sans chauffage moderne, salle d'Étude glaciale, et bise dans les cours, sous le préau, dans les escaliers.

Les hommes en noir enfilaient par-dessus leur soutane un gilet de laine, et par-dessus encore un manteau fourré noir pour accumuler la chaleur de leur corps comme unique combustible. Les pensionnaires s'habillaient comme ils pouvaient, certains enfants de familles modestes n'avaient rien de plus à se mettre pour se secourir du froid que leur imperméable chiffonné.

L'abbé Pouchard proposa à Scrogneugneu de garder les pensionnaires le jeudi dix-neuf toute la journée au collège pour fêter Noël avec des chants, les garder en Étude pour les faire dessiner, les confesser avant leur départ en congé, et leur éviter ainsi une promenade glaciale jusqu'au bois des Chaumes. Mais Scrogneugneu s'y opposa, eu égard au silence dans lequel se complaisaient les auteurs de la gaudriole du plafond, et le ou les voleurs de la chevalière de Tatase.

— Ils se confesseront jeudi matin et vendredi matin. Les chants de Noël auront lieu jeudi soir pendant l'heure d'Étude du soir, dans la chapelle. Et ils marcheront en promenade demain jeudi. Marcher stimule la réflexion, aide à engager son examen de conscience.

Le jeudi matin, l'abbé Pouchard entama sa longue campagne de confessions. Confession obligatoire pour tous les pensionnaires, seuls concernés, les externes heureusement y procédaient dans leurs paroisses respectives, limitant ainsi la masse de travail du prêtre. Traditionnellement, les pensionnaires des petites classes, de huitième jusqu'en cinquième, recevaient le sacrement les premiers. Une soixantaine d'élèves entendus à raison d'un toutes les cinq minutes, parfois moins, occupait la matinée de l'abbé.

Le confessionnal les attendait dans la chapelle. Les élèves d'une classe s'y réunissaient sous la surveillance de Freddy la Pédale, puis l'un après l'autre ils s'agenouillaient dans le confessionnal par l'ouverture gauche réservée au pénitent. Pouchard, habillé en confesseur, était séparé de l'élève par une trappe qu'il glissait dès qu'il entendait l'enfant s'installer.

— Il nomine patri et filii et Spiritus Sancti (Au nom du Père et du Fils et du Saint-Esprit), cette formule prononcée par l'abbé donnait le feu vert au pensionnaire pour s'exprimer :

— Bénissez-moi, mon Père ; parce que j'ai péché.

— Je t'écoute. Qu'as-tu à te reprocher mon fils ?

Agenouillés face à l'abbé, dans la pénombre froide du confessionnal – « la cage à lapins » comme l'appelait Alain Frelon l'amuseur public – ils n'avaient pas grand-chose à se reprocher les petits pensionnaires, rien de bien méchant : j'ai dit un gros mot par-ci, fait une bêtise par-là, traité Untel d'imbécile, j'ai eu de mauvaises pensées…

L'abbé butait en général sur ce terme « mauvaises pensées », à la fois très général et très explicite. Les « mauvaises pensées » sont multiples, et comme la locution souffrait d'un usage un peu galvaudé, les petits pensionnaires, plutôt démunis de péchés significatifs ou bien réels pour implorer le pardon, l'utilisaient à tout propos.

— Quelles « mauvaises pensées ? » demandait-il.

— J'ai souhaité que Raymond Lelandais attrape une mauvaise note pour être puni par Frère Bernard.

— Tu ne l'aimes pas, Raymond Lelandais ?

— Non, il ne veut pas jouer avec moi sur la cour.

— Écoute, ce n'est pas très grave, essaie de devenir ami avec lui, et puis si tu ne t'entends pas avec lui tu trouveras bien un autre copain. Mais c'est vilain de souhaiter du mal à son prochain, aussi je te pardonne, mais tu réciteras trois « Notre Père » et trois « Je vous salue Marie » pour ta pénitence. Va en paix. Amen.

Le pensionnaire confessé sortait, immédiatement remplacé par le suivant, et ainsi de suite jusqu'à épuisement d'une classe. Pour la plupart des pénitents en herbe, l'affaire se réglait vite, faute de péchés à avouer, au point que pour rompre le lourd silence qui planait alors dans « la cage » certains s'accusaient de fautes illusoires, le silence leur paraissant insupportable. On préférait s'inventer des péchés que d'être sec devant Pouchard, comme si la Confession était une récitation de leçon comme une autre.

Ce jour-là Pierre Bruneau pénétra dans le grinçant confessionnal où se livraient les âmes, et épancha son cœur face à l'abbé. Car outre l'aveu de ce qu'ils considéraient comme des péchés véniels au sens où les hommes en noir le leur avaient expliqué, les pensionnaires s'allégeaient parfois de secrets de famille avouables – Papa et maman se disputent – ou inavouables – j'ai vu papa embrasser une autre dame – ou révélaient tout simplement les chagrins dont ils étaient la proie.

— Je viens devant vous le cœur lourd, monsieur l'abbé, expliqua Pierre Bruneau, j'ai commis un gros péché.

— Le cœur lourd, répéta l'abbé, avec son ton de commisération habituelle, mais pourquoi ?

— J'ai tenté de m'enfuir du pensionnat la nuit dernière.

— T'enfuir du pensionnat ? Pour quel motif ? Dans deux jours arrivent les vacances de Noël, tu vas retrouver ta famille.

— C'est pour ça qu'au dernier moment j'ai renoncé.

— Mais comment as-tu procédé pour t'enfuir ?

— J'ai attendu que tout le dortoir dorme, que plus un bruit ne sorte de l'alcôve de Frère Alfred, alors je me suis levé, j'ai ouvert discrètement la porte du dortoir, descendu les deux escaliers en chaussettes, et suis parvenu à la porte de la Cour d'Honneur. Elle était ouverte, alors je suis sorti mais j'avais tellement froid que je suis remonté me coucher.

— Sage décision, Pierre, mais qu'est-ce qui t'a mis en tête de t'enfuir ? As-tu de bonnes notes en catéchisme ?

— Oui.

— Alors tu es un bon chrétien, qu'est-ce qui ne va pas ?

— C'est la gifle de Frère Anastase, pendant votre messe, j'ai péché par orgueil en lui parlant ainsi, et je voudrais que vous me pardonniez, mais la gifle m'a donné l'envie de rentrer chez mes parents.

Pouchard savait depuis longtemps par les enfants que la violence de Tatase leur devenait insupportable. Les mômes n'avaient que lui pour s'épancher, ce brave curé désavouait les méthodes de son condisciple. Mais ses différentes allusions et ses souhaits répétés de modération présentés aux Directeurs de la Congrégation, dont il n'était pas membre de droit, avaient fait pschitt…

— Je te pardonne, mon petit Pierre, dit Pouchard, mais il ne faut pas recommencer. Si tu as de gros cafards qui t'inspirent l'idée de fuir le collège, viens m'en parler. Je t'aiderai, il faut éviter d'inquiéter tes parents, tu es trop jeune pour te retrouver seul dans la nuit.

Il savait que ce sujet de l'autorité d'Anastase reviendrait lors des confessions du vendredi, et quand il ferma la porte du confessionnal, passant devant l'autel il se signa et dit : « Mon Dieu, priez pour nous, je sens que ce collège n'est pas à l'abri d'un malheur. »

Dès le début d'après-midi, les pensionnaires partirent comme prévu en promenade. Anastase et Alfred marchaient engoncés dans leurs manteaux alourdis de fourrure, les élèves pour certains étaient correctement couverts, d'autres n'avaient que leur léger imperméable sans protection intérieure et grelottaient.

— On avance d'un bon pas, tout le monde se réchauffera.

L'ordre de Tatase vola d'un bout à l'autre et la troupe accéléra l'allure en baissant la tête car une bise froide soufflait avec des lames acérées.

La portion de chemin entre les Ifs millénaires et le bois des Chaumes eut toutes les apparences d'un passage de Bérésina. Le vent soufflait fortement en balayant les flocons de neige tombant du ciel. Seules les portions protégées par des haies rendaient l'avancée supportable. Les mains sans gants souffraient abominablement du froid, les corps sans fourrures grelottaient comme soumis au mal de Parkinson.

Les lèvres violacées arrivaient à échanger quelques mots, malgré des mâchoires entravées par l'impact de la froidure, ces braves pensionnaires enduraient avec courage la terrible punition que le trio d'hommes en noir (Scrogneugneu, Tatase et Alfred) leur infligeait. Tous, il faut le souligner, s'étaient depuis longtemps endurcis aux maux de toute nature que Saint-Grégoire réservait à ses internes, et les engelures hivernales en faisaient partie.

Le passage sur la voie de chemin de fer s'était effectué au pas de charge, point n'était question de sourire. Nul n'avait le cœur à l'amusement, l'ironie ne trouvait pas sa place.

Ils atteignirent enfin le bois des Chaumes et purent s'abriter du vent. Un bref mais lumineux rayon de soleil, en trouant la masse nuageuse, apporta un peu de réconfort aux jeunes.

Il fut accordé à tous une demi-heure de pause avant le retour. Baudet, excédé par sa punition pour son opération « fermeture automatique des portes », se joignit aux cinq frondeurs partis s'isoler près du promontoire rocheux pour fumer une cigarette.

Jacquelin-Dubuisson sortit un paquet de gauloises de sa poche arrière de pantalon, il se les procurait par l'intermédiaire d'un jeune apprenti de l'atelier familial âgé de dix-huit ans, Jean-Claude Pouclée, qui l'avait initié à sa première cigarette aux dernières vacances. Et depuis il en faisait profiter ses copains dans le plus grand secret, car la Kommandantur en noir n'aurait pas apprécié la plaisanterie.

Après un coup d'œil circulaire sur l'environnement, il fit la distribution :

— Ventrebleu, elle est bonne dit Duché, fort scrupuleux comme à son habitude sur le choix des jurons, impeccablement habillé en parisien, revêtu d'un superbe manteau en daim molletonné, mais tellement apprécié par les autres pour son empathie naturelle.

— File une bouiffe, fit Frelon à Jacquelin.

Fi Frelon ! T'auras pas un fifrelin, répondit l'autre en affectant d'abord un air méprisant, puis finalement ricanant d'avoir joué une scène, ce qu'il aimait de plus en plus depuis l'étude des pièces de Molière présentées par Frère Pierre.

Baudet sortit lui aussi un paquet de P-4 de sa poche et les six potaches fumèrent leur cigarette bien planqués à l'abri des indiscrets.

— On va sentir la clope, fit remarquer Claude-Forget, faut se rincer la bouche avec de la neige.

— Quand je pense, dit Duché, le mec qui a piqué la chevalière de Tatase la lui a rendue ! Un interne n'a pu commettre ce vol, c'est un des Frères qui a voulu nuire à Tatase : jamais un interne n'aurait été assez idiot pour rapporter un trophée si convoité.

Jacquelin-Dubuisson devint rouge écarlate.

Personne ne mordit aux propos du parigot. Ce retournement de situation obsédait pourtant les têtes de ceux qui projetaient de dépouiller le schlagueur détesté, ils ne cessaient de s'interroger sur l'identité de l'auteur de ce double exploit : je vole, je restitue ! En se disant que cette restitution arrangeait leurs affaires, que la chance tournerait, que leur heure viendrait un jour.

— J'ai une idée, lança Baudet, on fabrique des boules de neige et ni vu ni connu on les balance à distance sur Alfred et Tatase.

— Ah oui ! Bonne idée, admit Frelon, on en fabrique quatre chacun, cela fait vingt-quatre en tout, on fait quatre jets rapides, ils vont morfler.

Et les voilà se dissimulant près de l'endroit où les deux sbires en noir marchaient de long en large pour se réchauffer. La halte tirait à sa fin, les deux acolytes s'approchèrent du point de ralliement pendant que les six pensionnaires roulaient et tassaient leurs boules. Et soudain Frelon donna le signal, les boules volèrent dans l'air depuis la planque derrière un bosquet. Plusieurs s'écrasèrent dans le dos et dans le cou des deux cibles, dont le manteau et le bas de soutane se teignirent de blanc.

Tatase et Alfred n'eurent pas le temps de réagir que déjà les lanceurs de boules avaient pris la fuite, se dispersant au milieu du bloc de pensionnaires qui regagnait le bâton de ralliement planté au point d'arrivée.

Évidemment, tout le monde s'affirma innocent d'un tel acte, et personne n'ayant rien vu ni trahi, les deux matons manquèrent d'un motif suffisant pour frapper au hasard. Par-dessus tout le blizzard revenait en force, il fallait se presser de rentrer.

Tatase néanmoins l'avait fort mauvaise, et considérait ce lancer de boules de neige comme une agression le visant personnellement. Il regagnait sa tanière, boursouflé de rancœur, maladivement contrarié. Dans sa tête tournaient en boucle les deux « saloperies » dont il restait la victime : le pot de chambre au plafond et le vol de sa bague familiale. Et la restitution par le voleur ne changeait rien à l'humiliation : on avait violé son intimité d'alcôve, et chapardé un bijou de famille. Une insupportable atteinte à son honneur. Un honneur qu'il voulait absolument laver.

Cette agression de boules de neige fit renaître la flamme de la vengeance. Connaître la vérité et se venger : désormais il ne songea plus qu'à cela en rentrant au collège, les pieds dans la neige froide, frustré de devoir renoncer à sa coutumière pause malicieuse pour rendre hommage à la veuve du garde-barrière.

— Il faut que je trouve une ruse pour confondre le voleur de ma chevalière, pour découvrir qui m'en veut et qui mène la danse contre moi !

Dans les rangs, en passant devant la maisonnette de la garde barrière quelques voix s'élevèrent dans le froid glaçant, on percevait les paroles de la ritournelle désormais intégrée dans le culturel de la promenade : « Il va attraper la chaude pi…sse, la chaude pi…sse… » Puis les voix s'apaisèrent, ce ne fut plus qu'un murmure, il s'éteignit quand le dernier rang de pensionnaires dépassa la limite de la maisonnette.

Les malheureux enfants, couverts d'un manteau de neige épais, franchirent le seuil d'entrée de la Cour du collège. La neige n'avait cessé de tomber pendant tout le retour depuis le bois des Chaumes.

— Secouez-vous dehors, débarrassez-vous de la neige avant d'entrer au réfectoire, ordonna Tatase. Un vin chaud vous y attend.

Les pensionnaires ne se firent pas prier pour gagner leur table et se servir d'un vin chaud disposé dans les habituels brocs à cidre et eau. Chacun eut même droit à deux verres, tous étaient comme des sapins gelés dans un paysage d'hiver, il fallut du temps pour que leurs corps reviennent enfin à une température honorable.

Tatase et Alfred souffraient comme leurs captifs, tout autant gelés que les internes, et sous l'action d'un gel à moins quatre degrés, leurs soutanes portaient encore les impacts des tirs nourris de boules de neige essuyés dans l'après-midi.

— Regarde-les, ces deux-là, ils lèvent bien le coude, observa Hamard, et que je te vide un verre, et un deuxième, et que j'en remplisse un troisième…

Autour de Scrogneugneu, sur l'estrade du réfectoire, les deux surveillants congelés se remettaient de la vague de froid à grandes lampées de vin chaud, eux pouvaient s'en servir à volonté et ne s'en privaient pas. Scrogneugneu n'était pas là par hasard, il actionna la sonnette et demanda le silence. Sa grosse voix couvrit tout le réfectoire :

— Mes chers enfants, vous avez beaucoup souffert aujourd'hui des conditions climatiques de cette promenade. Je vous ai vus rentrer bleus de froid, couverts de neige, grelottant de tout votre corps, et je le regrette. Je remercie au passage Frère Anastase et Frère Alfred de leur zèle et de leur courage pour avoir, en même temps que vous, affronté les rigueurs de l'hiver pendant plus de quatre heures et demie en marchant vingt kilomètres. À dire vrai, cette aventure n'aurait pas dû exister, je préférais vous garder entre les murs du collège, même si les performances de notre chauffage, que nous espérons bientôt améliorer, sont loin d'offrir tout le confort. Vous auriez été au minimum dans un environnement plus clément.

Mais il faut être honnête, se regarder dans les yeux. Pourquoi en sommes-nous rendus à de tels expédients de devoir vous soumettre aux rigueurs de l'hiver ? Vous ne l'ignorez pas, vous en connaissez les causes : un ou plusieurs individus ont, le jour de sortie de novembre, commis des actes répugnants et ignominieux, heurtant la morale et les principes de respect et de justice que les Frères s'efforcent de vous inculquer, de vous faire partager. Parce qu'ils croient au bien-fondé de ces valeurs, ils y consacrent leurs vies, au prix de grands sacrifices personnels, croyez-le bien, ils vous considèrent comme leurs enfants et ne l'oubliez jamais.

Or, que voit-on ? Nous sommes à la veille de la sortie des vacances de Noël. Demain la vie nous séparera une fois encore pendant deux semaines, et pendant cette magnifique réjouissance que constitue la fête de la naissance de Jésus, les coupables courront toujours, incapables de se dénoncer, finalement trop lâches pour avouer leur forfait. Et tant qu'ils ne se seront pas soumis à la repentance, une tache impure jettera son voile sur toute la communauté des Pensionnaires. Voilà pourquoi le groupe entier, nous y compris, doit expier collectivement la faute, afin que Notre Seigneur n'abatte pas sa colère contre nous.

Voilà comment vous avez tous ensemble souffert aujourd'hui, dans le froid glacial, c'est à la lâcheté de ceux qui, sous le couvert peut-être de vous amuser ou de se distinguer, ont fauté, c'est à leur veulerie que vous devez vos souffrances, et vous les devrez jusqu'à ce qu'ils se soient désignés eux-mêmes. Dieu sait qui ils sont, ils n'échapperont pas à leur destin, ni à sa vengeance. Ils devront expier tôt ou tard.

Je leur demande donc, à ces coupables pitoyables, de choisir le rachat de leurs fautes en se dénonçant vite, très vite à Frère Anastase ou directement à moi.

Laissons-les réfléchir dans leur solitude coupable. D'ici là je vous souhaite de bonnes vacances, le départ est fixé demain à 16 heures, que Dieu vous protège et vous fasse partager un très joyeux Noël avec vos familles.

Après le réfectoire, les pensionnaires furent dirigés vers la chapelle pour réciter des prières et partager des chants de Noël. Le discours de Scrogneugneu avait marqué les esprits, et pendant le dîner du soir les commentaires allèrent bon train :

— Ils devraient se dénoncer, disaient les uns, on paie leurs bêtises, et ça continuera jusqu'à la fin de l'année.

— Jamais, disaient d'autres, en majorité d'un avis contraire. Ils doivent résister. S'ils se dénoncent, il n'y aura pas de pardon, quoi qu'en dise Scrogneugneu. On connaît la chanson : dénonce-toi et tu seras pardonné. Ils ne tendent jamais l'autre joue ces gens-là. Ils nous culpabilisent, un point c'est tout.

— De toute façon, personne ne sait qui c'est !

— Moi je crois savoir qui c'est, dit Loriot, mais je préfère l'oublier. C'est des gars trop sympas…

Personne ne releva sa remarque, ils ne pensaient tous qu'à une chose : se tirer le lendemain.

Au matin, l'abbé Pouchard reprit ses confessions. De graves questions encombraient son esprit : recueillerait-il de quelques internes certaines indiscrétions sur les deux affaires qui empoisonnaient le climat du collège ? L'un d'eux se livrerait-il à une confession complète, touché par le discours de Frère Mathieu ? La responsabilité de conscience retomberait alors sur lui, abbé Jean Pouchard, car lié par le secret de la confession toute diffusion d'information lui était interdite, il devrait alors cohabiter avec les coupables des punitions collectives sans pouvoir leur imposer un aveu, mais seulement les convaincre de cesser de s'y soustraire, et de se soumettre à la punition.

Ces cas de conscience que supporte tout confesseur lui avaient dans le cours de son sacerdoce terriblement déchiré l'âme, mais cette part de souffrance étant ce que Dieu avait réservé à l'exercice de sa charge, il l'acceptait comme telle.

Le menu copieux de cette dernière matinée avant la sortie le vit commencer dès huit heures dans son confessionnal, assombri par la faible lumière du jour le plus court de l'année. Les confessions des classes de Quatrième furent vite expédiées, les internes naviguaient dans une zone de péchés sans grand vent, et ce n'était que du rebut d'âmes encore innocentes qui soufflait à ses oreilles. Rien ne relevait des flammes de l'enfer, et Pouchard attaqua les classes de Troisième dont il attendait davantage de confidences ravageuses.

Elles vinrent de l'un de celui auquel il avait pensé le moins : Jean-Baptiste Jacquelin-Dubuisson. Malgré une Composition assassine contre Frère Anastase, quel indice pouvait laisser croire à l'existence d'un désir de nuire chez ce jeune homme sain, de bonne famille ? Pris d'un vif remords après le discours de Scrogneugneu, Jean-Baptiste pensait aux gamins des petites classes et aux autres, comme Pierre Bruneau, condamnés par sa faute à affronter un trajet digne d'un soldat de la Grande Armée, dans le froid glacial de ce jeudi de décembre 1963. Alors comme il n'avouerait jamais son crime puisque ce serait « renoncer à son objectif final », il considéra qu'a minima il devait le confesser à un prêtre, ce qui serait peut-être de nature à tempérer le Directeur, à le faire patienter en le laissant croire aux prémices d'un possible aveu à bref délai.

— Je suis responsable, mon père, je suis l'auteur de l'affaire du vol de la bague de Frère Anastase, mais pas de celle du plafond.

Il savait que l'abbé Pouchard, tenu par le secret de la confession, n'ébruiterait jamais son nom. Et même s'il lui conseillait d'avouer à Tatasc, il ne l'y obligerait pas. En toute cause l'abbé gardait le secret de la confession, et jouait par sa grande bonté un rôle décisif d'amortisseur des peines.

— Pourquoi as-tu fait cela et le regrettes-tu ?

— Oui, je le regrette et d'ailleurs j'ai réparé ma faute en restituant l'objet.

Pouchard n'insista pas sur les causes d'un tel acte. Au fond, il les devinait, et même les connaissait : du larcin, le volé était aussi coupable que le voleur à cause de ses abus disciplinaires. « Personne ne peut changer le cœur des hommes, pensa-t-il, la vengeance est une sombre mais légitime passion humaine. » Pouchard cependant se montra curieux de connaître les acteurs de la scabreuse tournure choisie par les potaches partisans de l'œil pour œil :

— Sais-tu quels sont les responsables de l'horrible affaire du plafond d'alcôve ?

— Oui, je le sais, mais ne pas dénoncer les coupables ne constitue pas un péché, donc je ne m'en confesse pas.

— Certes, mais crois-tu qu'ils viendront s'en confesser ?

— Non, je ne crois pas, mon père.

— Eh bien, Jean-Baptiste, je te pardonne, et Dieu te rendra grâce d'avoir confessé ta faute. Tu prieras pour ta peine la Vierge Marie, c'est une femme qui adoucit le cœur et l'esprit. Va en paix !

Le lendemain après-midi vendredi 20 décembre 1963, le collège se para de l'ordinaire des grandes sorties : des valises entassées dans la bagagerie, près du parvis vers la Cour d'Honneur, des internes joyeux, des couloirs soudain vides, des classes retrouvant le silence, des visages d'enfants aux sourires éclatants, des Frères enfin soulagés du poids de leur sacerdoce. Désormais, pour la plupart des collégiens et de leurs maîtres, un épisode de Noël s'ouvrait dans l'insouciance, la légèreté, le bonheur de la famille. Mais pour les protagonistes du drame futur qui se tramait, cette période de liberté allait être l'opportunité de fourbir leurs armes d'attaque ou de défense.

XI
Tatase à la manœuvre

Décembre 1963 – janvier 1964

La ruelle artisanale en montant vers l'église déversait tout autour de lui son vacarme assourdissant. Les lames grinçantes des scieries, les marteaux assommant les enclumes, le souffle chaud des dernières forges de la ville, tous ces monstres bruyants agressaient nerveusement ses oreilles. Mais il n'entendait rien, passant au travers comme un sourd entre des presses d'imprimerie. Muré dans ses pensées, Frère Anastase se rendait en centre-ville, retraçant le parcours de ses réflexions après une énième nuit de sommeil perturbée par ses affaires.

Le congé de Noël, du fait de sa longue interruption de deux semaines, l'avait incité à quitter Saint-Grégoire pour venir s'isoler dans la petite ville de Plourmel où vivait sa mère, depuis longtemps veuve et retirée à l'hospice.

Tatase connaissait beaucoup de gens, comptait nombre d'amis pour avoir étudié et œuvré dans ce fief de la Congrégation des Frères dont il portait la robe. La veille encore, il conversait en tête à tête avec son condisciple Frère Nathan, Directeur de la Congrégation, supérieur de l'ensemble des Frères directeurs des branches délocalisées en Province, dans une cellule réservée aux Frères venus se reposer ou faire retraite au « Royaume ». Tatase, qui tutoyait le dignitaire depuis le temps de leur jeunesse, s'était épanché sur le climat délétère du collège Saint-Grégoire, sur ses difficultés à maintenir un ordre absolu auprès des internes, et sur les deux détestables machinations dont le ou les coupables couraient encore.

Nathan, un esprit d'une extrême austérité couplée à une certaine finesse de réflexion, lui avait prodigué avec compassion son point de vue et quelques conseils. Tatase et Nathan convergeaient sur bien des points, incluse la façon d'identifier l'auteur du vol puis de la restitution de la chevalière, vraisemblablement le même personnage.

— Pourquoi, selon toi, le voleur a-t-il pris le risque de restituer ma bague, jusqu'à venir la déposer dans mon alcôve ?

— Ce vol n'était peut-être qu'un jeu, une simple farce, un pari ou un défi stupide ! Affronter le danger, tenter l'impossible pour prouver aux autres élèves son courage, ou établir la faisabilité de te voler, répondit Frère Nathan, ce qui emporte l'idée que le vol avec dépossession définitive n'était pas dans l'intention de l'acte, car dans ce dernier cas il n'aurait pas rapporté l'objet, le vol eût été alors un délit complet, tu n'aurais jamais revu ta chevalière, alors que dans ta situation on tempérera l'acte en emprunt.

— Certes, mais j'entrevois aussi une autre hypothèse : celle d'un voleur investi du désir de s'emparer de la bague sans jamais la rendre, puis qui prend peur, soit de lui-même soit sous l'influence des conseils d'une tierce personne et choisit du coup la restitution. Par crainte par exemple d'une enquête de police, ou par crainte de l'avoir volée trop prématurément, vu qu'il reste assez de temps à s'écouler avant la fin de l'année scolaire pour commettre l'erreur fatale qui le confondrait.

— Possible, acquiesça Nathan. Dans cette hypothèse, plus la fin d'année approchera, plus il cherchera à la reprendre.

Cette éventualité affola Tatase. La simple idée qu'on lui reprenne à nouveau son bien de famille le rendait furieux.

— Il faut que je découvre l'acteur qui se cache derrière cette malhonnêteté, j'ai tout essayé mais n'ai pas réussi à le confondre.

— Il faut faire sortir du bois le malfaisant, créer les conditions favorables à déclencher chez ce personnage l'envie de réitérer le vol, ainsi se démasquera-t-il. Qui a bu boira, qui a volé recommencera ! Ton voleur n'échappera pas à cette règle.

— Mais comment ? demanda Tatase.

— Présupposons que le voleur se loge parmi tes internes, l'idée pourrait consister à faire réaliser une copie de ta chevalière sans engager grands frais, mais très ressemblante, ceci pour l'appâter. Tu te défais de la vraie bague, créant l'illusion que tu l'as oubliée chez toi, tu places la copie sur ton bureau d'alcôve et tu organises un guet, je dirais même un guet-apens avec l'aide d'un autre Frère. Sous l'effet de la tentation, il finira bien par commettre une erreur, suggéra Nathan.

Et dès ce matin Tatase déboucha sur la place centrale de Plourmel, près de l'église, une jolie place circulaire entourée de vieilles maisons moyenâgeuses construites dans ce granit breton triste et gris mais solide pour durer des siècles. Une bruine glacée venue de l'océan lointain mouillait les rues, les maisons et les êtres. Tatase allait chaudement couvert de son manteau noir et affrontait l'humidité bien plus facilement que son humiliation. Les mots de Frère Nathan l'avaient cependant ragaillardi et une forme d'espérance baignait son cœur. Celle d'obtenir enfin justice, si Dieu le désirait.

Il poussa la porte d'entrée de l'unique horlogerie-bijouterie-joaillerie de Plourmel. Rarement un homme d'Église franchissait le seuil de cette honorable maison Morelle présente en ces murs depuis trois générations. À vrai dire, pour Tatase l'expérience valait une première, car sa vie austère et peu heureuse ne lui avait jamais offert d'occasion d'y pénétrer. Sa position d'enfant unique le privant de neveux et nièces, et son statut d'ecclésiastique d'enfants, l'occasion d'offrir une médaille, un bracelet ou une montre de valeur pour un baptême, une Communion ou un mariage ne faisait jamais partie de son parcours. D'ailleurs son existence quasi monastique le mettait à l'écart de tout depuis son entrée au séminaire. Le sacrifice infligé à ses impétrants par l'Église catholique était total, castrateur et appauvrissant.

Il fut accueilli dès que le grelot de la sonnette rendit son dernier souffle, par un homme en costume qui présentait chic et légèrement badigeonné à l'eau de Cologne d'époque :

— Bonjour monsieur le curé, je suis Louis Morelle, le patron.

— Bonjour monsieur, malgré ce que sous-entend mon habit, je ne suis pas curé mais simple diacre de la Congrégation, précisa Tatase, très à cheval sur les principes.

— Veuillez me pardonner, pour nous profanes, rendre à l'homme de soutane ce qui lui appartient n'est pas toujours sans embûches. Que puis-je pour votre service, mais d'abord prenez place.

Morelle installa Tatase sur une chaise confortable, devant un mini comptoir latéralement placé à droite du grand espace qui tenait lieu d'entrée. Étonné de voir un homme d'église en son magasin, ce qui restait exceptionnel, Morelle en déduisit que le sujet serait peu banal : il voyait juste !

Tatase fit glisser sa chevalière jusqu'au bout de son annulaire et la posa sur la table.

— J'ai deux questions à vous poser, attaqua-t-il très directement, la première : pouvez-vous me réaliser rapidement une copie très approximative de cette chevalière ? La deuxième : ce travail m'engage-t-il à des frais dispendieux ?

Morelle alignait trente années d'expérience dans son métier, cette fameuse triplette horlogerie-bijouterie-joaillerie qui participait depuis des dizaines d'années au volet matériel du rite catholique des sept sacrements marquant toute vie humaine. Répondre lui était facile, évaluer un coût constituait une répétition de son activité quotidienne. Il décortiqua l'objet sous tous les angles, nota tous les aspects et s'exprima :

— Réaliser une copie, je réponds oui, à un coût non prohibitif, oui également, sous deux réserves cependant : que les dessins du plateau – croix et tête du Christ – et les intérieurs de la bague – Tête de lion, lettres gravées – soient moins précis, et le poids en or exigé largement en dessous du poids de l'original, car on est ici avec de l'or quasiment pur. En quelque sorte je peux vous fabriquer un objet ressemblant avec un métal bas de gamme qu'on dorera pour donner de l'apparence. Si cela répond bien sûr à ce que vous recherchez…

— C'est très exactement cela, un objet créateur d'illusion. Voilà ce dont j'ai besoin.

Morelle se demandait bien les raisons d'un tel choix mais en bon commerçant il savait retenir ses questionnements. Ils conclurent un marché prévoyant la livraison sous huitaine, et Tatase déposa un acompte de cent francs.

Après quelques mots serviles de Morelle, Tatase se sépara du joaillier dont il se fichait éperdument et sortit à la hâte comme s'il sentait ne pas avoir sa place dans ce type d'établissement. Dehors il faisait frisquet, il ne pensait plus qu'à se réfugier au plus vite à la Congrégation afin d'y trouver un peu de chaleur. Mais d'abord il marcha jusqu'à l'hôpital afin de rendre visite à sa mère. Âgée de quatre-vingts ans, Ève Réaux d'Inville d'Isseaux souffrait de sénilité profonde et ne reconnut pas son fils Frère Anastase, un fils qu'elle avait élevé seule, le père, un jeune officier, l'ayant abandonnée après qu'elle eut cédé à ses avances.

— Bonjour mère, dit-il, me reconnaissez-vous ?

Il n'obtint aucune réponse. La vieille dame le fixait de son regard vide, pas un son ne sortit de sa bouche. C'était son unique enfant, elle l'avait élevé seule, un enfant au caractère difficile, révolté contre l'injustice d'une vie sans père. Elle l'avait poussé à embrasser le métier de robe en usant de l'influence de son frère curé pour, disaient-ils, obtenir le pardon de Dieu sur sa faute de jeunesse. Contre son gré Anastase avait fini par se résigner à embrasser la vie religieuse, mais sans ne jamais accéder à la prêtrise.

— Ce qu'elle en a perdu en quelques mois, songea-t-il. Je crois que c'est l'instant de lui faire mes adieux.

Il l'embrassa, convaincu qu'il ne la reverrait pas vivante quand il reviendrait au prochain été. Puis il fila retrouver ses condisciples.

La veille de son retour à Saint-Grégoire, il repassa chez Morelle prendre et payer sa commande. Le bijoutier-joaillier avait réussi quelque chose d'extrêmement ressemblant et dont la dorure brillait suffisamment. La copie donnait le change à l'original sur les principaux aspects visuels : La Croix, le visage du Christ, la tête de lion. Les gravures latines péchaient par un manque de finition et les cinq lettres I.N.R.I.I étaient absentes : « trop difficiles à insérer dans l'ensemble, ainsi que je vous l'avais indiqué », se justifia Morelle.

— La ressemblance est suffisamment réussie. L'illusion sera parfaite, je vous remercie.

Tatase s'enfuit avec son paquet et se dirigea vers la gare.

***

*

Le retour des collégiens et de leurs précepteurs en noir s'accomplit sous un ciel pluvieux, tournant fréquemment à la neige pendant toute la première moitié du mois de janvier 1964. Malgré les promesses de Scrogneugneu, les travaux de modernisation du chauffage tardaient à se mettre en route, il faisait glacial dans les dortoirs et les Études. Seules les classes, édifiées dans un bâtiment neuf de 1960, bénéficiaient d'un chauffage central et apportaient un peu de chaleur réconfortante en dépit de murs mal isolés.

De ses yeux bleu vif, Tatase accueillit d'un air des plus méprisants ces misérables hypocrites, futurs candidats au Brevet d'Études du Premier Cycle – BEPC – sous six mois à peine, qui ne dénonçaient toujours pas leurs suppôts. Le jour de la sortie, deux semaines auparavant, lui et Alfred avaient bouclé les dortoirs à double tour et surveillé le va-et-vient des internes, poussés par le vague espoir d'apercevoir quelque machination suspecte. Mais les scènes dégoûtantes ne s'étaient bien sûr pas reproduites.

Tatase avait avancé dans ses réflexions après ses entretiens avec Frère Nathan, et arrêté deux grands principes. Le premier : point question de laisser la marque du temps s'installer dans son cœur, ce temps qui finit par distiller l'oubli des faits, même les plus horribles, ce temps qui édulcore chaque événement comme si rien n'importait. Plus que jamais il restait résolu à « pincer » le ou les coupables des manques de respect à son égard.

Second principe : bâtir un plan judicieux, mettre en place des moyens de surveillance, exciter la tentation de récidive, faire passer à l'action les coupables, et les prendre sur le fait. Organiser un flagrant délit, voilà la méthode.

Planifier le traquenard auquel il songeait nécessitait d'en évoquer les axiomes avec le Directeur Frère Mathieu, alias « Gros Scrogneugneu » ou « Gros Scrog » comme l'appelaient les internes depuis la rentrée, le trouvant bouffi par la bonne chère des fêtes de Noël et l'excès de vin auquel il s'adonnait. Il entendait obtenir son approbation pour monter la mise en scène, effectuer quelques aménagements dans le dortoir, et Tatase frappa à sa porte sans attendre :

— J'ai là un pli à vous remettre de la part de Frère Nathan, dit-il en tendant le bras au Directeur.

Nathan, acquis au soutien total de Tatase, avait rédigé une note de « recommandation » pour l'aider à mettre en œuvre le plan qu'il jugerait approprié : « Mon cher Frère directeur, personne n'ayant intérêt à ce que ces crimes restent impunis, vous comprendrez ma volonté de compter sur votre totale collaboration pour sortir tête haute de ces affaires. »

En termes moins diplomatiques, cela voulait dire en clair : « Il faut te bouger pour l'honneur de Tatase et de l'Institution. »

— Sortira-t-il au moins un jour du bois, ce vaurien ? commenta Frère Mathieu. Vous y croyez encore ?

— Je l'espère.

— Espérer ne suffit pas. Exposez-moi votre plan, demanda-t-il sèchement, agacé par cette absence de résultat dans une affaire qui empoisonnait le climat de sa Présidence.

Et Tatase exposa les grandes lignes de sa tactique : laisser bien en vue sur le bureau de son alcôve la copie de sa chevalière, puis dégarnir par intermittence son annulaire du véritable bijou pour attirer l'attention et donner un signal positif aux fripons en mal d'action ; ensuite, mettre en place une diversion pour faire croire en son absence du collège à certaines heures de la journée et inciter ainsi à rejoindre son alcôve. Il s'y trouverait au contraire présent, mais caché derrière une vitre sans tain désormais justifiable pour surveiller sans être vu.

— Vous connaissez maintenant l'architecture de mon projet d'action, dit-il à Frère Mathieu. Aucune logique n'explique cette restitution à la hâte de ma chevalière, alors il est hautement probable que ce vol sera réédité, soit par le voleur initial soit par le forfait d'un autre malandrin en mal d'imitation. Le postulat est simple : le ou les voleurs se trouvent parmi les internes… Frère Dominique n'a pas vu son visage mais aperçu quelques cheveux et l'allure d'un homme jeune, qu'il pourrait d'ailleurs peut-être reconnaître en observant la manière de courir de chaque collégien, point que nous vérifierons également en organisant des compétitions de sprint dans la cour. À défaut d'une preuve formelle, nous obtiendrons peut-être un indice…

— Fort bien, conclut le Directeur, vous avez carte blanche pour agir. Je vais demander à nos deux ouvriers Boisroux et S.P.Q.R., euh… monsieur Quentin-Richard, pardonnez-moi, d'étudier la mise en place d'une glace sans tain dans votre alcôve, cet investissement me paraît dans tous les cas assez salutaire pour accroître l'efficience de la surveillance du dortoir, de manière générale. Par contre, je crois de notre intérêt de garder dans la confidentialité, entre nous et Frère Alfred, votre histoire de copie de chevalière. Pas besoin d'en faire part aux autres Frères, en cause les risques de fuite… vous m'avez compris…

Boisroux et son compère se mirent au travail dare-dare. En une journée et demie tout fut terminé, ces deux as du bricolage et de la menuiserie prirent même du plaisir à déplacer d'un bon mètre le côté droit de l'alcôve, en direction des lavabos, d'installer deux parois dans un plâtre classique pour donner une solide assise, et permettre la pose d'une glace sans tain d'un mètre vingt-cinq sur cinquante centimètres. À l'intérieur, parallèle à la paroi donnant vers les lavabos, ils en fixèrent une seconde, longue de quelques mètres avec un retour, créant un renfoncement à l'abri duquel Tatase pouvait se dissimuler tout en s'asseyant devant un tiers de son bureau, sans être vu.

La vieille alcôve avait vécu, et l'homme en noir chargé de discipline y gagnait en intimité. Par ailleurs, la glace sans tain constituait un piège mortel pour les internes, en les plaçant à la merci de la surveillance de Tatase, sans le savoir. Et plus d'un chahuteur grimaçant ou tirant la langue devant la glace, persuadé d'agir dans l'impunité, regretta par la suite amèrement ses facéties. Certains attrapèrent mal au poignet d'écrire les longues pages de leur punition.

Une semaine après la fin des travaux, Nikitanastase prit la parole lors d'une Étude du soir, un quart d'heure avant le carillon annonçant le chapelet. Avec un aplomb de politicien, et d'un ton parfois mielleux, il se fit l'interprète d'un fabuleux mensonge, œuvre de l'insensée machination organisée avec l'assentiment du Directeur de Saint-Grégoire et du Directeur de la Congrégation :

— Mes chers enfants, commença-t-il, parlant haut, je dois vous exposer quelques changements dans notre organisation quotidienne. Rassurez-vous, vous serez peu impactés, il s'agit surtout de ma modeste personne. L'année scolaire est maintenant bien avancée, vous travaillez tous pour le mieux, et dans l'ensemble nous n'observons pas de relâchement problématique dans la discipline, ce dont nous vous félicitons. Vous savez que nous entretenons des rapports étroits avec les différentes paroisses de la ville, et l'une d'elles, la plus importante, la paroisse Saint-Jean, sollicite notre aide pour clarifier ses travaux comptables. Notre Frère directeur, Mathieu, me demande si, compte tenu de mes connaissances dans ce métier, je peux m'y consacrer quelques heures chaque jour, le temps qu'il faudra. Bien sûr j'accepte cet honneur, je vous annonce donc qu'à compter de lundi prochain, je serai absent du collège de dix heures à midi, et de quatorze heures à dix-sept heures pour honorer mon engagement. Frère Alfred me remplacera dans mes diverses tâches, avec l'appui de Frère Dominique si nécessaire, et tout devrait bien se passer. Voilà, je compte sur vous pour vous montrer obéissants, dévoués et responsables auprès d'eux, afin que cet intérim se déroule au mieux. Il est maintenant l'heure du chapelet, je vous invite à monter à la chapelle.

Cette annonce étonna quelques élèves, notamment Duché qui se demanda comment une paroisse pouvait faire appel à un Frère de l'Institution pour des affaires comptables quand il existait des spécialistes et des experts pour réaliser ces tâches.

— C'est bizarre ! confia-t-il à Frelon et Jacquelin-Dubuisson. Dans la société de mes parents, on ne fait pas appel aux comptables d'une autre entreprise pour contrôler les comptes, cela n'a pas de sens.

Duché regardait et caressait tous les jours avec fierté la belle chevalière qu'il avait eue en cadeau de Noël. Elle ne quittait pas la chaîne en or qui entourait son cou, et qu'il cachait soigneusement sous sa chemise et son pull dernière mode, élégamment assortis. Mais il ne s'en vantait à personne.

Son observation mit la puce à l'oreille de Frelon, qui trouva que décidément ce Duché était loin d'être un idiot. Hamard partagea sa suspicion. Jacquelin-Dubuisson se montra plus naïf et mit cette mesure sur le compte des bonnes pratiques entre gens de robe noire.

À partir du lundi suivant et pendant les jours de semaine à l'exception du jeudi, Tatase parut devant les internes aux heures de présence normales en ayant pris soin d'ôter son anneau qui reposait désormais dans sa poche de soutane, une poche profonde et renforcée, d'où elle ne pouvait glisser. Dès le matin au réveil, il sortait de son alcôve en laissant les rideaux largement entrouverts, l'annulaire nu, exposant sans précaution sur son bureau la copie de sa chevalière, afin de créer l'illusion, intimement convaincu que l'envie du voleur renaîtrait vite et avec force de ses cendres. Puis au réfectoire et à l'étude du matin, il plaçait les deux chevalières dans sa poche, pour donner à croire qu'il laissait son talisman d'or dans son alcôve. À la récréation de dix heures, il quittait la cour du collège, bien en vue des collégiens pour que tous voient l'annulaire désormais libre de tout bijou, et que le fripon qu'il cherchait se dise enfin : « Il s'en va sans bijou, il y a peut-être une ouverture ! »

Les internes le croyaient en service dans les bureaux de la paroisse Saint-Jean, mais en réalité, conformément à son plan, Tatase montait au dortoir, s'installait dans son alcôve où l'attendaient ses documents de travail, et s'asseyait dans le petit recoin près de son bureau. Depuis l'entrée de l'alcôve, il ne pouvait être aperçu. « Un intrus qui s'y fourvoie tombe immédiatement dans mon axe de vision, piégé comme une sale mouche… ! » jubilait-il.

À midi cinq il redescendait, puis assurait le réfectoire avec Alfred et parfois le Directeur, peu à l'aise de devoir couvrir ce mensonge grossier. Puis de deux heures à cinq heures, il retrouvait son recoin d'alcôve, et attendait en travaillant. À l'heure convenue, il regagnait discrètement le réfectoire et reprenait ses occupations normales.

Les jours où monsieur Prévost faisait purger leur peine aux élèves condamnés à la corvée des toilettes, Tatase dut se montrer plus prudent, et réduire son temps de présence dans la solitude que son entêtement lui infligeait. Il chargea donc Alfred de réduire les condamnations à cette peine, et de ne plus l'infliger sans prendre son avis préalable.

Pendant tout ce temps il attendait un improbable visiteur, il guettait le moindre bruit, la plus petite parcelle d'espoir qu'un vide-gousset pousse la porte du dortoir, s'approche, puis pénètre dans l'alcôve et s'empare de la chevalière. Ah ! Quelle émotion de découvrir sa bobine à travers la glace sans tain, de voir s'approcher le nigaud, de le confondre en flagrant délit !

Hélas, le manège dura longtemps sans qu'aucune visite ne vînt perturber son organisation. Le Directeur alors s'impatienta :

— Frère Anastase, nous arrivons bientôt fin février, et rien ! C'est un échec, croyez-vous nécessaire de poursuivre cette opération ?

— Je vous promets, Frère Mathieu, qu'aucun élève n'est au courant de ma présence ici. Je sais qu'il faut de la patience, mais le voleur finira bien par se manifester, vous verrez. Plus nous approcherons d'une fin de trimestre ou de la fin de l'année scolaire, plus s'accroîtra la tentation de larcin. Et puis, après tout, je fais mon travail aussi bien ici qu'ailleurs, vous connaissez mes résultats.

— Je ne les ignore pas, et je vous en sais gré. Mais Frère Alfred et monsieur Prévost supportent tout de même une lourde charge pour assurer la discipline sur le Grand Jeu et le Petit Jeu, je les appuie autant que je peux, ainsi que Frère Dominique. Pas plus tard qu'hier un élève est parvenu à mettre de la colle à bois sur les tiroirs du bureau de Frère Alfred, dans son Étude, pendant la récréation, le pauvre ne pouvait plus les ouvrir, et cet événement a déclenché un chahut qui m'a beaucoup déplu.

— Je sais, il m'a tenu informé. J'en suis sincèrement désolé. Mais cela aurait pu se produire tout aussi bien pendant ma présence. Il faut poursuivre nos efforts pour trouver le coupable.

— J'ai peur que nous soyons en train de recréer l'histoire du « Désert des Tartares », dit Frère Mathieu. Enfin, nous verrons bien.

Là-dessus ils se séparèrent, et Tatase comprit que le Directeur ne supporterait pas bien longtemps encore cette situation.

— Il va bien se passer quelque chose un jour, songea-t-il. Il n'était pas si loin de la vérité…

XII
Hamard en action

Mars – avril 1964

Les semaines passèrent. Le calendrier, ce terrible vassal du temps, serviteur en carton mais tellement insidieux et crucial, afficha bientôt la mi-mars. Le spectre d'atteindre la fin du trimestre le 25 au soir dans une situation figée hantait bien des esprits, pas nécessairement pour les mêmes motifs, mais autour d'un point commun : la chevalière de Tatase.

Les quelques collégiens qui rêvaient de s'en emparer se demandaient depuis des jours pourquoi Tatase passait sa chevalière à son doigt, puis l'ôtait, puis la remettait plusieurs fois par jour. Cette manipulation curieuse en intriguait plus d'un, mais chacun gardait pour soi ses interrogations, en son for intérieur, sans jamais s'en ouvrir aux autres, à l'exception de Hamard et Claude-Forget, le duo assermenté. Ceux qui poursuivaient le même but, nourrissaient les mêmes desseins, se muraient dans un silence absolu à l'égard de ceux qu'ils considéraient comme leurs meilleurs amis. L'amitié n'emporte pas nécessairement le partage de tout.

Jacquelin-Dubuisson regrettait de plus en plus la restitution de la bague, et se demandait quand il pourrait la chiper une seconde fois. Duché n'attendait que la bonne occasion mais désespérait de la voir arriver, Hamard et Claude-Forget flairaient un piège et se méfiaient, quant à Frelon il hésitait sur le calendrier et sur ses intentions… sauf quand ressurgissait le souvenir de la félonie de Tatase.

De son côté Scrogneugneu vivait dans un état de nerfs insupportable. Outre le ballet quotidien de Tatase qui lui apparaissait de plus en plus comme une histoire digne de l'asile, il venait d'essuyer de vives altercations avec deux des meilleurs éléments du collège : l'abbé Pouchard et Frère Hubert. Soucieux d'en finir au plus vite avec les deux affaires qui entortillaient les esprits, une mauvaise idée le poussait à des exigences inacceptables pour l'abbé :

— Cher ami, vous entendez régulièrement les collégiens en confesse, je serais surpris que pas un n'ait donné la moindre information, avoué le moindre péché en y jouant un rôle. Je vous somme de me transmettre toute révélation en vos mains, y compris le nom des auteurs si vous les connaissez, nous ne pouvons rester dans l'ignorance plus longtemps.

L'abbé Pouchard avait critiqué cette ingérence dans ce que le sacrement de Confession a de plus sacré, le secret, et malgré sa bonté naturelle assez vaste s'était fortement courroucé en virant au pourpre :

— Frère directeur, vous resterez dans l'ignorance le temps qu'il faudra. On a mis un siècle à rédiger la vie du Christ, les deux affaires de Frère Anastase peuvent bien encore patienter. Vous n'ignorez pas que je suis tenu au secret de la Confession et ce que vous me demandez est indigne d'un directeur en soutane. Je quitterai cette Institution si jamais vous me reparlez ainsi.

Frère Mathieu capitula aussitôt. Une heure après le frappait une très mauvaise nouvelle : Frère Hubert venait lui annoncer qu'il quittait l'Ordre dès qu'il y serait autorisé par la Congrégation. Une vie nouvelle l'attendait : l'amour d'une femme le tenaillait, jouer l'hypocrite était au-dessus de ses forces.

Un abbé menaçant de quitter l'Institution, un Frère défroqué, et un autre Frère totalement obsédé par son bijou de famille : la coupe était pleine.

Heureusement, l'abbé Pouchard ne mit pas sa menace à exécution et, l'esprit revenu au calme, vint soumettre une idée au Directeur dont la discussion rapprocha les deux ecclésiastiques. Pouchard avait besoin de trois élèves de Quatrième ou Troisième afin de recopier des leçons de catéchisme sur des cahiers dont il se servirait à la rentrée prochaine pour les deux paroisses qu'il animait et les petites classes du collège Saint-Grégoire.

— Ce serait quand ?

— Pendant les heures de classe, le matin ou après-midi, quand il n'y a pas cours mais Étude ou sport.

Le Directeur accepta et fit passer l'information. Des élèves de Troisième, un seul se proposa : Gilbert Hamard. Depuis longtemps, il cherchait une activité pour échapper au carcan de la surveillance, et lui qui détestait le sport vit en outre dans cette proposition l'avantage d'une heure en moins à mourir de froid sur la cour. Il fut rejoint par Jacques Rosier et Guy Decaen, deux élèves de Quatrième.

L'abbé Pouchard les installa dans une pièce réservée pour ses affaires, située au bout du bâtiment fermant l'aile gauche de la Cour d'Honneur, dont la diagonale opposée était le dortoir, et précisément l'unique fenêtre de l'alcôve de Tatase.

Gilbert Hamard se félicita de son choix, car chaque heure de travail était une heure de liberté. En effet ses heures d'Étude ou de sport ne tombaient pas toujours au même moment que celles de Rosier et Decaen, il lui arrivait donc de se trouver seul dans la pièce autorisée pour l'abbé Pouchard. Il y travaillait, certes, car Pouchard exigeait des résultats, mais se sentait libre, avec personne sur son dos. Même pas l'abbé occupé de longs moments à la chapelle, et seulement de retour en fin d'heure pour contrôler l'état d'avancement des travaux de copie. Libre de surveiller également la Cour d'Honneur, les fenêtres des bâtiments et de voir ce qui s'y passait. Il pouvait le soir, avec fierté, raconter les scènes parfois cocasses dont il était spectateur : « S.P.Q.R. et Boisroux doivent picoler dur. Dans l'après-midi, quand ils ont quitté le collège vers quatre heures, ils s'en tenaient une sévère ! »

À tel point que les autres, ses copains, regrettaient de ne pas avoir comme lui postulé :

— Ce sera pour l'année prochaine !

— L'année prochaine, on sera loin d'ici, banane.

Le mardi 17 mars, vers onze heures et quart, alors que le premier soleil printanier dorait les vitres du bâtiment central de la Cour d'Honneur, Hamard voulut profiter du spectacle et, délaissant quelques secondes son travail de copiste, s'avança jusqu'à la fenêtre. Quelle ne fut pas sa surprise d'apercevoir Tatase accoudé à celle de l'angle opposé, prenant le soleil à plein visage ! Hamard se recula aussitôt, par discrétion, et l'épia de côté.

— Tiens, Tatase ! Qu'est-ce qu'il fout ici ?

Le bourreau à soutane ne s'aperçut pas qu'on le voyait, et Hamard le pensa rentré de la paroisse Saint-Jean plus tôt qu'à l'ordinaire, ou libre d'engagements ce jour-là. Le lendemain mercredi, Hamard, privé d'anglais suite à la défection de Hubert, reprit du service pour Pouchard, et vint se poster encore à la fenêtre, sous un soleil persistant. Instinctivement, et en toute logique, il guigna en direction de la fenêtre opposée, cette fois rien, pas de Tatase. Mais soudain, au moment où il s'apprêtait à quitter son lieu d'observation, il vit une ombre s'agitant derrière la fenêtre de Tatase, puis les rideaux s'écarter : c'était lui.

Hamard se remémora la réflexion de Duché, après le discours de Tatase racontant sa sauce : « j'accepte cet honneur avec fierté ! » Tu parles ! La situation lui parut claire : Tatase et la paroisse Saint-Jean ressemblaient à un gros bluff des Frères de l'Institution, en réalité Tatase passait son temps dans son alcôve, la Direction tenait cette décision dans le plus grand secret. Soudain tout le puzzle s'emboîta dans son esprit : Tatase se postait là tous les jours ou presque dans l'espoir qu'un élève viendrait s'y aventurer pour prendre la chevalière. Il le pincerait alors sur le fait.

Les jours suivants Hamard constata la présence de Tatase une fois, la fenêtre était entrouverte pour l'aération, il voyait la silhouette du bourreau en ombre chinoise.

Le mercredi 25 mars, jour de grande sortie pour les vacances de Pâques, le hasard des emplois du temps réunit Rosier, Decaen et Hamard dans la même pièce pour terminer chacun un cahier. À quinze heures, une heure avant la sortie, alors qu'il jetait un dernier regard vers la fenêtre devenue objet de ses obsessions, Hamard y aperçut Tatase, prenant l'air, sans doute épuisé de tant de solitude, d'attente vaine, attiré par la nécessité d'un bon bol d'oxygène. Puis Tatase ferma les fenêtres et Hamard vit l'ombre disparaître lentement, s'effacer comme poussière derrière les rideaux. Il gambergea tout de suite, sentant que le moment d'aller voir ce qui se passait dans l'alcôve se présentait à lui, sans grand risque de croiser la soutane de Tatase, obligé de quitter son réduit pour préparer la Grande Sortie de quatre heures de l'après-midi.

Excité par l'aventure, mais conscient qu'il fallait penser à se construire un alibi au cas où, il jeta un coup d'œil à la pendule au-dessus de la porte : elle indiquait 15 heures et cinq minutes. Dès que la grande aiguille fut sur le six, Hamard se lança :

— Je vais aux toilettes, je ne peux plus tenir, prétexta-t-il aux deux autres copistes.

Les toilettes – les seules de cette aile du bâtiment en état potable, du fait de la proximité du dispensaire d'infirmerie – se trouvaient à côté de la pièce de travail, au bout du couloir, mais au lieu de s'y rendre il traversa en courant dans le sens inverse pour gagner le dortoir. Le voici à la porte d'entrée, il regarde attentivement devant lui, derrière lui, il écoute mais n'entend pas un bruit. La porte d'entrée est close. Il abaisse la poignée lentement, ouvre le plus doucement possible, songe au danger, « Si je le croise, j'aurai beau jeu de dire que j'ai oublié un pyjama au dortoir ! », la place cependant semble vide. Il s'y introduit, trop tard pour reculer, il sait que si Tatase est présent il l'aperçoit à travers la glace sans tain, alors il fait mine de se diriger vers son lit de dortoir pour donner le change, puis s'arrête, écoute, scrute. Il n'entend que son cœur, il décide d'aller chercher son vieux pyjama, on ne sait jamais… Puis il revient, file à l'entrée de l'alcôve, décidé à prendre tous les risques. Il entre : personne ! Tatase n'est plus là. Soudain le choc : un objet abandonné sur le bureau, au milieu de papiers divers entre un briquet et une paire de ciseaux ! C'est une bague ! La chevalière de Tatase ! Il écoute encore, respire, son cœur cogne, il n'entend rien, ne voit rien que l'objet. Il scrute une dernière fois le dortoir, regarde partout : le vide !

Alors il pénètre dans l'alcôve, saisit la bague, la glisse dans sa poche, bourre son pyjama à l'arrière de son pantalon, revient à la porte d'entrée du dortoir, le silence règne dans le couloir. Il court à toutes jambes en direction du bureau où se trouvent ses acolytes, mais file aux toilettes à-côté, enfile son pantalon de pyjama sous son pantalon de ville, puis son haut de pyjama sous son pull, ni vu ni connu. Puis, d'une totale lucidité d'esprit, il sort la bague de sa poche, monte sur la cuvette des toilettes et la dissimule au sommet du réservoir de chasse d'eau. Mais il se ravise, estimant la cachette trop connue, trop repérable, il ouvre la petite fenêtre d'aération et la cache sur le revers du rebord de fenêtre, calée à la gouttière, où personne n'ira voir. Il tire la chasse d'eau pour justifier de son passage, puis rentre au bureau et s'assied à sa table de travail, la pendule indique 15 heures et neuf minutes. En trois minutes il a réussi ce que tous les collégiens estimaient devenu impossible : dévaliser l'alcôve de Frère Nikitanastase.

Les deux copistes Rosier et Decaen levèrent à peine la tête à son retour, tout affairés à leur travail. Une bonne demi-heure plus tard, l'abbé Pouchard entra dans la pièce pour les libérer :

— Il est l'heure de redescendre sur la Cour, les autres internes s'y trouvent déjà. Dans un quart d'heure, sonne la sortie. Je vous souhaite de bonnes vacances de Pâques. Merci pour votre collaboration, on continuera à la rentrée.

Ils allaient se séparer quand soudain une voix forte se fit entendre dans le couloir : « Arrêtez, arrêtez ! Ne les laissez pas partir ! » C'était la voix de Tatase. Il entra comme un fou dans la pièce et tira Pouchard par la manche :

— On m'a volé, l'abbé, et ce ne peut être qu'un de ces trois phénomènes ! Ils ont profité de mon absence pendant quelques minutes, eux seuls avaient le temps de venir me voler.

— Calmez-vous du diable ! Calmez-vous ! Expliquez-vous clairement ! Et vous, les trois jeunes, restez ici !

Hamard songeait à la chevalière cachée sur le rebord de fenêtre des toilettes « Pourvu qu'ils n'y pensent pas ! »

— Abbé Pouchard, j'ai passé le début d'après-midi dans mon alcôve, j'en suis sorti vers 15 heures 05, pour chercher à l'économat un document destiné à un parent d'élève, à 15 heures 10 environ j'étais de retour dans mon alcôve, et là l'horreur devant mes yeux : ma chevalière a disparu !

— Mais, ma parole, vous délirez mon cher Anastase, vous la portez à votre annulaire ! Elle n'a donc pas disparu, ou alors vient de se glisser à votre doigt avec la discrétion d'un fantôme, expliquez-vous !

Tatase, très gêné d'avoir zappé qu'il portait au doigt sa vraie chevalière, prenait comme un retour de boomerang son lamentable mutisme à l'égard de l'abbé Pouchard et des autres Frères enseignants, son pitoyable goût pour l'intrigue et le secret : il n'avait rien confié de la copie du bijou de famille, exception faite au Directeur et à Freddy la Pédale. Oubliant la présence des trois internes, il fit voler en éclat le caractère confidentiel que réclamait un déballage aussi tordu, et révéla sans réfléchir les lignes de son plan. Hamard n'en perdit pas une miette :

— Vous êtes donc en train de me dire que vous avez fait une copie de votre chevalière en espérant qu'un pensionnaire s'avise de vous la chiper ! Pardon, mais comme vision de la chrétienté, j'ai croisé mieux ! Je ne vois vraiment pas les choses à la même fenêtre que vous.

— Il fallait bien imaginer une action pour trouver le coupable du premier vol de ma chevalière ! Et d'ailleurs, je veux en avoir le cœur net, je veux fouiller ces trois jeunes. Je vous porte un grand respect et beaucoup d'admiration, monsieur l'abbé, cependant la discipline ici c'est encore moi, s'énerva Tatase.

— Pourquoi ne pas fouiller tous les pensionnaires, pendant que vous y êtes ! clama Pouchard. Quel brio !

L'horloge tournait, on entendait maintenant le spasme montant du tumulte que causait à chaque Grande Sortie l'accumulation progressive des collégiens dans la cour d'Honneur et devant le grand portail d'accès à la rue.

Tatase fouilla Rosier, puis Decaen, sondant jusqu'au fond de chaque poche, ôtant leurs chaussures pour les regarder sous tous les angles, palpant leur corps. Ils collaborèrent sans broncher. Puis vint le tour de Gilbert Hamard : quelle lumineuse idée que celle d'abandonner la bague à l'extérieur ! Des trois qu'il fouillait, Tatase inclinait pour la culpabilité de Hamard, une intuition, le résultat surtout de rares bruits que l'opération « Oreilles » avait rapportés.

— Vous portez un pyjama sous vos vêtements ? Mais pourquoi ? Quand l'avez-vous mis ? Vous êtes retourné au dortoir pour l'enfiler ? Quand ?

— Non, Frère Anastase, je l'ai passé ce matin sur moi, j'avais froid, et j'ai eu froid toute la journée.

— Il est sorti du bureau ? demanda Tatase à Rosier et Decaen.

— Oui, répondit Rosier.

— Ah tiens ! À quelle heure ?

Tatase commençait à y croire ! Pouchard indiqua qu'il l'ignorait.

— Vers 15 heures, dit approximativement Decaen, mais il est allé aux toilettes, j'ai entendu le bruit de la chasse d'eau.

— Hamard, vous confirmez, demanda l'abbé Pouchard ?

— Oui, monsieur l'abbé, vers quinze heures, je ne me souviens pas exactement, mais je confirme que j'étais aux toilettes.

Tatase le fouilla trois fois. Il retourna toutes les poches des vêtements de Hamard, le palpa comme un policier professionnel ! Sans résultat ! Il regarda partout dans le bureau, passa au peigne fin chaque recoin des tiroirs, renversa son cartable d'où tombèrent cahiers, porte-plume, bouteille d'encre et buvards. Finalement il capitula, ne sachant plus que penser, confus, désappointé.

— Très bien, messieurs ! Le ciel ne m'est donc pas favorable. On pourra me taxer des plus folles spéculations, mais je ne suis ni aliéné ni psychopathe, j'ai été volé ! Pour le reste de la méthode, on peut penser ce que l'on veut, mais la vérité est là, devant nous, cauchemardesque : il y a un voleur dans cet Établissement !

Pour Hamard, point n'était question de retourner aux toilettes récupérer la bague, l'entourage dangereux présent autour de lui renvoyait la décision au retour des vacances, en espérant que les dieux du climat lui seraient favorables et fermeraient les écluses du ciel.

Tandis que les élèves quittaient la Cour d'Honneur accompagnés de leurs parents, que Hamard devisait avec SNCF, Duché, Jacquelin-Dubuisson et Frelon en racontant la fouille délirante de Tatase mais en taisant tout de son larcin, celui-ci confiait son dépit à Scrogneugneu, agacé comme rarement, les poings serrés et la bouche légèrement étirée :

— Je ne veux plus entendre parler de ces histoires, lui intima Frère Mathieu. Vous détenez votre chevalière originale, contentez-vous de ce bonheur et portez-là sur vous, personne ne vous coupera le doigt pour la chaparder.

***
*

Les vacances de Pâques parurent une éternité à Gilbert Hamard. Une seule question clignotait jour et nuit dans sa tête : retrouverait-il la chevalière sur le rebord de fenêtre à son retour au collège ? Totalement secret sur son aventure, il repensait aux propos de Tatase, et malgré son exploit restait sur sa faim :

— Ce faquin de Tatase ! Quand je pense qu'il a fait une copie de sa chevalière, et que par malheur c'est celle qu'il a laissée sur son bureau ! Quelle malchance ! Ah ! J'suis pas verni ! En même temps, ça lui fera les pieds, une copie de bague doit représenter une belle dépense…

Aux regrets acerbes se greffait une immense déception appesantissant sa rancœur : Tatase préservait sa chevalière originale ! D'ailleurs, il n'avait pas eu le temps de contempler la copie volée, d'en percer les détails. De prime abord, elle lui paraissait jolie, élégante, mais il ne s'agissait que d'une reproduction. Or son objectif n'était pas de dépouiller Tatase d'un objet quelconque, mais bien de sa vraie chevalière, car le prestige du souvenir, pour lui, et la douleur de la nuisance pour l'homme en noir résideraient dans la privation de l'objet de famille qu'il chérissait tant. Le faire souffrir, voilà l'important, garder un souvenir quasi historique de ce temps, voilà le second enjeu.

Hélas, un point fâcheux lui paraissait désormais établi : il serait ardu sinon impossible de s'emparer de la chevalière originale. Les risques deviendraient trop grands ; aussi, sans doute échaudé par son expérience malheureuse, Tatase garderait-il à son doigt comme autrefois sa chevalière de famille sans jamais la lâcher.

Malgré leur pacte amical, il laissait son ami Claude-Forget en dehors de toute confidence, par souci de le protéger. « Je le lui révélerai quand l'horizon sera totalement éclairci, on ne sait jamais ce que Tatase va décider, s'il porte plainte les flics viendront poser des questions, moins Serge Noël en saura mieux cela vaudra. Ils savent manier le mensonge pour faire craquer, les poulagas ! On verra plus tard. »

***

*

Avec la fin du congé de Pâques, le temps des règlements de compte, qui couvait depuis si longtemps, s'approchait à grands pas. Le matin du vendredi 10 avril 1964, les pensionnaires repeuplèrent les couloirs du collège. Le morne silence suspendu entre les murs de l'imposant ensemble immobilier laissa la place pour un peu moins de trois mois à l'acoustique vivante et joyeuse des voix adolescentes.

Hamard revint à Saint-Grégoire malheureux et heureux à la fois. Malheureux car il s'immergeait de nouveau dans le carcan de l'Institution, heureux parce que c'était la dernière grande rentrée trimestrielle, et qu'après avril il ne restait que deux mois à tirer : mai et juin, avec l'examen du BEPC à la mi-juin, et l'espoir d'une sortie anticipée avant l'examen. Assurément, les semaines passeraient vite.

Une idée surtout le mettait en stress : la bague ! Se trouvait-elle toujours au lieu d'abandon ? Quelqu'un l'avait-il trouvée, gardée pour lui, restituée au propriétaire ?

Il dut attendre cinq jours avant de connaître la réponse. Au vendredi – quelle impéritie que de faire rentrer des pensionnaires un vendredi ! – succéda le week-end, qu'il passa au collège. Pas plus ses parents que ceux de SNCF acceptèrent de refaire un voyage pour les chercher au pensionnat, ils y restèrent samedi et dimanche et goûtèrent une fois encore le régime sévère et religieusement engagé des Frères de Saint-Grégoire : abondance des prières, messe en doublette le dimanche (première à neuf heures et grand-messe à onze heures à la chapelle), Salut à 18 heures après la promenade pédestre du dimanche après-midi, physiquement exigeante comme celle d'un jeudi ordinaire.

Il y eut quelques courses à pied et des sprints organisés autour de l'étang du château à seize heures le samedi après-midi, ce qui constitua une première, sous la surveillance de Tatase, Freddy la Pédale et Frère Dominique. Les pensionnaires se demandèrent en quel honneur ils devaient cette initiative jamais pratiquée auparavant, et pourquoi à quelques semaines de la fin d'année ? La recherche d'un profil de coureur à pied ressemblant à celui de Jacquelin-Dubuisson, raison de ces courses, ne donna rien de probant.

Hamard dut écouler le lundi puis le mardi, car pendant les vacances Frère Hubert négocia avec la Congrégation son maintien au collège jusqu'à la fin de l'année, afin de ne pas pénaliser les élèves. Hamard et les autres retrouvèrent face à eux un professeur d'anglais en civil, et seule la photo annuelle des Pensionnaires conserva d'Hubert le souvenir d'un homme en noir.

Enfin le mercredi, l'heure d'Étude placée entre le cours de Frère Pierre et celui de Frère Bernard l'autorisa à quitter la classe de 15 à 16 heures pour se remettre au service de l'abbé Pouchard. Rosier et Decaen occupés dans leur classe, quelle aubaine ! Hamard, seul dans la pièce réservée aux copistes, sentit son cœur s'emballer avec force quand il décida d'aller voir aux toilettes, à peine assis depuis cinq minutes devant le catéchisme. Il ne pouvait résister plus longtemps.

Il se méfia cependant, persuadé que Tatase n'en démordrait pas, telle était sa certitude, et le surveillerait de près. Il ouvrit la fenêtre, sentit que de trac son cœur allait exploser, et se pencha pour regarder le rebord : la bague se trouvait à la même place, calée contre la gouttière. Elle conservait un parfait état, sèche et sans chocs. Il faillit s'en emparer mais renonça. Qu'en ferait-il ? Où la cacherait-il ? Et si Tatase procédait à une nouvelle fouille !

Il la détailla et la trouva plutôt bien réussie, et conforme à ce qu'il connaissait de l'original avec les Croix, le nom latin gravé sur le plateau. Il n'en connaissait rien de l'intérieur mais vit la tête de lion qui le fascina. Il décida finalement de la laisser sur place, le temps de réfléchir au moyen de l'exfiltrer du collège Saint-Grégoire.

En sortant de sa pièce de travail, Hamard remonta le couloir de l'aile gauche du bâtiment, puis parvint à l'escalier qui descendait au rez-de-chaussée. Soudain il entendit une voix derrière lui :

— Gilbert Hamard !

C'était l'affreux Tatase, sorti du coin d'ombre placé à l'angle tracé par le palier et la porte d'entrée du dortoir, où il s'était tapi pour l'attendre.

— Vous allez bien, monsieur Hamard ? Je voudrais m'assurer que vos poches ne contiennent rien pouvant appartenir à l'abbé Pouchard. Veuillez les retourner s'il vous plaît !

Il procéda à une nouvelle fouille en règle des poches, des vêtements, et des chaussures de Hamard. Puis également de son cartable, toujours avec lui pour porter les cahiers de copie, le porte-plume, l'encre et les buvards. Déçu et même vexé de ne rien trouver, il le renvoya en classe méchamment.

Gilbert Hamard avait eu très chaud.

Par la bouche de Rosier et Decaen, l'incident entre Tatase et Pouchard, intervenu dans l'heure précédant le départ en vacances, fut vite connu de tous les pensionnaires. Hamard se chargea de raconter à ses amis Jacquelin-Dubuisson, Duché, Frelon, Claude-Forget et Baudet même, ce qu'il voulut bien raconter, jurant qu'il n'avait croisé personne en allant aux toilettes, et sans inspiration sur l'identité possible d'un suspect. La nouvelle alimenta toutes les conversations sur les cours du Grand et du Petit Jeu dès la rentrée du vendredi et pendant la semaine suivante. Les commentaires allaient bon train, les internes se disant sidérés du type de procédés utilisés par les hommes en noir, notamment Tatase et le Frère Directeur : la réalisation d'une copie de la chevalière, la fouille au corps des trois internes en présence de l'abbé Pouchard, la mise en scène de diversion de Tatase pour duper son monde et pincer un éventuel voleur.

Pendant la promenade du jeudi 16 avril 1964, le sujet principal des causeries dans les rangs tourna autour de l'identité du voleur de bague. On entendait des mots d'admiration :

— Chapeau le mec ! Et tant pis pour Tatase ! Quand on pense que cela s'est joué sur cinq minutes, quel culot ce voleur ! Je me demande qui cela peut-il être ?

— Et dire qu'il se tient peut-être à deux pas de nous, en train de marcher dans nos rangs !

— J'ai du mal à le croire ! C'est peut-être quelqu'un de l'extérieur, ou pourquoi pas un Frère du collège, qui trahit Tatase par dégoût du sbire !

Toutes les hypothèses, même les plus farfelues, circulaient dans les rangs. Parmi les marcheurs, l'un doutait néanmoins de la sincérité des propos de Hamard : Alain Frelon lui-même. Il cheminait dans son rang de trois entouré de Duché et Baudet, tandis que Hamard progressait un peu plus avant avec SNCF et Jacquelin-Dubuisson. Duché et Baudet imaginaient dix fois la scène, échafaudant toutes les hypothèses sur le déroulement des faits, sur la possible identité du voleur. Peine perdue naturellement, simples conjectures sur lesquelles Frelon plaçait des « Hmmm » dubitatifs. Lecteur assidu des Bob Morane, Frelon avait acquis une certaine culture de l'enquête policière et calquait sa réflexion sur les schémas lus dans les romans de son héros : « À qui profite le crime ? Qui peut être intéressé par la chevalière de Tatase ? Et pour satisfaire qui ou quoi ? Quel mobile justifie de courir autant de risques ? »

Dans sa tête il pensait que seul Hamard avait pu faire le coup car parmi les plus enflammés des cinq membres du groupe (Duché, Jacquelin Dubuisson, SNCF, Hamard et lui-même) qui en voulaient à la vie du bourreau en noir, le détestaient et proféraient des menaces à peine voilées, il était le seul sur place, et le déroulé des faits concordait avec la simple logique : quelques minutes d'inattention de la victime, une diversion des plus banales (les toilettes), et le tour était joué ! Facile à jouer ! Au fond, il pensait comme Tatase : tout collait pour désigner Hamard, attentif à la moindre ouverture. Il ne connaissait aucun mobile à Decaen et Rosier, qui manquaient de l'envergure nécessaire pour une telle action.

Mais Frelon décida de garder ses doutes en son for intérieur, considérant que Hamard avait sans doute d'excellentes raisons à son mutisme.

Pour une fois la promenade parut courte aux internes, tant le bavardage incessant sur le dernier rebondissement de ce qu'ils appelaient désormais « l'affaire des bagues » avait été dense. Mais ils n'étaient pas au bout de leurs surprises : en arrivant au bois des Chaumes, Tatase et Alfred séparèrent les pensionnaires de Cinquième, Quatrième et Troisième de ceux des petites classes et leur intimèrent de se mettre en deux rangs par deux. Ils surent rapidement les raisons de cette inhabituelle démarche : une fouille étroite des poches de chaque pensionnaire.

L'opération fut rapide, et vaste le zèle déployé par les deux inquisiteurs pour réussir leur traquenard. Toute cette mascarade se solda sans résultat, personne ne possédait le moindre objet de valeur caché en poche ou ailleurs. Mais le trouble semé dans l'esprit des collégiens fut immense, et la tache de haine visible en filigrane dans les cœurs émergea plus nette pour s'agrandir dans des proportions qui ne pouvaient que faire craindre le pire.

Ils ne fouillèrent pas les petites classes, sachant qu'ils ne trouveraient rien. Le temps de pause ayant été consommé, la troupe se remit en marche en sens inverse pour revenir à Saint-Grégoire.

En chemin Hamard trouva la solution à son problème d'exfiltration de la chevalière. De retour au collège il obtint la permission de se rendre à l'atelier de Boisroux et S.P.Q.R, pour, expliqua-t-il, « faire réparer son cartable dont un côté se décousait. » Par chance, les deux bricoleurs se trouvant encore à leur établi, il obtint de Boisroux la pose d'un ruban adhésif noir sur la partie décousue, « le temps, dit Hamard, que ma mère le recouse », puis s'arrangea pour ramasser discrètement une chute assez longue du même ruban traînant sur l'un des deux établis. Il la glissa dans son cartable.

Le lendemain vendredi, grâce à l'heure de sport de fin de journée, il put se libérer pour travailler dans la pièce de l'abbé Pouchard. Il croisa Decaen qui venait d'en terminer, et s'installa au bureau pour rédiger un nouveau cahier de copies. Hamard écrivait toujours d'une écriture soignée, c'était une qualité qu'on lui reconnaissait, avec un porte-plume qu'il alimentait en encre puisée dans une petite bouteille récemment achetée à l'économat. Le stylo bille, en 1964, n'avait pas encore pénétré le milieu scolaire.

À 16 heures 30, il se rendit aux toilettes, se dirigea vers la fenêtre le cœur encore tremblant, et – Dieu soit loué ! Elle s'y trouvait – se saisit de la chevalière, qu'il jugea en bon état. Il l'entoura d'un papier de cigarette ramassée en promenade et recouvrit le tout du ruban adhésif noir trouvé à l'atelier. De sa poche il tira la petite bouteille d'encre noire « Waterman » qui lui servait de réservoir pour son porte-plume, et plongea la bague à l'intérieur. L'orifice était juste, mais en poussant un peu elle s'enfonça. La bouteille étant quasiment pleine et l'adhésif étant noir, il était impossible de détecter la bague.

Hamard plaça le tout dans sa poche, tira la chasse d'eau et revint au bureau. Il ne fut pas inquiété.

Le lendemain samedi 18 avril 1964, la sortie avait lieu à midi. Hamard et son copain SNCF utilisèrent leur droit à sortie obtenu grâce à leurs bonnes notes et se présentèrent à l'entrée de la Cour d'Honneur. Tatase et Freddy les y attendaient. Ils passèrent une fois encore à la fouille, Hamard retint son souffle. Il sut se maîtriser, conserver un air serein, détendu. La scène lui remit en mémoire les souvenirs de l'Occupation allemande vus dans des films visionnés avec ses parents. Le pouvoir des nervis qui arrêtent et suspectent sans relâche !

Tatase fouilla la valise, les poches, les vêtements un à un, puis explora l'intérieur du cartable – « Je suis foutu ! » pensa Hamard – mais il prit soin de ne pas casser la bouteille d'encre sans même songer à vérifier sa transparence. C'était gagné.

Désormais quatre copies de la chevalière de Frère Anastase existaient dans le petit monde de Saint-Grégoire : celles de Duché, Jacquelin-Dubuisson, Frelon et Hamard. Et l'homme en noir portait toujours l'original à l'annulaire, mais en resterait-on là ?

XIII
Menaces contre Tatase et Freddy

Avril – mai 1964

Le printemps s'épanouit massivement dans la troisième semaine d'avril. Les premiers pommiers en fleurs s'alignaient en pochoirs dans les prés verts situés depuis les ifs millénaires jusqu'aux avant-gardes du bois des Chaumes. La promenade du jeudi conduisait depuis longtemps sans répit ni variante jusqu'au repaire des chênes et hêtres, où la pause sur place s'éternisait, à compter de la belle saison, un peu plus d'une heure, avant un retour au pas cadencé directement à Saint-Grégoire. Celle du jeudi 23 avril 1964, pour une fois objet d'aménagements, mais jalonnée d'incidents, garda la trace d'un basculement dans l'histoire du collège.

La longue colonne était parvenue, au terme de deux heures d'une marche rapide, au lieu que les pensionnaires connaissaient depuis plusieurs générations comme la « Maison Hantée ». L'endroit se trouvait légèrement décalé à l'ouest du bois des Chaumes, où la colonne s'arrêtait d'ordinaire. Là s'effaçaient lentement, comme une épave, les ruines d'une ancienne maison incendiée vers 1890. Une légende, colportée par des générations d'internes, entretenait le récit d'un drame horrible survenu en ce lieu : une femme et ses enfants avaient péri dans les flammes. Les grands effrayaient les petits en prétendant qu'un élève de Saint-Grégoire avait autrefois voulu en vérifier l'authenticité. Faussant compagnie à la promenade, il s'était dissimulé dans la maison la nuit entière, sans jamais revenir au pensionnat. Un fantôme l'aurait enlevé pendant son sommeil. Frère Anastase recourait à cette histoire au début de chaque année scolaire pour décourager des benêts gagnés par l'envie d'imiter leur ancien camarade, et les dissuader de s'échapper du collège en désertant la promenade.

Ce jeudi d'avril, les bourreaux décidant d'abandonner les fouilles des internes, fastidieuses et inopérantes, le groupe se sépara en deux blocs, l'un se dirigea vers le magma de rochers et sa chute en ravine, l'autre bifurqua vers la fameuse maison. Tatase et Alfred stationnèrent au point de jonction avec quelques internes peu motivés par les sous-bois.

Ne changeant rien à la perversité de leur tempérament, ils demandèrent des volontaires pour leur tailler à chacun un bâton neuf, dans l'essence de leur choix. Il s'en trouvait toujours, parmi les pensionnaires, quelques-uns prêts à tomber dans la servilité. Mal leur en prenait parfois car, ainsi que le politicien retourne sa veste, les fourbes à soutane pouvaient retourner leur chasuble aussi vite, et distribuer des coups à celui ou ceux-là mêmes qui avaient taillé, fût-ce le plus soigné, le mieux dimensionné des bâtons. L'arroseur arrosé en quelque sorte !

Tailler un bâton pour l'un ou l'autre des deux complices ne rapportait pas de points, l'exécutant pouvait en cas d'infraction espérer du maître sadique au moins un peu d'indulgence, et dans l'humeur des meilleurs jours une décote sur les points à prélever dans sa cagnotte. Et cependant, malgré leurs comportements schizophrènes, les deux bougres ne manquaient jamais de volontaires ; on rencontre chez certains êtres cette manie indissoluble, inhérente à l'espèce humaine, de vouloir se distinguer devant le chef, de développer le syndrome du bourreau, dans l'espérance souvent folle de croire en un traitement de faveur ou en l'obtention d'infinies prébendes. « C'est comme ça que marche le monde », expliquait Jacquelin-Dubuisson aux internes de première année qui s'en étonnaient.

Heureux de rencontrer autant de complaisance, Tatase et Alfred réalisaient toute la promenade retour en avançant appuyés sur leurs bâtons neufs. Nés pour être théoriquement les soutiens de pèlerins, ces bâtons servaient hélas trop souvent à asséner des coups secs et mordants comme le fouet. Mais la violence gratuite finit toujours par se retourner contre son ou ses auteurs. Trois internes, aux intentions réputées de plus en plus violentes à l'égard de Freddy la Pédale, fomentèrent un complot contre lui, suite à l'annonce de son départ du collège Saint-Grégoire à la fin juin, pour rejoindre une autre unité dans une ville du Mercantour dès la rentrée prochaine. Pour deux frères, les Baudouin, qui lui vouaient une haine farouche, il était inconcevable d'admettre que le bourreau Alfred pût quitter le collège sans avoir été châtié de ses mauvaises actions. Très résolu, Christian, l'aîné, exposa à un petit groupe de quatre internes son idée pour le punir :

— Mon oncle a combattu au Vietnam, à Diên Biên Phu, il racontait que les Viets creusaient des trous, y plaçaient des bambous aiguisés, puis les recouvraient de branchages pour créer un leurre. On va faire la même chose et attirer Freddy.

Il reçut l'aide de son frère Jean-çois, de Jérôme Borret et Henri Bouvier, eux comme les autres remontés et assoiffés de vengeance. Les deux frères Baudouin agissaient équipés chacun d'un cran d'arrêt venant de chez eux, et caché dans leur casier de ciroir. Borret et Bouvier firent le guet, tandis qu'avec leurs lames ils creusaient dans la terre du sentier rendue meuble par les pluies d'hiver, en direction de la maison hantée.

Quelle hargne ils mettaient pour entamer la terre, la pelleter avec une pierre plate biseautée et la jeter dans les fougères adjacentes, puis dégager les cailloux !

Après trois-quarts d'heure de travail harassant, le trou était fait, un trou de quarante centimètres en largeur, cinquante en profondeur et cinquante en longueur. Ils étalèrent de fines branches, de la fougère, et l'on ne voyait plus de différence avec le reste du sentier. Restait à trouver une raison d'attirer Freddy à cet endroit, ce fut facile : ils le virent arriver de loin, se dirigeant vers la maison hantée pour battre le rappel, accompagné de deux élèves de quatrième qui faisaient les serviles auprès de lui, l'heure étant venue de rassembler tout le troupeau au point de départ pour engager le retour de promenade.

Ils l'observèrent, se dirigeant vers le piège, cachés derrière un tronc d'arbre assez distant pour ne pas être aperçus. Freddy tomba du pied gauche dans le trou et, surpris par le creux, s'effondra complètement en poussant un cri de bête blessée. Le piège avait marché, la vengeance était assouvie.

— Ah mon pied, soupira-t-il, pourvu que je n'aie rien de cassé. Allez prévenir Frère Anastase, intima-t-il à l'élève Auguste Biard qui passait là. Et vous deux aidez-moi à me remettre sur pied !

Alain Feucquiou et Marcel Biville, classes de quatrième, relevèrent Freddy la Pédale et le maintinrent avec difficulté en position debout, s'aidant pour le soutenir du bâton que l'un d'eux lui avait taillé. La douleur insupportable lui interdisait de poser le pied par terre. Heureusement les deux costauds de classe de Troisième, Maurice Quinton et Jean Blondeau, revenaient depuis la Maison Hantée et remplacèrent les deux premiers.

Tatase arriva en se hâtant, bâton en rythme, avec à ses côtés quelques jeunes internes sur lesquels il imposait sa crainte.

— Souffrez-vous, mon ami ? demanda-t-il à Freddy, montrez-moi ça !

Freddy répondit par l'affirmative et grimaça dès que son supérieur le toucha.

Tatase releva la soutane, baissa le bas qui couvrait le pied et palpa le membre. Il constata que la partie extérieure du pied était fort enflée mais qu'il n'y avait visiblement pas de fracture.

— Je pense que votre pied n'est pas cassé, l'os a tenu. Nous allons vous ramener à Saint-Grégoire, les pensionnaires les plus grands et forts se relaieront pour vous porter.

Avant de donner le signal du départ, Tatase se pencha de plus près sur le trou responsable de la chute de Freddy. Il ne lui sembla pas strictement naturel, l'aspect général lui parut suspect, comme s'il était fraîchement creusé.

— Humm, Humm, dit-il dubitatif. Nous verrons cela plus tard.

Feucquiou et Biville se ramassèrent deux coups de bâton chacun par Tatase, et portèrent le chapeau de l'accident de Frère Alfred :

— Bande d'idiots, vous auriez dû faire attention et éviter cet accident, vous êtes deux incapables, voilà ce que je fais de votre bâton.

Et il balança la trique aussi loin que possible dans les fougères.

— Mon ami, je suis persuadé que c'est un acte volontaire. Qui se baladait dans la zone ? J'aperçois les Baudouin, là-bas, qui arrivent sans se presser, ce serait bien leur façon d'agir, confia-t-il à Alfred.

Cette monotonie des jeudis, engagée depuis le mois de novembre, pesamment ressentie, commença à se lézarder avec l'attentat contre Freddy. La perspective de plus en plus proche du fameux mois de juin, mois de la libération, désinhiba quelques élèves, allégea la mélancolie, changea les mentalités. Peut-être le rallongement et l'ensoleillement des jours furent-ils cause d'une bouffée de soulagement à la fois physique et mentale pour les pensionnaires en marche, et si le printemps au collège infligeait toujours des sanctions lourdes pour des fautes bénignes, le compteur de points se mit à marcher dans les deux sens, crédit-débit, pour la première fois des actes de résistance contre les deux tortionnaires apparurent.

— Frère Anastase, ça suffit ! Vous n'avez aucune preuve, et vous n'avez aucune raison de frapper Feucquiou et Biville. Je vais en informer le Frère directeur.

Écœuré par les coups de bâton, Maurice Quinton, bâti comme un adulte, le plus ancien, plus grand et plus fort du collège, venait d'élever la voix et de critiquer ouvertement Tatase. C'était une première. Blondeau s'en mêla, blond comme son patronyme, un grand et fort lui aussi, qui menaça de ne pas porter Alfred si Tatase ne changeait pas d'attitude. L'effet d'entraînement…

L'homme en noir fut sidéré qu'on puisse contester son autorité, d'autant qu'une révolte ne reste jamais seule très longtemps, et des voix à l'unisson crièrent des propos encore impensables une heure auparavant :

— Ouais ! À bas, Alfred, à bas, Tatase, on en a marre ! Alfred, la démission ; Tatase, la prison !

Le retour au collège fut tempétueux pour les deux Frères. Des cris fusèrent de partout dans les rangs, venus de l'arrière d'abord, des grandes classes, qui avaient provoqué une cassure dans la troupe, derrière Alfred porté par Quinton et Blondeau. Mais aussi à l'avant, sortant du cœur des petites têtes blondes qui se sentaient protégées par les grands de Troisième.

Le Directeur remit de l'ordre dès le retour de la promenade au collège. Les internes rentrèrent dans le rang rapidement et la crise s'éteignit avec son renfort et celui de Frère Dominique. Mais un cap avait été franchi, et Scrogneugneu comprit que désormais ses deux chargés de discipline n'étaient plus à l'abri d'un mauvais coup. Il avait raison, tout en commettant une erreur : une qualification du danger évaluée au-dessous de la réalité !

***
*

Les hommes en noir organisèrent le dimanche 26 avril 1964 la Fête des anciens du collège. Ils voyaient là l'arrivée à point nommé d'un mouvement festif capable de recréer de la joie dans le collège et des liens entre pensionnaires et Frères ensoutanés. Ce rendez-vous annuel, traditionnellement en octobre ou novembre mais reculé par les circonstances de la mort de Hilaire, constituait une véritable institution tant pour les anciens élèves que pour la Direction du collège. Les anciens venaient en nombre respirer une bouffée de leur passé, ce qui est un sentiment très curieux, fort difficile à comprendre. En effet, voilà une bien étrange nécessité que celle de vouloir raviver des souvenirs pas très heureux, revoir un endroit où l'âme éprouva tant de tristesse, où même le sang des larmes a coulé. Le bonheur peut-il s'éprouver en des lieux où tout n'est que séparation, contrainte, répression, humiliation ? Qui pourrait écrire « j'ai même rencontré des pensionnaires heureux. » ?

À ces fêtes participaient en majorité de très anciens élèves, externes et pensionnaires, ayant fréquenté Saint-Grégoire entre 1910 et 1950. Plus les hommes avancent en âge, plus ils sont friands de revoir les lieux de passage de leur jeunesse, retrouver de vieux copains avec lesquels partager bons et mauvais souvenirs. Le temps éteint progressivement la braise des souffrances, et l'homme détient en lui cette faculté de dissocier la mémoire de l'esprit de celle du cœur. Chez les anciens, l'esprit désormais s'amusait de situations qui dans leur jeunesse éveillaient des sentiments tristes, mais leur cœur en avait éteint le ressenti.

D'ailleurs à ces Fêtes, les anciens pensionnaires des années les plus proches venaient moins nombreux, on n'en croisait pratiquement pas ayant fréquenté le collège dans les dix dernières années. Preuve de la nécessité que s'écoule le temps pour évacuer les rancunes, effacer les déplaisirs, panser les plaies.

Comme chaque année la Fête des anciens élèves apporta une intense animation dans les couloirs, du mouvement pour les pensionnaires présents. La Cour d'honneur fut partout magnifiquement fleurie par des jardiniers professionnels, avec l'appui de Boisroux et S.P.Q.R. Des fleurs de saison dans d'énormes jarres déployaient toute leur palette de couleurs autour de la statue, des gerbes de roses garnissaient les fenêtres des trois bâtiments fermant la Cour, la statue de la Vierge était ceinte de couronnes de rhododendrons multicolores.

Par chance rayonna un beau soleil dans les jours précédant la Fête, et l'attrayante Cour d'Honneur s'offrit comme un jardin magnifique, le paradis d'un jour.

Dans la semaine de l'arrivée des anciens pensionnaires, « Gros Scrog » chargea les internes d'apporter, pendant l'Étude, des tables dans le bâtiment où le matériel de l'Institution était entreposé. Ce vaste bâtiment, dans lequel Boisroux et « monsieur Paul » tenaient atelier, recevait tous les anciens et pensionnaires présents à déjeuner le midi, cela représentait environ deux cents personnes, réparties sur une vingtaine de tables. Les pensionnaires installèrent les nappes sur les tables,

les couverts, les brocs à eau et à cidre, et la veille du jour de Fête quatre bouteilles de vin sur chaque table.

Conviés pour dix heures, les anciens de Saint-Grégoire échelonnèrent leur arrivée à partir de neuf heures et demie. Les pensionnaires présents avaient déjà une messe au compteur, la tradition du dimanche des anciens au collège leur imposant deux offices : la messe basse à huit heures et la grand-messe de onze heures.

Les pensionnaires du moment accueillirent les anciens à leur arrivée à la grille d'entrée. Cette bonne pratique, les Frères la réservaient aux classes de Troisième ; ils étaient les plus grands et achevaient bientôt leur cycle à Saint-Grégoire. Ils écoutaient avec patience les litanies qui revenaient en permanence de la bouche des tempes grises, en pensant peut-être : « un jour je deviendrai comme ça. »

— Alors les jeunes, la vie est belle à Saint-Grégoire ? Pas trop mal aux genoux à force de prières ?

À dix heures trente, les anciens et nouveaux pensionnaires entrèrent dans la chapelle pour assister à la messe du dimanche chantée par l'abbé Pouchard. La chapelle était bondée, il pouvait y avoir près de deux cents personnes, rien que des hommes à quelques exceptions près. Le bruit assourdissant de cette foule dura le temps que tout le monde trouve place sur son banc, puis Pouchard fit une brève ouverture pour souhaiter la bienvenue à tous et évoquer les noms de ceux que la mort avait emportés depuis l'année dernière. Une prière leur fut dédiée et l'office en latin démarra. Il dura une heure bien tassée car beaucoup d'hommes communièrent, et toute cette ferveur dans les yeux des anciens tranchait avec l'espèce d'indifférence ou de neutralité qu'on observait chez les internes contemporains. D'une génération à l'autre, quelle que soit l'époque où l'on situe les faits et les actes, les hommes et les idées changent, les mœurs évoluent.

À l'issue de la messe, tous les participants furent invités au vin d'honneur organisé sous le préau puis dans la grande cour. L'occasion attendue par les anciens de se retrouver tous ensemble, de bavarder avec les Pierre, Paul, Jacques, de regarder les photos de classe de jadis, de mettre des noms sur les élèves et les Frères enseignants de leur temps.

Le vin d'honneur fut la première étape de la gigantesque et étonnante libation qui se jouait lors de la Fête de Saint-Grégoire. Les anciens, certes, buvaient à bon droit leur verre d'un vin de bordeaux blanc ou rouge offert par l'Institution. Mais les pensionnaires du moment présents à la Fête, objet d'un relâchement de surveillance, profitaient de l'aubaine : de la classe de huitième à celle de Troisième, tous s'arrangeaient pour se servir un verre de vin, suivi parfois d'un second, quand ce n'était pas d'un troisième. Bien des têtes tournaient déjà au moment où les convives prenaient place à table.

La beuverie continuait pendant le repas. Au cidre pour l'entrée de charcuterie, puis au vin de bordeaux rouge pour la suite du menu. Ce qui faisait dire à certains anciens :

— Je vois que rien n'a changé. C'est à ma première Fête, j'avais huit ans, que j'ai pris ma première biture.

— Tope là, moi aussi, je suis remonté au dortoir pompette !

La logistique et le service étaient assurés par le personnel du réfectoire et quelques extras. Les Frères buvaient comme les autres, certains autant que les convives – Tatase, Alfred, Mathieu – d'autres très peu, à l'image des Frères Jean-Baptiste Manchard, Guy, Dominique, Bernard. Ils se joignaient uniquement aux tables des anciens, afin de représenter l'Institution. « Gros Scrog » comme l'appelaient définitivement les pensionnaires, levait le coude comme un soudard du Second

Empire assoiffé sous le soleil de l'expédition mexicaine. Un verre chassait l'autre, le petit Loriot assis près de lui rapporta le lendemain les avoir comptés :

— Il a chiqué onze verres, quatre de cidre, sept de rouge. À la fin aussi frais qu'au début !

Dans un tohu-bohu électrique et assourdissant, les Frères écoutaient les histoires de leurs aînés, tandis que les pensionnaires du temps présent se laissaient aller à des excès dont ils n'avaient pas l'habitude ; à l'évidence les plus grands faisaient parfois boire les plus jeunes, plus que de raison, et la vomissure s'entassait par-dessus le magma déjà insoutenable des sinistres toilettes de la cour.

À la fin du repas, vers quatre heures, alors que les esprits étaient éméchés par l'alcool, la tradition voulait que les anciens fissent une visite du pensionnat, pour activer leur mémoire de leur temps d'écolier, revoir leur dortoir, le réfectoire, et se rendre compte des changements opérés par la Congrégation. De changement il n'y en avait d'ailleurs plus depuis les nouvelles classes de 1960, même lesdites toilettes étaient encore intactes, malgré les promesses de Scrogneugneu.

Un groupe d'anciens visita le dortoir des grands avec son guide suprême : Tatase. Dans les groupes humains, quels qu'ils soient, se détache toujours le sans-gêne imbécile, soucieux de se singulariser pour pouvoir exister, soumis au besoin impératif de commettre l'acte discourtois ou extravagant que la bonne éducation réprouve. L'un de ces zozos, en passant devant l'alcôve de Tatase, eut la sotte idée d'y pénétrer sans y être invité, et de décrocher la gravure de Frelon au moment où Tatase arrivait. Celui-ci entra dans une fureur rare, sans doute exacerbée par l'abus d'alcool, et ils faillirent en venir aux mains. L'incident eut le don de créer une grande excitation entre Tatase, qui défendait son bien, et quelques anciens qui prenaient le parti de leur disciple sans-gêne. Les hurlements de noms d'oiseau à son encontre ne furent pas du goût de tous, certains parvinrent à ramener un calme précaire.

— Sortons, messieurs, ordonna Tatase, la visite est terminée, je crois préférable d'aller faire un tour dans la Cour.

Le groupe d'une trentaine de personnes quitta le dortoir et s'engagea dans l'escalier descendant au préau. Frère Anastase se trouvait en tête avec ses invités, puis cinq internes fermaient la file serrée, parmi lesquels Baudet, Jacquelin-Dubuisson, et Duché. Lequel des trois provoqua la bousculade ? Était-ce volontaire ou non ? L'un d'eux perdit l'équilibre, ou simula de le perdre, et voulant se raccrocher à la personne placée devant lui, la bouscula à son tour. Une cascade de chutes s'ensuivit, qui aboutit en bas de l'escalier à l'écrasement de Tatase par plusieurs personnes. Il fut sévèrement heurté et resta un moment hébété sous le poids des autres. Il se releva sonné, le souffle coupé, mais sain et sauf. Par miracle il n'y eut aucun blessé, mais la Fête s'en trouva raccourcie, et chacun n'eut plus d'autre envie que d'y mettre un terme.

Ayant récupéré du choc violent et de sa demi-inconscience, Tatase se mit en quête de comprendre le déroulement des faits et fut pris de tremblements légers quand il sut le nom des auteurs présumés de ce que les anciens appelaient « accident ».

— Vous vous sentez bien ? interrogèrent des anciens du collège accourus voir ce qui se passait ?

— Oui, ça va, répondit-il, blême, mais quand le Frère directeur, informé de l'incident, s'inquiéta de son état de santé Tatase lui souffla dans l'oreille : « Frère directeur, je crois qu'on a essayé de m'assassiner ! »

Le départ progressif des anciens sonna la fin de la Fête annuelle. Quelques internes, le ventre en vrac, furent admis à monter se coucher plus tôt. D'autres continuaient d'afficher une gaieté rare, et les Frères de la Congrégation se groupèrent pour remettre en ordre de marche le pensionnat.

Avec un chef de discipline ébranlé et son adjoint marchant lentement en claudiquant, il fallut que le Frère directeur prenne les affaires en main pour restaurer l'organisation habituelle. Les prières rituelles du chapelet, puis une heure passée à l'Étude remirent du contenu à l'emploi du temps des internes en ramenant la stabilité.

À l'extinction des feux dans les deux dortoirs, le pensionnat Saint-Grégoire avait retrouvé ses marques.

Le lendemain Scrogneugneu réunit dans son bureau les deux gardiens de l'autorité, accompagnés des Frères Pierre et Dominique, puis de l'abbé Pouchard :

— Mes Frères, l'heure est grave, dit-il, la violence ces derniers temps ne s'est que trop exprimée, à la fois par les internes contre Frères Anastase et Alfred, mais aussi, il faut le dire, par nous-mêmes à l'encontre des élèves. Frère Anastase, voulez-vous bien, devant nos Frères ici présents, nous faire part de vos réflexions et de vos inquiétudes ?

L'ogre vachard avait perdu de sa flamboyance méprisante et rabattu sa mine d'ordinaire méchante. Il paraissait dépité, vaincu, presque triste :

— Cher Frère Directeur, chers collègues, la semaine qui s'est achevée hier soir a été terrible pour nous, en charge de la surveillance générale. Frère Alfred, avec une cheville enflée, a échappé de justesse à la fracture, j'ai personnellement des douleurs aux bras, aux épaules, au thorax, bref un peu partout sur le corps suite à la bousculade d'hier qui m'a plaqué contre le mur. Nous avons évité un drame de justesse, merci, Mon Dieu.

— Venez-en au fait cher Frère, au fait ! Veuillez confirmer les propos que vous m'avez tenus ! s'impatienta Frère Mathieu.

— Eh bien, après avoir mûrement réfléchi, revu le film des événements et décortiqué les témoignages, j'acquiers la conviction que nos souffrances sont l'œuvre d'un complot de la part de certains élèves, peu nombreux, certes, mais assez dégourdis pour réunir autour d'eux une approbation plus large et déclencher une sorte de soulèvement contre nos personnes, et donc de notre Institution.

— À qui pensez-vous en particulier, et sur quels faits basez-vous votre conviction ? demanda l'abbé Pouchard

— Pour la foulure de Frère Alfred, en examinant le trou dans lequel son pied s'est tordu, j'ai fait un constat simple : la terre venait visiblement d'être creusée, une terre aussi fraîche ne se rencontre pas dans une ornière déjà ancienne. Quant aux auteurs, sans aucune certitude sur leur identité, je me garderai de toute accusation formelle, mais j'ai aperçu les frères Baudouin à moitié tapis derrière un buisson de noisetiers peu serrés, et eu égard aux rumeurs que me rapportent quelques informateurs aimables, leurs bouches ne profèrent pas de mots assez durs et rancuniers contre Frère Alfred. Ils vont même jusqu'à parler de « vengeance », c'est tout dire. Alors, permettez-moi d'incliner à penser que ces vauriens pourraient bien être auteurs directs ou complices de la confection d'un piège.

Pour ce qui concerne la bousculade, je n'ai rien vu directement. Mais mon enquête auprès des anciens présents m'a révélé que ce serait parti du dernier rang placé sur l'escalier, alors que nous descendions du dortoir. Et qui s'y trouvait ? Baudet, Jacquelin-Dubuisson, et Duché. Trois internes parmi d'autres qui semblent m'en vouloir « à mort », oui je dis bien « à mort », et qui, toujours d'après les « oreilles » qui me renseignent, ne s'en cachent pas, ou prou.

— Pourquoi vous en voudraient-ils à ce point ? interrogea Pouchard.

— Allez savoir ! Sans doute ai-je, depuis le temps qu'ils sont au collège Saint-Grégoire, molesté une fois ou deux leur fragile mais orgueilleuse personne. Que voulez-vous ? Je ne connais pas de recette pour faire triompher la discipline sans s'attribuer des ennemis.

— Pardonnez-moi, Frère Anastase, reprit Scrogneugneu, mais j'évoquais aussi en introduction la violence exprimée par nous-mêmes à l'encontre des élèves, inhérente à notre système : n'avez-vous pas le sentiment d'aller parfois trop loin dans la sévérité des châtiments, ou dans l'excès d'appréciation de l'interdit et du réprimable, par exemple avec cette affaire de vol de votre chevalière ? Pourquoi en créer une copie alors que votre voleur, pris de remords sans doute, vous a restitué l'original ? Et accuser Hamard sans preuve tangible ! Le fouiller plusieurs fois, fouiller les pensionnaires !

— Je voulais identifier le voleur et le confondre. Faire justice pour l'exemple me semble indispensable pour inculquer aux plus jeunes les valeurs de respect, d'honnêteté et de morale, se défendit Tatase.

— Certes, l'objectif est louable, mais l'exercice comporte ses limites, expliqua Pouchard. En agissant comme vous l'avez fait, vous réactivez des passions apaisées, relancez un problème qui n'en était plus un, sans aucune certitude de parvenir au résultat escompté. Pour mon opinion, cela asticote inutilement – en l'exacerbant – l'hostilité naturelle qui existe toujours entre le surveillant et les surveillés, deux clans aux intérêts fatalement contradictoires.

— Que devons-nous faire, Frère directeur, demanda Tatase ?

— Écoutez, la fin d'année est proche, je crois que le mieux est de tirer un trait désormais sur l'affaire du plafond et celle du voleur, d'autant que vous avez récupéré la possession de votre bague familiale. La prochaine rentrée scolaire nous permettra de rebondir, mais il faut d'abord terminer celle-ci dans les meilleures conditions. Aussi je vous propose, non pas d'oublier votre voleur, mais de ranger au grenier de nos échecs son arrestation, après tout nous cherchons à faire du mieux possible mais nous ne sommes pas des surhommes, nous avons aussi le droit à l'insuccès. Je propose également d'alléger le dispositif de discipline du jeudi, en réduisant la longueur des marches par la pratique plus intense du football dans les cours du Grand et Petit Jeu. Nous réussirons, je le crois volontiers, à faire baisser les tensions, cela me paraît indispensable.

— Lundi prochain 4 mai commence la Fête des Rogations, continua Pouchard. Chaque année, Frère directeur, votre prédécesseur organisait des jeux le matin, pour donner un caractère festif à cet événement très chrétien. Les internes y sont en général sensibles, et y trouvent des satisfactions, car cela stimule leurs aptitudes pour la Course à pied.

— Mais je suis tout à fait d'accord, et nous allons nous y préparer sans tarder, acquiesça Scrogneugneu.

— Bien mon Frère Directeur, j'ai compris votre message. Il n'en reste pas moins que je maintiens mon propos d'hier soir, et du reste nous ne l'avons pas évoqué : Frère Alfred et moi-même craignons pour nos vies. Je pense que certains pensionnaires devraient être renvoyés chez eux, car ils constituent une menace sérieuse, je pressens que notre survie est en jeu.

— Comme vous y allez, mon bon Anastase, aurions-nous un criminel potentiel parmi nos élèves ? Citez-moi des noms, lesquels ?

— Jacquelin-Dubuisson, Duché, Hamard, les Baudouin, Baudet peut-être, et d'autres sans doute. Vous ne pourrez pas m'ôter ce pressentiment.

La réunion en resta là. Frère Pierre et Frère Dominique quittèrent la salle pour filer à leur cours, tandis que Tatase et Alfred à son bras s'en allaient doucement vers l'économat. Resté avec Pouchard, Scrogneugneu se tourna vers lui :

— Il est devenu complètement paranoïaque, notre Frère Anastase, avec son histoire d'assassin en herbe ! J'ai hâte que l'année s'achève. Je vais essayer d'intercéder auprès de la Congrégation pour le faire muter comme Alfred, ou le faire affecter à d'autres tâches. Que ceci reste entre nous, bien sûr !

— Vous ne devriez pas sous-estimer les pressentiments de cet homme, monsieur le directeur, confia Pouchard. Je le connais depuis longtemps. En plusieurs circonstances il a prouvé une aptitude à la prescience hors du commun. À moins qu'il ne détienne ce pouvoir de par sa chevalière ! Il me l'a montrée une fois, je l'ai trouvée étrange, presque malsaine. Les voies du Seigneur sont, vous le savez, impénétrables, mais on oublie trop que celles du Diable sont infinies…

Tatase restaura son autorité en développant une politique de main de fer dans un gant de velours. Il laissa filer les infractions bénignes qui valaient il y a peu encore des punitions faisant le bonheur des marchands de papier, de calendriers et de cahiers.

— Faites en sorte de passer l'orage, lui conseillait le Directeur, nous devons tenir jusqu'à la fin de l'année. Un peu de souplesse ne pourra qu'apaiser les tensions, nous en avons bien besoin.

Mais le mal était fait depuis longtemps. Une plaie profonde habitait les cœurs des pensionnaires, la haine y avait trouvé refuge et s'y développait comme une mauvaise et tenace bactérie. D'autant plus irréversible qu'elle était ancienne, et lourde d'un empilement de méchancetés, de contrariétés, de blessures vexatoires, de violences. D'autant plus grave qu'elle rendait la vengeance impatiente, car la fin de l'année scolaire arrivait à grands pas, le temps devenait compté pour les mortifiés qui nourrissaient l'envie de faire payer des dettes.

Pouchard voyait juste. Au moins six élèves mûrissaient des intentions proches du passage à l'acte mortel contre Tatase et Alfred, du moins ne s'en cachaient-ils pas. Certes l'intention n'est pas l'action, mais trop occupé à lancer les préparatifs de la Fête des Rogations, le Frère directeur n'écouta ni les pressentiments d'Anastase, ni les avertissements de Pouchard… À tort…

XIV
La mort de Tatase

Mai 1964

Après la Fête des anciens de l'École, évaluée par Scrogneugneu « gaie et réussie », le cours de la vie habituelle reprit, mais le Frère directeur jugea bon et utile de prier davantage pour élever les âmes vers Dieu et préparer avec soin les processions des Rogations qui approchaient à grands pas.

Depuis des mois, auteurs de tant d'années, les pensionnaires de Saint-Grégoire affrontaient sans répit, comme une servitude, le contact avec Dieu par le biais de la prière sous toutes ses formes. On peut raisonnablement affirmer qu'ils appartenaient à la dernière génération de potaches élevés dans les traditions les plus étouffantes de la religion chrétienne. Avec les cantiques, la liturgie, la prière, infligés comme un dogme à leurs consciences vierges, ils vivaient immergés dans un collège devenu un pseudo séminaire.

— La rigueur dans la prière a nettement baissé, soutenait le Frère Directeur, voilà la raison de nos difficultés. Nous devons tous nous reprendre. Dieu nous aidera alors à mieux traverser le ciel noir qui flotte sur le collège.

Le tribut s'alourdit donc un peu plus. Après les exercices de piété du matin, au lever, le « bénédicité » du début de repas fut suivi des grâces une demi-heure plus tard, pour remercier Dieu du dîner théoriquement excellent qu'il venait de servir par l'entremise du cuistot, personnage qu'en réalité les internes vouaient aux gémonies, tant sa popote était à vomir.

La classe ne débuta qu'après la récitation d'un « pater » et d'un « Je vous salue Marie », dans la résignation et l'indifférence. Le midi et le soir, le cours s'acheva par une nouvelle prière.

Puis tout recommença à l'ouverture du temps d'Étude, persista au chapelet, puis à l'Étude du soir, pour ne cesser qu'au coucher. Les potaches radotèrent de Paters et d'Avés, tellement que si le mérite du Paradis se mesure à l'aune des heures de dévotions prononcées, ses Portes leur étaient sans nul doute promises.

Dans la semaine du 27 avril au dimanche 3 mai 1964 l'autorité imposa quatre messes dans la chapelle du collège. Les jours de semaine, le pensum dura une demi-heure ; le dimanche, une heure entière. Le Malin ne devant à aucun prix occuper le terrain des pensées, Pouchard dit la messe basse dès sept heures et la grand-messe à dix heures devant une cinquantaine de malheureux internes aux yeux encore gonflés de sommeil. De « Kyrie » en « Agnus Dei », de « Credos » en « Sanctus », que de matines ont-ils chantées en songeant à la maison, le cœur et la pensée en quête d'autres paradis ! « Pourquoi la vie nous oblige-t-elle d'en passer par des épisodes dont l'utilité reste à prouver ? » songeait parfois Frelon, peu porté sur les litanies religieuses.

Des paroissiens du quartier et quelques bigotes se mêlèrent aux internes et aux ensoutanés de l'Institution. La chapelle, remplie de chrétiens depuis les portes d'entrée jusqu'au chœur, résonnait de « hosannas » spontanés pour les uns, forcés pour les autres.

Le service d'enfant de chœur fut recherché, car pour la première fois une récompense attendait les servants sous la forme d'une poignée de bonbons que le curé donna à la sacristie.

Pour finir, le dimanche soir vers vingt heures, les internes reçurent la bénédiction vespérale du Salut. À la terne lumière de quelques ampoules au halo rougeoyant, l'abbé Pouchard présenta le Saint-Sacrement, puis donna la bénédiction à l'assistance.

Les pensionnaires étaient enfin prêts pour s'engager dans la Fête spirituelle des moissons. Du lundi 4 au mercredi 6 mai, le collège organisa comme tous les ans la Fête des Rogations. La Fête se tenait toujours dans les jours précédant le jeudi de l'Ascension, et consistait en cérémonies ayant pour visée d'obtenir du ciel la bénédiction des récoltes. Cette fête donnait lieu à des processions dans les deux cours du collège : la grande cour des Petit et Grand Jeux, et la Cour d'Honneur. Puis elle était suivie d'épreuves sportives, jusqu'à midi.

Ce lundi 4 mai 1964, dès six heures du matin, la société potache fut réveillée par Tatase et Alfred dans leurs dortoirs respectifs. Le jour commençait à poindre. Les collégiens se dressèrent au plus vite, récitèrent la prière et passèrent aux lavabos pour s'y débarbouiller en un tournemain. À 6 heures 30, ils descendirent sur les deux cours, prêts pour le départ de la procession. Le ciel la jouait clément, sans un nuage, la journée fut ensoleillée et agréable, bien que fraîche à l'heure du lever.

Rassemblés sur la grande cour, près du réfectoire dont pour le coup ils se passèrent, ils avancèrent en rangs serrés derrière le Saint-Sacrement porté par l'abbé Pouchard. Vêtu d'une étole et d'une chape de couleur violette, l'abbé était immédiatement suivi par deux enfants de chœur en surplis tenant, l'un, un bénitier où baignait un goupillon ; l'autre, un encensoir d'où s'échappait un filet de fumée.

La procession traversa la cour du Grand Jeu, en longeant les murs du bâtiment central. Elle passa sous le préau, puis escalada l'escalier d'accès à la Cour d'Honneur. Transformés pour la circonstance en chantres d'apparat, les internes acceptaient bon gré mal gré de reprendre les cantiques que les Frères, tous présents, entonnaient tout au long de la cérémonie. Comme dans un Chemin de Croix, la procession fit une station devant la statue de Saint-Grégoire, puis celle du Sacré-Cœur sur la Cour d'Honneur, pour recevoir la bénédiction. L'abbé, se saisissant du goupillon, aspergea d'eau bénite les quatre points cardinaux. Puis il présenta le Saint-Sacrement dans toutes les directions, récita une prière en latin, ondoya l'assistance avec l'encens.

Et la procession se remit en marche. Que le temps semblait long aux pensionnaires, derniers acteurs, sans le savoir, de traditions religieuses qui, dans les collèges privés, ne sont plus ! Avec le mercredi des Cendres, premier jour du carême, où les internes venaient en file se faire signer le front par l'abbé Pouchard et repartaient tachés de cendres au milieu comme un veau marqué au fer rouge, la procession des Rogations comptait parmi les temps forts de l'éducation chrétienne à Saint-Grégoire.

La cérémonie s'acheva à la chapelle par une messe. Puis la Direction lâcha les élèves sur les cours, car enfin, après le temps du rite chrétien, venait celui de la détente.

Les loisirs, quasiment inexistants tout au long de l'année scolaire, avaient curieusement droit de Cité pendant les trois matinées des Rogations. Les élèves de chaque classe scolaire s'affrontaient chacun leur tour dans une course de relais qui se déroulait sur le périmètre des deux cours du Grand et du Petit Jeux. Tous les trente mètres un cercle tracé à l'eau accueillait un coureur de chaque couleur de classe, par exemple un de troisième A, un de E, de I, de U, de O. Chaque relayeur parcourait une distance courte, certes, mais les courses étant organisées par éliminatoires au nombre de points, le cumul des épreuves faisait son œuvre musculaire dans les jambes des athlètes.

Tous les Frères, exception faite de Manchard, Hubert, et Scrogneugneu, participaient en surveillant le bon déroulement des courses, répartis sur tout le périmètre de compétition. Tatase et Alfred assuraient la surveillance générale des épreuves, et le respect des règles et de l'ordre. L'infirmerie était mobilisée pour soigner les plaies saignantes et les genoux écorchés consécutifs aux chutes parfois sérieuses sur le goudron épais recouvrant les cours de jeu. Vers 11 heures 30, sœur Marie-Josèphe soignait encore trois blessés qui venaient de mordre le macadam, et grimaçaient de douleur.

Les épreuves tirèrent vers leur fin, un peu avant midi. L'entrée au réfectoire était prévue pour midi et demi, les élèves priés d'attendre la sonnerie sur les deux cours. Scrogneugneu vint assister à la finale, et se rangea aux côtés de Tatase, réfugié à l'ombre du bout du préau pour se protéger du soleil déjà ardent.

— Frère directeur, je suis content de vous voir, tout s'est bien passé, nous n'avons pas d'incident à déplorer, sinon que pour ma part il fait chaud…

— Fort bien, fort bien, Frère Anastase, gageons que le processus d'apaisement se met tranquillement en place dans les esprits. Tout à l'heure j'assisterai au déjeuner en votre compagnie et celle de Frère Alfred, je dirai quelques mots aux collégiens pour passer un message d'apaisement.

— Ah bon, parfait. Vous serez des nôtres ! Dans ce cas, verriez-vous un inconvénient à ce que je monte une petite demi-heure dans mon alcôve, pour me reposer, je me sens un peu fatigué ? sollicita Tatase, avec sa déférence habituelle.

— Bien entendu ! Je reste ici avec Frère Alfred, allez-y, profitez-en, depuis six heures ce matin vous n'avez pas chômé, nous vous attendons pour l'entrée au réfectoire.

— Je vous remercie, Frère directeur, à tout à l'heure…

Frère Mathieu observa son surveillant général s'éloigner vers l'escalier conduisant au dortoir. Pour la dernière fois il le voyait en vie, ils venaient d'échanger leurs derniers propos, mais cela il ne pouvait le deviner…

Tatase monta l'escalier conduisant au dortoir. Parvenu devant la porte, il discerna au loin un interne en chemin vers l'infirmerie, puis le vit se retourner dans sa direction en entendant son pas, mais le couloir sombre l'empêcha de mettre un nom sur la personne. Il pénétra dans le dortoir et s'enferma dans son alcôve. Définitivement hanté par son obsession d'arrêter l'inconnu qui lui voulait tant de mal, il n'avait eu de cesse depuis le matin de trouver, dans sa journée très chargée par le programme des Rogations, un temps de pause que le malfaisant peut-être saisirait lui aussi pour accomplir son forfait. L'arrivée du Directeur créant un battement d'une demi-heure, il saisit l'opportunité aussitôt, mais sous un fallacieux motif, sans lâcher la moindre allusion sur sa vraie motivation. « Tous me prennent pour un dérangé, pensait-il, autant agir seul et garder le secret ! »

Il fit glisser sa chevalière, la déposa sur son bureau. Depuis le vol de sa copie, et le flot de commentaires négatifs de son entourage sur cette initiative, l'originale ne quittait plus son doigt que pour jouer un bref instant le rôle de piège, en restant sans cesse sous son regard. Par la fenêtre sans tain, il observa une dizaine de minutes, puis alla se cacher dans les WC cuvette dont le chambranle avait été réparé par S.P.Q.R. et Boisroux, mais pas le système de verrouillage. « Toujours pas changé ! Je vais devoir encore me fâcher une bonne fois pour qu'ils le fassent ! pesta-t-il. Et après on me reprochera encore ma dureté, mais rien ne marche dans ce pays. Peuple inappliqué, sans discipline ! »

Soudain un bruit ! Tatase cessa tout mouvement… Cette prescience que lui reconnaissait Pouchard lui donnait-elle enfin raison ? Un individu se présentait à l'entrée du dortoir, les mains gantées, regardant partout comme les cambrioleurs à l'assaut d'une maison, et ne voyant rien, n'entendant rien, s'introduisit dans l'alcôve où brillait la chevalière déposée là pour ferrer le poisson. Il était midi seize minutes, ce lundi 4 mai 1964.

Dissimulé dans la toilette – « probablement l'unique en France dont la porte fermait de l'intérieur en la claquant de l'extérieur », s'agaça encore une fois Tatase –, par la porte entrebâillée, il vit l'individu pénétrer dans son antre, il en aurait pleuré. Il touchait à son but : démasquage ! Alors il s'approcha sans bruit, le rideau d'entrée légèrement tiré lui permit de voir l'individu saisir la bague et la porter dans sa poche. Flagrant délit !

— C'est donc vous, murmura-t-il, découvrant l'identité du voleur, vous êtes le dernier auquel j'aurais pensé !

— Et pourquoi pas moi ? demanda l'autre, avec ces accès de toupet dont il était parfois capable ? Je ne fais que reprendre ce qui m'appartient, avant de quitter cette Institution, pour obtenir réparation du mal que vous m'avez fait, à moi et à d'autres. Et je viens aussi pour vous faire quitter ce monde où vous existez en Diable depuis des années ! dit-il, hors de lui, menaçant le Frère de son poing serré.

Tatase se tut, comme giflé par sa découverte et les propos entendus. On lui raflait ce qu'il avait de plus cher, sa chevalière, un souvenir de son oncle curé, ancien franciscain au Canada, l'unique souvenir familial que la vie lui avait donné. Soudain il se sentit mal, resta hébété, prononça quelques mots incompréhensibles. Puis sa voix retrouva un voile de clarté :

— Aidez-moi, je vous en supplie, je me sens mal, une crise cardiaque…

— Mais oui, c'est ça ! Et moi j'ai un transport au cerveau, c'est franchement pas de pot ! Je ne vous crois pas.

Mais Tatase blêmissait de plus en plus et se tenait le côté, adossé au pied de son lit.

— Mais c'est donc vrai, il ne bluffe pas l'animal… La nature va faire le boulot à ma place…

L'individu hésita, la pitié s'en mêlait, le cœur essayait de reprendre le dessus, et des années de pratique chrétienne lui dictaient la mansuétude, l'aide au prochain en difficulté. Mais il tenait le monstre à sa merci, sans guère envie de l'aider, bien au contraire il jubilait de le voir, devant lui, découvrant qui le volait, et ce sentiment l'encourageait à tergiverser, après tout il n'en avait plus rien à faire. Puis il hésita encore : « Je ne suis pas un criminel ! » Mais le temps filait, midi vingt, « s'il se rétablit, songea-t-il, je suis fichu ». Et l'infarctus qui frappait Tatase paraissait trop sérieux pour qu'il s'en sorte… « Trop tard, quoi que je fasse, il ne s'en tirera pas, de toute façon… »

Agir maintenant, engager quelque chose, malgré tout, pour éviter d'être surpris par quelqu'un d'autre ! Voyant la porte de la toilette ouverte, il souleva Tatase, eut la force de le tirer puis de l'asseoir sur l'abattant de la cuvette. L'homme en noir se tenait assis, baissant la tête, suffoquait, n'arrivait pas à reprendre le dessus. Une douleur fulgurante et vive lui perçait le flanc gauche.

— Aidez-moi, aidez-moi, je ne dirai rien qui puisse vous nuire ! insistait-il, sans force, voix éteinte, à peine audible.

— Tu parles ! On connaît tous tes défauts, j'en crois pas un mot. Tu n'es pas de parole, valeur de tes promesses égale à zéro !

L'individu restait sourd aux supplications. Il n'avait pas parié un instant que les choses se passeraient ainsi, il venait d'abord pour s'emparer d'un objet, quant à commettre un meurtre : plus facile à dire qu'à accomplir ! Même s'il cachait dans sa poche l'outil nécessaire pour saigner un poulet, par défi. Il se rendit compte qu'il n'aurait sans doute pas eu le mental pour frapper à mort le Frère. « Mais il a fallu qu'il nous complique la vie en étant présent ! » se dit-il.

L'ayant assis sur les toilettes, il fouilla dans sa poche de pantalon et en sortit une bague qui ressemblait en beaucoup de points à la chevalière originale, sans toutefois en constituer une réplique exacte. L'individu tenta de la glisser à l'annulaire droit du Frère, mais comme le doigt un peu épais résistait il força le geste et écorcha la peau, une goutte de sang perla, l'individu insista, poussa, essuya vaguement la bague et le doigt. Ses gants le protégeaient d'une identification d'empreintes.

Tatase resté sans défense luttait contre sa douleur et levait les yeux au ciel. Puis l'individu tripota le verrou dont il connaissait les spécificités de fonctionnement, jeta un dernier regard sur Tatase, sortit en claquant sèchement la porte. Il perçut le roulement du pêne dans son logement et clencha la poignée : la porte était bien verrouillée. L'individu se vengeait de la punition collective infligée lorsque Jacques Baudet avait trouvé la faille de cette fichue porte.

Il prêta l'oreille quelques instants, entendit Tatase murmurer quelques mots, puis le grattement d'une main tentant de manœuvrer la poignée, luttant pour déverrouiller, jetant ses dernières forces. Mais Tatase n'en avait plus, et au bout de deux minutes à peine il n'y eut plus aucun bruit. Le silence total tomba.

L'individu songea un instant à revenir dans l'alcôve pour décrocher le dessin, œuvre de Frelon, mais il se ravisa, s'assura de la voie libre et disparut. Sa montre affichait midi vingt-six minutes. Il descendit discrètement mais prestement l'escalier jusqu'au niveau de la Cour d'Honneur, tendit l'oreille, en conclut que du monde le verrait entrer sous le préau s'il choisissait cette option. Il jeta un coup d'œil sur la Cour d'Honneur déserte, ne vit personne, alors il s'envola en courant, sortit par le portail, balança ses gants dans la bouche d'égout, prit l'exact chemin qu'avait en son temps suivi Jacquelin-Dubuisson pour contourner l'Institution et y rentrer par la cour du Petit Jeu. Il longea le mur, occupa la première pissotière, sonda la voie libre en regardant derrière lui. Personne ne l'observait, les élèves étant trop agglutinés et occupés pour qu'on le distinguât. Il retira la chevalière de sa poche, l'essuya et l'enveloppa dans un morceau de tissu, la cacha dans une anfractuosité qu'il avait remarquée voici longtemps au sommet du mur sur lequel s'appuyait le rang de pissotières en béton. « La suite ne va sans doute pas se passer aussi facilement », songea-t-il. Enfin il sortit de la pissotière et se fondit tranquillement dans la masse, sans se faire remarquer. Au même moment, la sonnerie d'entrée au réfectoire résonnait à tout rompre. Il était midi trente minutes.

Les élèves, internes et externes restant à déjeuner le midi, prirent place dans les rangs, de façon naturelle, par groupe d'appétence, et attendirent le feu vert de Frère Anastase pour entrer. Son absence fut vite remarquée, car le retard ne figurait jamais dans sa matrice interne. Scrogneugneu cherchait partout à l'apercevoir, Alfred à ses côtés.

— Frère Anastase n'est pas redescendu. Il s'est peut-être assoupi. Nous allons installer les élèves, je vais envoyer quelqu'un là-haut.

Il manda l'élève Jérôme Borret au dortoir : « Allez voir ce que fait Frère Anastase et revenez me le dire. »

Borret entra au dortoir, appela, s'approcha de l'alcôve, appela de nouveau « Frère Anastase » avec force voix, écarta la tenture, fit le tour mais ne vit personne. Il revint trois minutes plus tard, « je ne l'ai pas vu », dit-il au directeur.

À l'issue du repas, sans nouvelles de son surveillant général, Frère Mathieu jugea la situation anormale et monta inquiet au dortoir. L'alcôve était vide, le dortoir plongé dans un silence total, impressionnant.

— Où est-il donc passé ? s'inquiéta-t-il, redoutant cette fois le pire.

Il disséqua le dortoir, scrutant chaque endroit, chaque recoin puis, de retour vers l'alcôve, ses yeux tombèrent sur cette unique porte de toilette fermée. Il s'en approcha en hâte, et frappa, se souvenant de l'affaire Baudet :

— Frère Anastase ! Frère Anastase, vous m'entendez ?

Il tambourina, puis se résigna à clencher la porte, il la constata fermée.

— Bon sang de porte !

Il poussa de toutes ses forces, à coups d'épaule bien envoyés, et le verrou finit par céder.

Il découvrit le corps de l'homme en noir qui, clairement, lui parut sans vie. Frère Mathieu se propulsa à l'infirmerie où la sœur Marie-Josèphe dressait le bilan des blessés soignés :

— Ma Sœur, vite, montez au dortoir dans les toilettes, j'y ai découvert Frère Anastase mal en point, voyez ce que vous pouvez faire, le temps que je téléphone au médecin. Et surtout, ne dites rien à personne !

Le docteur Sellier arriva cinq minutes plus tard, son cabinet se trouvait à deux pas du collège, dont il était médecin attitré. Guidé par Freddy, il trouva la religieuse en pleurs et Frère Mathieu effondré devant les toilettes. Il aida le docteur à dégager doucement Frère Anastase et le coucher sur le parquet. Le médecin fit son travail, prit le pouls, examina les yeux, l'état général du corps, remarqua l'annulaire entaillé par la bague et le filet de sang sur la peau, vérifia la tête, observa les lieux depuis l'intérieur de l'alcôve jusqu'aux toilettes. Il souleva l'abattant et constata qu'elles étaient propres. Après une paire de minutes, il rendit son verdict :

— Il est décédé, je suis désolé.

— Mais pourquoi ? Comment ?

Le docteur Sellier, très expérimenté et observateur, donna les détails de son diagnostic :

— Au vu de son état général, et sachant qu'à ma connaissance il ne préexistait chez lui aucune maladie particulière – il est venu me voir le mois dernier, pour son état grippal – je ne sais pas dire la cause de sa mort. Peut-être terrassé par une crise cardiaque ! Je crois cette cause la plus probable, étant donné que l'individu se situait dans la force de l'âge, solide, en bonne santé. Cela dit, Frère directeur, je m'estime dans l'impossibilité de délivrer le certificat de décès sur-le-champ…

— Ah bon ! Mais pour quelle raison ? Vous avez noté quelque chose d'anormal ?

— Ne connaissant pas la cause du décès, je pense de mon devoir de réclamer une autopsie, car j'ai remarqué des choses que je qualifierais de… comment dire ?... bizarres… En tout cas qui posent des questions… D'une part vous observerez les traces de noir que l'on voit nettement entre l'alcôve et le WC, comme s'il s'était traîné, ou comme si quelqu'un l'avait traîné, à moins que vous soyez en mesure de me garantir la présence de ces traces hier déjà, ou ce matin…

— Non, je ne crois pas, ou plutôt je ne sais pas répondre, je ne suis pas venu ce matin…

— Et puis la deuxième chose, vous voyez sa main droite ? L'annulaire porte une blessure et un filet de sang. Or, à supposer qu'il fût en train d'étouffer, il aurait cherché à desserrer son col de soutane pour mieux respirer, certainement pas à enlever sa bague. Donc cela m'intrigue.

Enfin une dernière chose, les toilettes sont propres, donc il n'y était pas pour satisfaire un besoin, en tout cas c'est ce qu'une autopsie pourra nous confirmer. Par conséquent, pourquoi serait-il venu à cet endroit de son plein gré ?

— Voulez-vous dire que Frère Anastase n'est pas mort seul ? Qu'on l'a assassiné ? demanda Scrogneugneu, bouleversé.

— Je n'affirmerais pas cela, car il n'y a pas de trace de coups très forts et nets. Mais je pense qu'il n'était pas seul. En tout cas, mon travail s'arrête ici, je vais céder la place à la gendarmerie ou la police. Il faut les prier de venir sur place immédiatement.

— Pour cela, je dois descendre téléphoner à mon bureau. Pouvez-vous attendre quelques minutes auprès du corps avec Sœur Marie-Josèphe ? Je vais également vous envoyer de l'aide et reviens dès que possible.

— Je ne bouge pas, j'attends la Force publique, je dois les voir.

Complètement trituré, Frère Mathieu descendit à son bureau, où s'y trouvaient Frère Guy et Frère Pierre, disponibles. Par chance, les cours se préparaient à reprendre dans les classes, et ces deux hommes en noir n'en assuraient pas dans l'après-midi. Il leur annonça le drame, leur demanda le plus strict silence sur cette incroyable situation, sauf de soutenir Frère Alfred et de le rejoindre au dortoir.

Le premier coup de téléphone de Frère Mathieu fut pour informer la Congrégation de Plourmel et d'obtenir la politique à suivre. Frère Nathan, très maître de ses nerfs, ne laissa rien transparaître de son émotion, et donna son feu vert pour prévenir la Police. D'autres recommandations suivraient.

Frère Mathieu contacta le Commissariat, puis regagna le dortoir où la religieuse, les Frères Guy, Pierre et Alfred priaient autour du corps tandis que Sellier rédigeait son compte rendu d'examen du cadavre. Alfred se montra intrigué par la chevalière que Tatase portait à l'annulaire et fit part de ses impressions aux Frères présents :

— Pardonnez-moi, mais regardez la chevalière, elle me semble différente de celle qu'il portait d'habitude.

Cette remarque troubla le docteur Sellier :

— À ce propos, il faudra l'ôter du doigt tout de suite sinon la raideur cadavérique rendra la chose plus compliquée.

— En quoi la trouvez-vous différente, demanda Frère Mathieu ?

— J'ai en mémoire une chevalière plus fine, plus scintillante, plus belle. Celle-ci me paraît terne, banale… J'étais habitué à la voir.

— Je dois avouer que cela ne m'a pas sauté aux yeux, mais effectivement, maintenant que vous le dites, elle paraît quelconque…

Frère Guy et Frère Pierre, sans avis sur la question, ne s'exprimèrent pas. Sœur Marie-Josèphe confirma le ressenti d'Alfred.

— Voici la Police, indiqua le docteur Sellier, guettant la Cour d'Honneur par la fenêtre de l'alcôve.

XV
Enquête de police

Mai 1964

La Police entra dans la plus grande discrétion au collège, franchissant à pied le portail de la Cour d'Honneur. Deux inspecteurs et le commissaire, accompagnés du médecin légiste de la brigade, rejoignirent les hommes en noir sur le lieu du drame, guidés par Frère Pierre.

— Commissaire Roger Jourden, et voilà mes adjoints les inspecteurs Barrère et Malflandre.

Le médecin légiste Jacques Bizard examina à son tour le corps du défunt, avec Jourden à ses côtés, échangea ses impressions avec son confrère Sellier, tandis que les inspecteurs mitraillaient de photos les lieux dans leur ensemble et la scène du décès. Tout cela sous les yeux d'un Scrogneugneu mal à l'aise, maltraité par l'insupportable incertitude d'ignorer la vérité en craignant le pire, fatigué de tant d'embêtements depuis sa nomination à Saint-Grégoire.

— Qu'en pensez-vous, Bizard ? demanda le Commissaire.

— La même chose que mon ami Sellier. Heure du décès, entre 12 heures et 12 heures 30. Tout n'est pas clair, une autopsie se révèle indispensable pour confirmer nos doutes.

— Et les traces de noir sur le sol ? dit Jourden.

— Absentes ce matin à 6 heures 30, quand je suis descendu voir si Frère Anastase m'attendait ici, précisa sans ambiguïté Freddy la Pédale, qui pleurait à moitié la mort de son chef.

L'inspecteur Barrère confirma qu'à son avis les traces de chaussures posées sur le sol appartenaient à celles de l'homme en noir, dont le cuir était recouvert de cirage frais du bout jusqu'au talon.

— Très bien, conclut le Commissaire. Je vais donner les instructions pour l'enlèvement rapide du corps et son transport à la morgue. Bizard, voyez pour l'autopsie, le plus tôt sera le mieux. Barrère et Malflandre, faites venir l'équipe d'investigation pour recueillir tous les détails sur la scène de mort.

— Que dois-je faire vis-à-vis des élèves du collège ? demanda Frère Mathieu ?

— Frère Directeur, nous n'allons pas fermer le collège, soyez rassuré. Mes équipes auront terminé la collecte d'informations sur le site avant ce soir. Nous allons attendre le résultat de l'autopsie, mais je crois pouvoir vous annoncer dès maintenant que je vais demander au Procureur d'ouvrir une enquête, car les traces démontrent nettement que le corps a été tiré en arrière, tenu par les épaules, les talons posés sur le sol. C'est la preuve que quelqu'un se trouvait ici et a vécu la mort de Frère Anastase. Nous devons savoir qui et pourquoi ? Je suppose que vous n'avez pas encore d'idée sur qui cela pourrait être ?

— Non, aucune idée.

— Nous mènerons une enquête très vite, d'ici là, voyez avec votre hiérarchie et vos collègues sur place si la vie de votre Frère Anastase comportait des particularités, si quelqu'un lui en voulait, et pourquoi ! À très bientôt.

La Congrégation de Plourmel donna tous pouvoirs à Frère Mathieu pour gérer avec intelligence la situation exceptionnelle du collège, et pour faire la lumière sur cette affreuse affaire tout en veillant à ce que soient préservés l'honneur et la réputation de l'Institution Saint-Grégoire.

Le corps de Tatase fut enlevé du dortoir avant la sortie des classes et transporté à la morgue, débarrassé de tout bijou, y compris la chevalière confisquée comme « élément de preuve » par l'équipe d'investigation. Frère Mathieu avait demandé au commissaire que ce point soit rapidement réglé, pour éviter aux internes une vision choquante. Il prévint l'abbé Pouchard qui vint se recueillir sur la dépouille, la bénir et l'encenser avant son départ, sous les yeux toujours aussi larmoyants de Frère Alfred.

Lorsque les internes entrèrent au réfectoire pour le goûter de 17 heures 30, ils comprirent que quelque chose de grave se déroulait. Le Frère directeur se tenait debout sur l'estrade, entouré de plusieurs Frères, et prit la parole :

— Mes chers enfants, mes chers élèves, pour la deuxième fois cette année scolaire, le collège Saint-Grégoire est frappé par un destin tragique, après Frère Hilaire cet automne, Notre Seigneur Tout-Puissant a rappelé à lui un de nos Frères. J'ai le regret de vous annoncer la mort inattendue de Frère Anastase ce midi.

Un « Non… on… on… ! » de stupeur s'éleva aux quatre points cardinaux du réfectoire, aux accents d'effarement mâtinés – chose embarrassante – de nuances de satisfaction, de soulagement. Et soudain une volée d'applaudissements se mit à résonner de plus en plus fort, créant la sidération dans le visage de Scrogneugneu et de ses Frères présents.

— Taisez-vous ! hurla-t-il. C'est indigne de vous ! On respecte les morts, quoi qu'on ait pu se trouver en désaccord avec. Je ne veux plus entendre de réactions répugnantes, un comportement chrétien c'est autre chose ! On essaie de vous éduquer depuis des années, soyez des hommes responsables !

J'ai par ailleurs décidé, après concertation avec l'abbé Pouchard et nos Frères ici présents, d'annuler les Fêtes des Rogations de demain et après-demain. La situation ne s'y prête plus. Nous reprendrons les cours comme d'habitude, dès demain huit heures. Par ailleurs, compte tenu des circonstances, le collège fermera samedi et dimanche, quels que soient les droits à sortie de chacun. Nous allons donc contacter une par une vos familles, elles devront venir vous prendre au collège vendredi à partir de seize heures.

Enfin, je remplacerai personnellement Frère Anastase à l'Étude de ce soir et au dortoir. Au moins jusqu'à la fin de la semaine. Après nous verrons.

Je vous demande de prier pour le repos éternel de notre Frère défunt, je vous tiendrai informé du jour de ses obsèques qui, pour l'instant, n'est pas fixé.

Les conversations s'animèrent dès que l'autorisation de parler fut donnée, une insatiable stupéfaction générale prédominait, les commentaires allaient bon train sur ce que pouvait être la cause de la mort du bourreau. Dans leur grande majorité, les internes oscillaient plutôt vers une mort médicale subite, parce que pour ces jeunes âgés de huit à quinze ans, Tatase avec sa petite cinquantaine était un vieux, candidat logiquement exposé aux coups du sort qui frappent de façon naturelle et sans prévenir l'espèce humaine. D'autres pensaient qu'il avait été assassiné, sans doute par un interne désireux de se venger, car personne n'oubliait les déclarations intempestives entendues toute l'année scolaire à droite et à gauche, les rumeurs rapportées par le groupe « Oreilles », et la bousculade dans l'escalier à propos de laquelle, sur des gestes mal intentionnés, des bruits avaient couru.

Cinq pensionnaires à un mois et demi de l'épreuve du BEPC se posaient collectivement certaines questions, tout en gardant le silence sur bien des aspects de l'affaire. Frelon, Jacquelin-Dubuisson, Duché, Hamard et SNCF bouillaient d'en savoir plus, et s'agaçaient peut-être d'être passés à côté de leur but final : Tatase est mort, adieu la vengeance personnelle, adieu la chevalière ! Tatase a-t-il été assassiné ? Par qui ? Par l'un d'entre nous, sans nous en parler ? L'assassin a-t-il volé la chevalière ou raté son coup ?

Ils dormirent peu cette nuit du 4 au 5 mai 1964, mais les jours suivants commencèrent à affluer des thérapeutiques propres à apaiser leurs tortures d'orgueil… et de crainte…

***
*

Le commissaire Jourden se présenta dès neuf heures au bureau de Frère Mathieu, accompagné de ses deux inspecteurs. C'était un petit homme mince, droit et sec comme un biscuit petit-beurre, à deux ans de la retraite, il en avait vu de toutes sortes pendant sa carrière. Outre ses fonctions classiques de flic, il participait à des formations et des informations dans les écoles sur les métiers de la Police, et marquait toujours les auditeurs quand on lui demandait de définir en une phrase le métier de policier : « Tout l'inverse du métier de vigneron : j'en vois des vertes et des pas mûres. »

Élégant, très strict, très professionnel, mais parfois taquin, tel était Jourden. Il s'adressa à Scrogneugneu d'un ton aimable, mais pressé :

— Je pilote cette opération, Frère Directeur, et j'entends aller vite afin de trouver le ou les coupables, ou plus précisément les complices ou témoins, s'il y en a, de la mort de votre condisciple. Les deux inspecteurs Barrère et Malfrandre travailleront conjointement avec moi car nous allons devoir interroger tous les internes, il faut le prévoir en présence de leurs parents étant donné leur minorité.

— Vous avez des éléments nouveaux, monsieur le commissaire, demanda Scrogneugneu, l'esprit très éveillé, prêt à tout entendre ?

— Je suis effectivement porteur de quelques certitudes, que je vais développer. La première, Frère Anastase est décédé de mort naturelle, d'une crise cardiaque violente, l'autopsie est catégorique. Aucun coup externe ne lui a été porté, on n'en relève aucune trace pouvant expliquer l'agression violente, involontaire ou criminelle d'un tiers.

— Ah ! Merci, mon Dieu, s'exclama Frère Mathieu, j'en suis réellement soulagé. Je craignais tellement une attaque sordide contre lui, la vengeance d'un élève, ou pire encore d'un Frère…

— Cela ne signifie pas l'absence de toute intrusion ou d'intervention externe… Elle a eu lieu, quelqu'un était présent à ses côtés au moment de l'attaque cardiaque, et d'ailleurs la violence peut être psychologique, consécutive à cette présence : une surprise tellement frappante qu'il s'est senti mal, très mal, l'onde de choc d'une sidération énorme peut être ravageuse !

— Comment êtes-vous certain de la présence d'un tiers ?

— Notre équipe d'investigation est formelle : son corps a été tiré depuis l'alcôve jusqu'aux toilettes, les traces sur le sol appartiennent à ses talons de chaussures. Il ne s'est pas traîné lui-même aux toilettes. Soit dit en passant, l'autopsie a révélé qu'aucun dépôt dans ses organes ne témoigne d'un besoin naturel pressant, il a donc été enfermé dans les toilettes par l'intrus, dans la position assise où vous l'avez découvert, et n'avait plus les ressources physiques pour se libérer tout seul. Pourquoi enfermé ? Pour retarder la découverte de son corps, pour l'humilier, ou les deux, mon capitaine ? J'en viens donc à la conclusion suivante : pas de crime, mais au moins deux délits très importants : la non-assistance à personne en danger, et un possible vol ou une tentative de vol avortée, vol d'argent ou autre. Le voleur craignant d'être surpris, ou ayant trouvé ce qu'il cherchait a pris rapidement la fuite. Nos efforts d'enquête vont donc porter sur ces points afin d'identifier qui, dans l'environnement général du collège, avait un intérêt, un mobile, pour s'en prendre à Frère Anastase. L'étude des emplois du temps revêtira ici une notable importance.

On relève d'ailleurs un point particulier : le filet de sang sur son annulaire. Il a été provoqué par la bague qu'il portait, soit une plaie causée en étant projeté sur les toilettes, soit par une tentative d'arrachage de la bague. La bague, voilà peut-être ce que le voleur visait, mais c'est notre enquête qui permettra de valider ou non cette hypothèse. Sachez que nous conserverons cette bague dans les pièces à conviction, car c'en est une, et sa restitution ne sera – peut-être – acquise à la famille du défunt qu'à l'issue de l'instruction.

Je vous signale que nous avons prévenu la presse, et qu'un article paraîtra après-demain, intitulé « Un vol de bijou au collège Saint-Grégoire. » L'idée ou l'espoir ? Qu'une personne étant au courant d'un détail prenne la peine de nous appeler au numéro indiqué, cette initiative aboutit parfois à des résultats très surprenants, et souvent positifs.

À propos de cette bague encore, notre équipe d'investigation a remarqué un tableau accroché dans son alcôve représentant le dessin d'une bague qui ressemble assez à celle qu'il portait au doigt. Nous aurons l'occasion d'en reparler, le cadre a été saisi. C'est aussi un élément de l'enquête.

— S'il n'y a pas eu d'action criminelle, peut-on alors envisager d'obtenir aujourd'hui le certificat de décès et le corps de Frère Anastase, afin d'organiser les hommages qui lui sont dus et ses obsèques ?

— Inspecteur Barrère ! Vous avez du nouveau pour le certificat de décès ? demanda Jourden.

L'inspecteur Barrère écrasa sa gitane papier maïs dans le cendrier posé sur le bureau du Directeur Mathieu et répondit à son chef avec hésitation. Le commissaire Jourden l'impressionnait tellement qu'il souffrait d'un blocage pour satisfaire à ses questions. En plus Jourden en rajoutait, le paralysant un peu plus encore :

— On vous écoute, Barrère. Accélérez !

— Euh… Bon…

— C'est pas mal, Barrère ! Précisez…

— J'ai eu la mairie avant de venir, monsieur le maire va signer le certificat de décès là, dans les minutes qui viennent.

— Très bien, Barrère ! Il ne viendra pas tout seul, le papier, Barrère, alors foncez à la mairie dès maintenant et ne revenez ici qu'avec.

Scrogneugneu se sentait seul, écrasé par le poids d'une telle affaire, stressé par l'ampleur des tâches à régler entre la gestion quotidienne, l'organisation des obsèques, les parents à prévenir pour l'interrogatoire. Il se tourna vers Jourden :

— Suis-je dorénavant libre, ainsi que ma Congrégation d'ailleurs, pour organiser les obsèques ? Et comment s'y prend-on pour l'interrogatoire des élèves ?

— Dès que nous aurons le certificat de décès, nous ferons rapatrier le corps au collège, une équipe des pompes funèbres travaillera en concertation avec vous. Vous aurez tous les papiers nécessaires. Pour l'interrogatoire des élèves, nous devons commencer lundi prochain absolument, vous disposez des quatre jours qui viennent pour prévenir les familles.

— L'interrogatoire visera également les élèves externes ? demanda Frère Mathieu.

— Je ne l'envisage pas pour l'instant. D'abord les pensionnaires. Je pense que la vérité sortira de leurs bouches, ou peut-être le vide total d'éléments probants. Je ne vois pas un externe auteur d'une affaire survenue dans un dortoir du collège. Nous aviserons au fur et à mesure…

Sourire aux lèvres, comme un singe savant, Jourden se lança dans une arithmétique ennuyeuse décrivant l'organisation des interrogatoires :

— Vous avez cent dix internes, à raison d'une heure par interrogatoire comprenant rédaction et signature de l'élève, cela fait dix élèves par jour et par inspecteur, cinq le matin, cinq l'après-midi, soit vingt pour deux inspecteurs. En cinq ou six jours disponibles, cela fait bien cent dix élèves en gros, qui auront été vus. Avec bien sûr des interrogatoires vite expédiés en moins d'une demi-heure, et d'autres plus longs. C'est une moyenne, je pense que cela durera moins de cinq jours. Il faut organiser les rendez-vous avec les familles sur la prochaine semaine pour aboutir rapidement aux conclusions, sauf à ce que nous ayons des réponses certaines sans avoir besoin d'entendre tout le monde, auquel cas on se reverra plus vite.

Maintenant, Frère directeur, avant de vous laisser à vos travaux, j'aimerais vous entendre sur la mort de votre surveillant général : à votre connaissance était-il menacé ? Et par qui ?

Scrogneugneu proposa de faire venir Frère Alfred pour obtenir la confirmation de certains faits, mais Jourden refusa, voulant d'abord n'entendre que lui :

— Je ne sais pas si l'on peut parler véritablement de menaces, mais ces derniers temps il m'avait lâché quelques confidences graves, affirmant effectivement qu'on lui en voulait et même qu'on finirait par l'assassiner.

— Ah oui, dites donc, ce n'est pas rien. Qui le menaçait ? Et sait-on pourquoi ?

— Il a cité le nom de quelques élèves, leur interrogatoire sera utile, mais j'ai fini par le croire la proie d'obsessions infondées, je m'en veux aujourd'hui. Et puis il y a eu cette histoire à dormir debout, qui l'a beaucoup secoué et éprouvé son mental à mon avis…

— Continuez, vous m'intéressez… coupa Jourden.

Scrogneugneu déballa toutes les intrigues liées au vol de la chevalière, les divers épisodes (vol et restitution), la stratégie de Tatase pour prendre le voleur sur le fait, les soupçons contre certains pensionnaires, le dérangement psychologique qui s'en était suivi chez son surveillant général, puis il finit par raconter l'affaire sordide du plafond.

— Ah oui, cette dernière, c'est pitoyablement malodorant, si je puis m'exprimer ainsi, réagit Jourden. Mais dites-moi, tout ce que vous me racontez là est extrêmement éclairant, je crois vraiment que c'est le point de départ de mon enquête. Il faut que vous nous donniez les noms des pensionnaires soupçonnés par votre Frère Anastase de lui vouloir du mal, et puis maintenant amenez-nous votre Frère Alfred. Nous allons prendre son témoignage.

Alfred entra timidement dans le bureau directorial, pour la première fois de sa vie, il se trouvait face à un policier, et subissait un interrogatoire.

Il balança, dès qu'on les lui demanda, les noms des élèves les plus cités par les pensionnaires en différentes circonstances, soit par Anastase, soit par le réseau « Oreilles », confirma ses soupçons sur l'histoire de sa cheville enflée et sur la bousculade. Jourden nota soigneusement les noms cités : Jacquelin-Dubuisson, Duché, Hamard, Claude-Forget, Baudet, Frelon, Baudouin.

— Ma parole, observa Jourden, on ne risque pas de s'ennuyer chez vous, vous devez être bien occupés pour diriger tout ce petit monde. Et pourquoi n'avez-vous jamais découvert les auteurs de… du… je ne sais comment le dire… le guano au plafond…

Alfred, doté d'une excellente mémoire et du privilège de connaître tous les récits d'Anastase, mit cet échec sur le compte de l'impossibilité d'établir des recoupements avec un élève, Alain Blondel, sorti de l'Institution après les faits, et dont les parents refusaient le témoignage.

— Eh bien, nous allons téléphoner dans l'heure qui suit à la famille Blondel, pour les inviter à assister à l'interrogatoire de leur fils. Disons – il sortit son agenda de sa poche arrière de pantalon – vendredi, après-demain. Malfrandre, vous vous chargez de les appeler dès qu'on rentre. Je vous tiens au courant, Frère directeur. Naturellement, vous assisterez à l'interrogatoire. Il se passera ici. Il faut que les pensionnaires le sachent, et le voient. Cela les incitera à parler. Mais dites-moi messieurs « mes Frères », vous évoquez beaucoup dans vos propos cette histoire de vol puis de restitution de la chevalière du défunt, j'aimerais bien vous entendre sur cette affaire, c'est bien sa bague qu'il portait au doigt, selon vous ?

La question interpela Scrogneugneu. Elle rejoignait l'observation de Frère Alfred, et s'imposait déjà comme le nœud gordien de l'affaire.

— Nous sommes au moins trois personnes à avoir des doutes sur cette chevalière, répondit-il. Il s'agit d'impressions, la sensation que notre ami Frère Anastase, qui a toujours porté cette bague…

— À l'exception de la période où il manœuvrait pour trouver le voleur, coupa Frère Alfred.

— Ne m'interrompez pas à tout propos, mon Frère, s'agaça Scrogneugneu, le commissaire vous entendra aussi, n'ayez crainte. Je disais donc… ah oui ! la sensation bizarre qu'il portait une bague beaucoup plus flamboyante, somptueuse, mais à vrai dire je ne me suis personnellement jamais arrêté sur les détails de ce bijou familial et suis incapable d'affirmer s'il le portait. Il est possible qu'il s'agisse d'une copie, lui-même en avait fait réaliser une.

— Dont le voleur se serait emparé pour la glisser à son annulaire à la place de l'original, pour créer l'illusion. Puis il serait tranquillement parti avec l'original, avança Jourden. À moins qu'il n'ait pas eu le temps de procéder à l'échange et que l'original traîne quelque part dans l'alcôve… Frère Alfred, qu'en pensez-vous ?

— Je suis certain que la bague trouvée à son annulaire est une copie, un faux ! Il m'a confié avant-hier qu'il croyait toujours être en mesure de coincer le voleur de Saint-Grégoire, que les choses finiraient par tourner en sa faveur…

— Barrère et Malflandre, il faut fouiller de fond en comble l'alcôve, et le bureau du défunt situé dans l'Étude, Frère Alfred vous guidera.

— Sachez également, monsieur le commissaire, dit Alfred, que Frère Anastase a été dépouillé de la copie de sa chevalière, réalisée par lui, à ses frais. Il soupçonnait la responsabilité d'un interne du nom de Hamard, mais sans pouvoir établir aucune preuve…

— Arrêtez cher Frère, s'exclama Jourden ! Arrêtez de me compliquer la vie avec toutes ces bagues : l'original, volé puis restitué, une copie de l'original, volée mais non restituée, puis une autre copie à l'annulaire du défunt, oh purée, ça se corse ! Donc, si je résume, messieurs : d'abord vendredi nous voyons Blondel, ensuite à partir de lundi 11 mai commenceront les interrogatoires des pensionnaires, pour identifier les noms des factieux porteurs de rancœurs et d'idées de complot contre le malheureux Frère Anastase, enfin nous devons éclaircir cette histoire de bague, probable mobile du vol réussi ou bidon, et identifier de manière indiscutable si le bijou qui figure en pièce à conviction est le vrai. Monsieur le Directeur, avez-vous quelque chose à ajouter ?

— À supposer que le voleur soit parvenu à prendre la bague familiale, et qu'il s'agisse d'un pensionnaire, celui-ci est toujours dans les lieux, avec l'objet caché quelque part. Ne pensez-vous pas, monsieur le commissaire, qu'il faudrait fouiller d'ores et déjà l'ensemble du collège et chaque élève, comme l'avait fait du reste Frère Anastase ?

— Deux choses ; ce sont des mineurs, il n'y a pas eu de meurtre, je n'obtiendrai jamais du Juge d'Instruction un mandat autorisant une telle action, et de plus, étant donné la dimension de la fouille, très vaste, il me faudrait des effectifs en nombre suffisant, je ne les obtiendrai pas. Pardonnez-moi, je comprends votre douleur, mais l'affaire se réduit à une non-assistance à personne en danger, peut-être, et une banale histoire de vol, ce qui, pour la Justice, n'est que peu de chose. Quant au… euh… euh… au caca du globe au plafond, ne comptez pas sur moi pour saisir le procureur de la République ou monsieur le préfet afin d'évoquer avec eux une affaire aussi… euh… visqueuse… Mais rassurez-vous, nous saurons découvrir la vérité en écoutant le récit des uns et des autres. Par contre, je vous recommande la plus grande discrétion sur les mesures que nous prenons, notamment la venue de Blondel, et l'organisation des interrogatoires, qu'ils devront apprendre par leurs parents. Il faut éviter que les internes échangent entre eux, recoupent des informations, et ainsi préparent des réponses toutes faites, influencées par les déclarations de tel ou tel.

***
*

La 203 Peugeot commerciale des pompes funèbres, aménagée en corbillard, entra dans le collège par la porte est, où fermentent les pissotières, et se figea au milieu de la cour. Sans le savoir, ironie du destin, le corps de Tatase passa près du mur où dormait sa chevalière dans l'attente qu'on vienne un jour l'y chercher. Tous les élèves attendaient en rang par trois, parfaitement alignés dans la cour du Grand Jeu. Les Frères se tenaient droits comme des « i » pour l'accueillir, tous présents à l'exception de Manchard, fatigué, et de Hubert défroqué. Un dais imposant en soie noire avait été dressé au milieu de la cour, pour recevoir pompeusement le cercueil et le déposer sur deux tréteaux en chêne.

— L'embarcadère pour le Paradis ou l'Enfer, souffla Frelon à l'oreille de J.B. Jacquelin-Dubuisson.

— Il est arrivé où je voulais, répondit-il, mais pas dans les conditions que je voulais…

— Chuttt… entendit-on derrière.

L'abbé Pouchard procéda à la bénédiction du cercueil et entonna de sa belle voix le magnifique « Lux Aeternae », ce chant des défunts qui remue les tripes, et que certains chrétiens considèrent comme l'unique preuve d'une existence divine tant son harmonie poignante est parfaite. Puis il récita un Notre Père et un Ave. Enfin se recueillit quelques instants en silence.

Quatre Frères s'avancèrent alors et prirent place chacun dans un angle, se saisissant d'un morceau du cordon doré. Ils levèrent le cercueil et marchèrent en direction du préau puis de l'escalier conduisant à la chapelle. Les pensionnaires, mais aussi quelques externes, puis quelques anciens, suivirent ces figures mortuaires toutes vêtues de noir, jusqu'aux bancs et chaises de la chapelle.

Le Frère directeur prit la parole et rendit un hommage vibrant à son surveillant général. Chaque Frère vint lire un psaume, qu'il termina par une formule identique : « Ô, Seigneur Tout-Puissant, accueille en ton Royaume Frère Anastase, aie pitié de son âme. »

Que pouvaient-ils éprouver, tous ces gamins et ados ? Dans la tête de beaucoup revenaient en boucle tant de scènes indignes dont le défunt avait été l'initiateur, qu'ils ne partageaient pas les mots empathiques prononcés par Scrogneugneu, et n'éprouvaient au contraire que de l'indifférence ou de la haine pour celui qu'unanimes ils considéraient comme le pire rossard du collège. Rares étaient ceux atteints par l'émotion.

L'abbé Pouchard dit une messe pour le défunt, assisté par quatre enfants de chœur : Claude Leduc, Jean-Louis Rallu, Jean-Pierre Turcan et Jean-Daniel Bricaut, celui que Frelon surnommait Judas. Jardin, devenu « ding, dong » pour tous les internes après sa prestation restée dans les mémoires, avait capitulé de ses fonctions de choriste, et préféré le football.

Les quatre enfants de chœur entourèrent le cercueil tandis que Pouchard, muni de l'encensoir, envoya vers le ciel des messages de la communauté humaine réclamant le pardon de Tatase pour ses fautes.

La cérémonie se termina par le long et malgré tout émouvant défilé des pensionnaires devant le cercueil. Avec le goupillon baigné dans un large récipient en cuivre, rempli d'eau bénite, chacun s'arrêta devant la dépouille de Frère Anastase et se fendit d'un signe de croix. On a beau bénir son pire ennemi, cela n'en restait pas moins un homme et un chrétien.

La cérémonie terminée, le cercueil fut ramené cette fois par deux employés des Pompes funèbres et deux Frères jusqu'au corbillard. Tatase partait dans la 203 commerciale pour Plourmel rejoindre le caveau de famille où reposaient les Réaux d'Inville d'Isseaux, son oncle, ses grands-parents maternels, et bientôt sa mère, en application des instructions qu'il avait voici longtemps laissées à la Congrégation des Frères.

Le lent départ du corbillard, suivi du regard par tous les pensionnaires, jusqu'à sa disparition totale, rue du Château, semblait irréel. Quand ils ne le virent plus, ils ressentirent curieusement un vide immense en songeant que le bourreau de leur vie d'interne les quittait pour toujours, qu'ils n'entendraient plus jamais ses aboiements, ne recevraient plus ses coups, que se soldait à jamais la « réserve de points », mais il avait tellement rempli leurs jours qu'ils ne parvenaient pas à se défaire de cette impression étouffante qu'une page de leur vie d'enfant se tournait définitivement.

XVI
Interrogatoires

Mai 1964

Vendredi 8 mai 1964 – Le commissaire Jourden entra dans le bureau du Frère directeur où l'attendait également Frère Alfred. Après les banals échanges de politesse et quelques mots sur la météo, ils reçurent l'ex-pensionnaire Alain Blondel, accompagné de ses parents Louis et Jeanne. Monsieur Prévost, missionné pour guetter leur arrivée au portillon de la Cour d'Honneur, lieu du rendez-vous, avait cueilli le couple et l'ancien élève à la portière de leur Panhard PL-17 flambant neuve, pour les amener en toute discrétion chez Scrogneugneu. L'interrogatoire devait rester secret. Louis et Jeanne Blondel paraissaient très tendus, et mécontents qu'on leur ait imposé un long voyage pour, disait madame, une femme de caractère, « une affaire avec laquelle leur fils n'avait rien à voir ».

— Je comprends votre agacement, acquiesça le commissaire, mais les faits sur lesquels nous enquêtons remontent à la fin d'octobre 1963. Votre fils Alain se trouvait alors en convalescence au dortoir, et d'ailleurs, à cette époque, l'Institution vous a expédié un courrier dans lequel elle exprimait son ardent souhait de le rencontrer. Vous n'avez pas donné suite, c'était votre droit, mais ici il s'agit de mon devoir, et mon devoir réclame d'interroger en votre présence, la loi m'y oblige, votre fils Alain, en raison de circonstances exceptionnelles.

— Lesquelles ? demanda Jeanne Blondel, l'on ne nous a rien précisé, simplement que la Police voulait interroger notre fils.

— La mort de Frère Anastase, madame, que votre fils a bien connu, et nous cherchons à reconstituer le climat et les faits de cette période qui ont pu conduire à cette issue fatale, répondit Jourden.

Ils l'ignoraient, aussi à la surprise de la tragique annonce vint s'ajouter sur les visages le silence de l'angoisse, rompu par le fils Blondel capable de sortir de sa bouche le slogan de l'incrédulité : « Non… ! »

— Très bien, Alain répondra en son âme et conscience, je vous l'assure, nous l'avons élevé dans ce sens, mais je ne vois toujours pas son lien avec ce drame, répondit l'époux.

— J'en suis sûr, merci, monsieur. Alain, très simplement il s'agit de te remémorer un jour particulier, le 30 octobre 1963, jour de la Grande Sortie de Toussaint, ton dernier jour ici, en fait, c'est important un dernier jour, on se rappelle forcément les choses, n'est-ce pas ?

— Euh, oui, marmonna simplement Blondel, hésitant.

— Ce jour-là, d'après le récit qu'en a fait la Direction de l'institution par la bouche de Frère Alfred, ici présent, vous vous trouviez couché dans votre lit, au dortoir surveillé chaque soir et nuit par Frère Anastase, à l'opposé de l'alcôve. Ma question est très facile : avez-vous vu entrer dans l'alcôve de Frère Anastase, entre neuf et dix heures du matin, des pensionnaires qui théoriquement à cette heure-là n'avaient rien à y faire ?

— Non, monsieur, personne, répondit Blondel, sans hésiter le moins du monde.

— Non dans l'alcôve, très bien ! Alors, concentrons-nous sur le dortoir, avez-vous vu ou entendu des pensionnaires présents ou entrés à cette heure ?

— Non, monsieur le commissaire, aucun pensionnaire, personne.

Le caractère immédiat et net des réponses résonnait comme un signe de clarté et de vérité, mais le contenu déçut le commissaire, qui espérait autre chose, du concret, des noms.

— Je me permets d'insister sur le fait qu'il vous appartient de faire un effort de mémoire et de dire toute la vérité. Votre interrogatoire sera consigné dans l'enquête, et si jamais il se révélait par la suite que vous avez menti, le procureur pourrait porter plainte contre vous pour outrage à la Force publique, infraction passible d'amende et de prison avec sursis quand on est mineur. Donc est-ce que vous maintenez vos réponses aux deux questions que je vous ai posées ? insista Jourden, d'un ton ferme.

— Oui, monsieur le commissaire, je n'ai vu personne.

— Que faisiez-vous à ce moment-là ?

— Je me reposais, assis dans mon lit, j'écoutais de la musique sur mon transistor, j'attendais que mes parents viennent me chercher, tous les autres se trouvaient à la photo annuelle du Pensionnat.

Alain Blondel avait depuis longtemps réfléchi aux réponses qu'il apporterait si d'aventure on venait rechercher son témoignage sur ce jour étrange où, sous ses yeux, n'avait cessé le va-et-vient de pas moins de quatre pensionnaires dans l'alcôve de l'homme en noir. Depuis le courrier de l'Institution à ses parents, depuis qu'il avait compris que le petit manège de ses discrets amis cachait des intentions probablement scabreuses, il pressentait qu'une sale affaire finirait par sortir.

Et on était justement arrivé au moment de tenir la promesse engagée devant sa bande de copains : CHUT…

Pour Blondel, l'amitié était un pacte, un serment, un sacrement ! Son âme respirait grâce à ce dogme, en tenant sa langue il se sentait quelqu'un, alors têtu de surcroît et du genre courageux, « c'est pas les menaces voilées de ce commissaire de quartier qui me feront fléchir » pensa-t-il, sous le regard tellement admiratif de sa mère convaincue qu'il disait la vérité.

— Voilà, monsieur le commissaire. Notre fils nous a toujours dit la vérité, donc c'est la vérité, conclut Jeanne Blondel, la main sur l'anse de son sac, impatiente de retrouver le confort de sa Panhard et de rentrer chez elle.

— Frère Alfred, qu'en pensez-vous ? demanda Jourden.

— Je m'étonne beaucoup qu'Alain Blondel n'ait rien vu, car d'autres informations laissent entendre le contraire, des élèves sont bien montés entre neuf et dix heures, mais faisons confiance à Alain Blondel.

— Très bien. Malfrandre, consignez tout ça, faites signer le jeune Blondel et tout sera dit… du moins pour aujourd'hui.

Les Blondel furent reconduits par Frère Alfred au portillon et mirent les gaz. La belle Panhard s'éloigna vers la grande route que traversait Blondel avec la file des pensionnaires quand il appartenait au monde de Saint-Grégoire. Il partit avec un peu de tristesse, celle de ne pas avoir revu ses copains, les Jacquelin-Dubuisson, Hamard, SNCF pour partager quelques bons souvenirs du passé. Il chantonna « l'idole des jeunes », son morceau préféré, et pensa à cette affaire pendant tout le trajet.

Le jour même il déposait à la Poste une lettre à l'adresse personnelle de Jacquelin-Dubuisson. « Cher J. B., je suis venu hier à Saint-Grégoire avec mes parents. La police m'a interrogé pour savoir si j'avais vu du monde au dortoir le jour de la sortie de Toussaint. J'ai répondu que non. Vous allez tous être interrogés. Préviens les autres. Tu es mon ami. Courrier à détruire après lecture. A. B. »

***
*

Jean-Baptiste Jacquelin-Dubuisson, comme tous les autres élèves, quitta le collège le vendredi à seize heures. Rien n'avait filtré de l'interrogatoire de Blondel. Habiles, la Police se montra invisible et les Frères restèrent muets. Pourtant des rumeurs – elles parviennent toujours à s'envoler, vraies ou fausses – commençaient à filtrer, créées par les pensionnaires eux-mêmes, pendant les conversations où ils s'interrogeaient sur le pourquoi du comment : « La Police est venue, quelqu'un les a vus, quelqu'un du collège voulait le tuer, se venger, etc. » Mais la discrétion totale demandée par Jourden avait été strictement respectée, et presque tous quittèrent le collège sans rien savoir de précis, pas même le principe ni le calendrier des interrogatoires.

Un seul individu connaissait l'essentiel. Après mûre réflexion, il quitta le collège en abandonnant la pièce à conviction majeure dérobée le lundi des Rogations. Sorti de classe cinq minutes avant 16 heures, il fit un crochet par les pissotières, hésitant sur la stratégie à suivre, embarrassé de laisser la chevalière dans son trou dont lui seul connaissait l'existence pour l'avoir découvert par hasard, mais jamais révélé à quiconque. Il désirait tellement l'exfiltrer pour la préserver d'un mauvais coup du sort : découverte inopinée, pluie d'orage gonflant d'eau l'anfractuosité et l'émergeant en surface, comme un sous-marin chargé d'or exposé à l'avidité du premier couillon venu. « Et s'il y avait une fouille au dernier moment, un coup de Tatase post-mortem rien que pour me contrarier ? » Cette hantise le décida à remettre à plus tard son envoi en possession définitif, il jeta un dernier regard et courut vers la Cour d'Honneur. « Ici ça pue la mort, tirons-nous ! À lundi ! »

Quant à Jacquelin-Dubuisson il resta bouche bée lorsque son père Max, dès qu'ils furent à la maison, au moment du dîner, lui dit sans prévenir :

— Au fait, Jean-Baptiste, le Directeur du collège nous a téléphoné jeudi, et demandé de venir mercredi prochain, pour assister à ton interrogatoire par la Police. Tu devines pourquoi ?

Jean-Baptiste suffoqua sous la question et se mit à transpirer, il ne s'attendait pas à celle-là. Il comprit immédiatement que seule la mort de Tatase avait à voir avec la Police, alors tout lui revint en tête d'un coup : le vol, les tribulations pour restituer la bague, la mort subite du Frère détesté.

— Bin, non, dit-il, qu'est-ce que j'ai à voir avec la Police ?

— C'est la question que j'ai posée au Directeur. Il m'a informé de la mort suspecte du surveillant général, Frère Anastase, celui que tu n'aimais pas, et m'a rassuré un peu en me disant que tous les pensionnaires subiraient le même interrogatoire. Cela étant, une mort « suspecte », cela trouble évidemment, ce n'est pas banal. Tu sais des choses particulières ?

— Les collégiens, ça cause toujours dans les rangs, dit le grand-père Marcel, tu n'as entendu rien de bizarre au sujet de ce monsieur ?

— Bin, non, mentit atrocement Jean-Baptiste, c'est vrai qu'il faisait l'unanimité contre lui, que personne ne l'aimait beaucoup, mais de là à le tuer…

— Nous verrons bien, intervint Eléonore, profitons d'être ensemble pendant ces deux jours, il sera toujours temps d'écouter et de répondre à leurs questions.

Jean-Baptiste dormit peu la nuit qui suivit le dîner. L'entrée en lice de son père dans ses affaires de collège le bouleversait. L'angoisse ruisselait partout dans son être, tout devenait trouble, le panorama s'assombrissait, les plans qu'il avait bâtis pour voler la chevalière, la réalisation d'une copie, le vol, la course folle pour échapper à Frère Dominique, et puis finalement l'échec : « J'ai raté mon coup, un autre est passé à ma place... » L'idée de devoir raconter les faits à Max le terrorisait : « Je vais me faire rosser ! » Il se rassurait comme il pouvait, « Après tout ils n'ont aucune preuve contre moi », et le lendemain midi le courrier reçu de Blondel acheva de le rassurer : « Il n'a rien dit, donc je vais tout nier, je ne suis au courant de rien, je dois m'en tenir à cette version. »

Le lundi 11 mai 1964, le commissaire Jourden et ses deux inspecteurs débarquèrent au collège dès huit heures trente pour entamer les interrogatoires. Jourden tenant finalement en main le feu vert du Juge d'Instruction, une équipe de trois inspecteurs supplémentaires investit les lieux dans le but, justifiait-il, « de passer au peigne fin les bureaux des élèves, les deux dortoirs, les tiroirs de réfectoire, les recoins des bâtiments, et de bien comprendre la dynamique des lieux. » Le directeur Mathieu ne trouva rien à redire contre toute démarche pouvant contribuer à établir la vérité.

Chaque inspecteur prit place dans un bureau accolé à celui de Scrogneugneu, et Jourden se joignit tantôt à Barrère, tantôt à Malflandre, pour écouter ce qui se disait. Convoqués matin ou après-midi, les parents d'élèves attendirent dans la salle d'accueil, située à proximité des bureaux, et les commentaires allaient bon train, certains ne mâchaient pas leurs mots :

— Vous vous rendez compte ? Un interrogatoire de Police, et on ne sait pas sur quoi ! Paraîtrait qu'il y a eu un crime, des vols ! On croit que nos enfants sont entre de bonnes mains, et voilà ce qu'on nous annonce !

— Mon fils passe dans les premiers, je vous dirai ce qu'ils lui ont demandé.

Avantagé par l'ordre alphabétique, le père des frères Christian et Jean-François Baudouin répondait à celui de Jérôme Borret, au moment où monsieur Prévost, qui jouait le chargé d'accueil, appela son nom.

L'Inspecteur Barrère l'accueillit, et l'élève Christian Baudouin s'installa. Il déclina son identité, et attendit les questions de Barrère, ce dernier attentif à résumer au père Baudouin les faits tels qu'ils pouvaient être présentés aux parents d'élèves : mort naturelle du surveillant général, soupçons de non-assistance à personne en danger, vol ou tentative de vol d'une chevalière sur la personne du défunt.

Dans l'autre bureau, Malflandre procédait à l'interrogatoire de Jacques Baudet, en présence de ses père et mère. Pensionnaire depuis cinq ans, ils le décrivaient comme un bon garçon, bien intégré, et son père s'inquiéta face à Malflandre :

— Que reproche-t-on à notre fils, monsieur l'inspecteur, pour qu'il soit traîné en notre présence à un interrogatoire de police ?

— Rien de grave, rien de particulier, la Police nationale veut entendre tous les pensionnaires de Saint-Grégoire pour obtenir des témoignages, recueillir des détails qui éclaireront une enquête sur des faits hélas malheureux, la mort de Frère Anastase. Maintenant je me tourne vers Jacques, peux-tu nous dire ta perception de Frère Anastase, et nous parler de vos relations ? Vas-y, détends-toi, parle-nous franchement, tout cela restera secret…

— Je le connaissais depuis longtemps, mes relations étaient ce qu'elles étaient, parfois bonnes, parfois très mauvaises, selon son humeur.

— Selon son humeur ? C'est-à-dire ?

— Il s'emportait pour des peccadilles, et ses punitions étaient disproportionnées, injustes, et puis il frappait tout le monde, à chaque fois il trouvait un bon motif pour gifler, et comme il avait une bague à la main droite, cela faisait très mal…

— Il t'a frappé, fait mal ?

— J'ai eu à en pâtir, comme tous les autres, parfois j'avoue que je méritais des punitions, parce que je bavardais quand ce n'était pas autorisé, ou je ne me tenais pas bien dans les rangs, au réfectoire, mais pas des punitions aussi sévères, aussi violentes…

— Tu l'aimais bien, un peu, ou plutôt pas du tout ?

Baudet hésita, il regarda ses parents, la question le gênait car ils n'avaient jamais apporté de crédit à ses propos quand il leur racontait les brimades de Tatase, il était embarrassé de les placer en position inconfortable, puis il se lâcha :

— Je le détestais, tous les pensionnaires en faisaient autant, voilà tout.

— As-tu entendu des pensionnaires, le détestant autant que toi, proférer des menaces à son encontre ?

— Des menaces de mort, non, jamais, des envies de se venger, parfois.

— Elles émanaient de qui ?

— De beaucoup d'élèves, même moi je voulais me venger, mais c'étaient des mots en l'air, je ne l'aurais pas fait…

— Quels élèves tenaient plus particulièrement des propos menaçants ?

— Je ne veux nuire à personne…

— Jacques, lui dit son père, si tu sais des choses n'hésite pas, on dit ce qu'on sait à la Police, ce n'est pas de la délation, ceux que tu citeras ne sont pas des meurtriers pour autant, et peut-être qu'eux citeront ton nom, mais je suis sûr qu'on ne trouvera pas de sang sur les mains d'un pensionnaire ici.

— Jacquelin-Dubuisson, Claude-Forget, Hamard, Frelon.

— Merci Jacques, Frère Anastase possédait une chevalière, est-ce que tu as entendu parler du vol de cette chevalière ?

— Oui, comme tout le monde, beaucoup d'histoires circulaient à ce sujet.

— Sais-tu si des élèves en parlaient plus que d'autres ? Ou bien se vantaient de s'en emparer un jour ?

Jacques Baudet cita les mêmes noms, mais indiqua que tous les pensionnaires, à un moment ou un autre, en parlaient et que finalement personne ne connaissait, à son avis, de détails précis.

L'interrogatoire s'acheva, Jacques Baudet signa le procès-verbal et sortit avec ses parents.

Au même moment, Barrère en terminait avec Christian Baudouin, et l'interrogatoire de son frère Jean-François commença presque aussitôt, offrant beaucoup de similitudes en tous points avec ceux de son frère et de Baudet. À ceci près que les Baudouin, titillés par l'inspecteur sur le piège tendu à Frère Alfred, finirent par reconnaître l'exactitude des faits, justifiant leur esprit de vengeance par les exactions du Frère Alfred, bourreau contre eux depuis bien des mois.

La semaine s'écoula au rythme de tous ces premiers interrogatoires devenus peu à peu fastidieux. Toutes les dépositions finissaient par se ressembler avec les mêmes points communs : la violence de Tatase et de son compère Alfred, le dégoût des pensionnaires pour ces deux personnages à son paroxysme, leur envie de se venger par tout moyen y compris la mort.

— On entendait des phrases terribles dans les promenades et dans les cours de jeu, du genre « On aura leur peau, tuons-les ! », certains même complotaient contre eux, témoigna Guy Decaen, très disert également sur la fouille de Gilbert Hamard lourdement soupçonné par Anastase de s'être emparé de la copie de la bague.

Mais peu d'interrogatoires apportèrent des éléments très concrets susceptibles d'élucider les conditions de décès de l'homme en noir honni de tous, non plus que celles du vol de sa chevalière. Cependant, grâce à la ténacité et l'expérience de Jourden, l'enquête fit un bond quand il relut la déposition d'Yves Chatizel, le jeune de Sixième, admettant sur insistance de l'inspecteur Barrère avoir révélé à Alfred un drôle d'échange entre Jacquelin-Dubuisson et Hamard : « Faudra que je trouve une solution pour la lui rendre ». Puis celle d'Albert Boisgontier, affirmant avoir aperçu Jacquelin-Dubuisson monter au dortoir le jour de la sortie de Toussaint, puis les avatars de l'opération « Oreilles » avec l'aveu maladroit du jeune Pierre Bruneau d'avoir informé J.B.J.D. que Tatase le surveillait, enfin et surtout l'interrogatoire du jeune Alain Loriot confirmant la révélation à Frère Anastase, sous l'emprise de la peur, d'une conversation entendue entre des élèves de Troisième dévoilant leurs intentions de l'assassiner, le fameux « serment du ravin » : Hamard, Duché, Claude-Forget, Frelon et Jacquelin-Dubuisson.

— Enfin, saliva Jourden, devant ses inspecteurs et Scrogneugneu, nous tenons des noms ! Des noms à interroger une seconde fois, des choses précises à opposer. Ces témoignages se recoupent avec celui de Jacques Baudet, je ne vois aucun hasard à cela, tout m'apparaît cohérent, la vérité tourne autour de ces cinq noms. Interrogeons-les en veillant absolument à ce que ces amis n'aient en aucune manière la possibilité de communiquer entre eux pour « bâtir » un scénario commun. Nous allons commencer par Jacquelin-Dubuisson. Son nom revient à chaque fois, ensuite les autres. Reconvoquons immédiatement toute cette petite société. Quant à vous, monsieur le directeur, excusez-moi, je suis là pour ne juger personne, mais je suis désagréablement surpris par les révélations de tous ces gosses. Comment une Institution de bonne réputation comme la vôtre peut laisser carte blanche à des personnages aussi violents et méchants ? Si mon enfant m'avait raconté des choses aussi affreuses, j'aurais ramené mon grain de sel, soyez-en assuré.

Scrogneugneu ne pipa mot.

Les parents de Jean-Baptiste Jacquelin-Dubuisson restèrent longtemps atterrés après le coup de fil du Directeur Mathieu les invitant à venir assister au second interrogatoire de leur fils.

— Un second interrogatoire ? Mais pourquoi ? Jean-Baptiste ne nous dit pas tout, il cache des faits ? Il nous balade, s'emballa tout de suite Max, d'une humeur massacrante à l'idée de perdre encore une journée de travail pour ce fichu collège.

Jourden les reçut, en présence de l'inspecteur Malfrandre, acteur du premier interrogatoire. Dans un climat tendu, chaque groupe s'étudiait, les parents observaient leur fils, scrutaient la Police, le fils sentait l'oppression de son père le suivant du regard, Jourden fixait les parents, puis Malflandre dardait durement le fils en se disant « il m'a leurré ce petit con ».

— C'est de l'obsession, attaqua franchement Max, que reproche-t-on à Jean-Baptiste ?

— Calmez-vous, monsieur. Nous ne savons pas tout, mais nous travaillons à faire émerger la vérité des faits, pour cela il est nécessaire de vérifier, de creuser, de fouiner pour trouver. Chacun son métier, monsieur, la loi m'oblige à vous faire assister à l'interrogatoire d'un mineur, je comprends que cela vous dérange, mais je vois cette mesure comme une bonne chose, votre fils n'a que quinze ans, et votre présence peut l'aider à révéler certains faits qu'il garde pour lui, dans le tréfonds de son cœur.

Puis, s'adressant à Jean-Baptiste :

— Dis-moi, tu connais bien les élèves Duché, Claude-Forget, Hamard, Frelon, ce sont tes meilleurs amis ?

— Oui, je les connais, mais sans plus, j'ai d'autres copains.

— Sans plus, sans plus ? Ne commence pas à tricher, vous semblez former une petite société occulte, toujours ensemble sur la cour du Grand Jeu, ensemble en promenade, souvent réunis pour bavarder de tout, y compris pour intriguer sur la mort de Frère Anastase ? On sait beaucoup de choses, tu sais, même qu'un jour tu as confié au jeune Hamard, je cite : « Je ne dors plus, il faudrait que je trouve une solution pour la lui rendre. » Rendre quoi à qui ? La chevalière ?

— Mais pas du tout, il s'agissait d'une punition que je devais lui rendre avant quarante-huit heures de la sortie. Quant à la mort de Frère Anastase, nous ne tenons pas ce genre de propos.

— Écoute-moi bien, dit Jourden en changeant de ton, c'est le deuxième interrogatoire qu'on mène avec toi, il n'y en aura pas trois, tu as deux options : soit tu continues à garder le silence, à mentir, soit tu dis la vérité, et ton intérêt, mon garçon, c'est la vérité ! Sinon, je t'envoie devant le Juge d'instruction, car l'inspecteur Malfrandre et moi-même sommes sûrs que tu en sais long, au moins sur l'affaire du plafond et le vol de la chevalière. Nous possédons des témoignages qui le prouvent, alors les choix étant clairs, à toi de décider, dis-moi si le 30 octobre 1963, jour de sortie de Toussaint tu es monté au dortoir entre 9 heures 30 et 10 heures ?

Jean-Baptiste pâlissait, sa gorge serrée lui flétrissait le visage, comme une plaie séchée étire la peau. Tête baissée il n'osait pas regarder son père, il sentait son regard puissant. Max, sans élever la voix, lui conseilla de cracher ce qu'il savait, « Un fils menteur me ferait honte ! Et puis il s'en trouvera bien un parmi vous qui craquera et dira la vérité, alors tu resteras comme un imbécile ! », cette phrase eut tôt fait de le décider à décliner une nouvelle version de son emploi du temps ce jour-là :

— Oui ! Je suis monté au dortoir, vers 9 heures 30.

— Très bien, jusqu'ici c'est conforme à ce que nous savons, continue, qu'as-tu vu, qu'as-tu fait ? As-tu participé à l'épisode pas très reluisant du plafond ?

— Je suis entré dans l'alcôve de Frère Anastase, j'ai vu sa bague, et voulant me venger de lui, je m'en suis emparé, puis je suis redescendu, et l'ai ramenée à la maison. Cela sentait mauvais dans l'alcôve, mais je n'ai pas participé à l'histoire du plafond, et d'ailleurs je ne l'avais pas remarquée.

— Jean-Baptiste ! Mais tu vas bien ? intervint Eléonore, pourquoi voulais-tu te venger de cet homme ?

— Parce qu'il m'avait versé un broc de cidre sur la tête, au réfectoire, il m'a humilié devant tout le monde.

Le jeune collégien se mit à pleurer, décevoir ses parents lui coûtait de lourds remords, mais la honte de verser des larmes et le souvenir de l'humiliation les asséchèrent rapidement. Il restait l'honneur à sauver l.

— Pouvez-vous, monsieur le commissaire, nous préciser ce que vous décrivez comme étant l'épisode du plafond ?

Il raconta l'histoire, les parents Jacquelin-Dubuisson eurent des haut-le-cœur, et Malflandre parla d'humiliation suprême pour l'ecclésiastique.

— Ensuite qu'as-tu fait de cette bague ? poursuivit Jourden.

— J'ai fait établir une copie par Philippe Boisnard, un ouvrier de mon père.

— Une copie ? Pourquoi, demanda le commissaire ?

— Parce que je m'étais fait le serment de tuer Anastase à la fin de l'année scolaire, de retirer sa chevalière de son corps pour la garder en souvenir, comme un trophée, et de la remplacer par la copie pour brouiller les pistes…

— Quoi ? dit Max, mais qu'est-ce que cela signifie ? Cela relève de la psychiatrie, qui t'a mis des idées aussi saugrenues en tête ?

— La souffrance, répondit le collégien, depuis des années j'ai souffert de cet homme, comme tous les autres, tous vous le diront.

— Messieurs dames, on l'a malheureusement bien compris dans les interrogatoires, formula Jourden. Et tu es passé à l'acte le lundi 4 mai…

— Ah non, pas du tout monsieur, je suis innocent, je ne l'ai pas fait ! J'ai restitué la chevalière à Frère Dominique bien avant, il pourra le confirmer.

— Oui, mais la copie ? Tu l'as peut-être mise au doigt du Frère et repris l'original une seconde fois.

— Non, j'ai gardé la copie, elle se trouve à la maison.

— Donc tu prétends ne pas avoir aidé à la mort de Frère Anastase lundi 4 mai, ne pas avoir volé l'original, mais en posséder une copie chez toi ?

— Oui, c'est cela, c'est exactement cela !

Les parents baissèrent la tête, effondrés, muets, déçus par leur fils, puis par eux-mêmes, pour être passés si loin de lui :

— On croit connaître son enfant, que tout va bien dans sa vie, qu'il est heureux où il étudie, mais on est à côté de la plaque, dit Max, très affecté par le récit, bouleversé de ne pas avoir compris les souffrances de son fils.

— Il faudra dès demain nous rapporter la copie de la bague pour que nous puissions faire un rapprochement avec celle retirée du doigt de Frère Anastase, monsieur, demanda Jourden.

— Très bien, je le ferai, dit Max, où l'as-tu cachée ?

— Dans ma chambre, je t'indiquerai l'endroit…

— Eh bien, merci, Jean-Baptiste, conclut Jourden, grâce à toi je commence à saisir le processus, le cheminement des événements, et donc je suppose que tes amis étaient dans le même état d'esprit que toi, le thème de vos conversations est parvenu à nos oreilles !

— Oui, mais aucun ne sait que j'ai une première fois volé puis restitué la chevalière.

— Ah bon ! Tu l'as gardé pour toi, par manque de confiance ?

— Parce que je savais que si je me confiais à eux ils parleraient un jour comme je viens de le faire, et j'avais raison, je voulais les protéger.

— Sais-tu, si parmi tes amis, l'un d'eux est l'auteur des faits du lundi 4 mai, pour se venger lui aussi ? demanda le commissaire.

— Non ? Je n'en sais rien.

— Jure-le ! exigea son père.

— Je le jure, papa.

— Quand tu es monté au dortoir, reprit Malflandre, as-tu croisé quelqu'un, échangé des propos avec un élève, un Frère ?

Estimant qu'il en avait assez dit, Jean-Baptiste répondit par la négative. Il préserva son ami Blondel. Cette attitude lui remonta le moral : « au moins je n'aurai été délateur que sur l'impossible à dissimuler » !

Le commissaire remercia et rassura la famille Jacquelin-Dubuisson, indiquant que Jean-Baptiste ne relèverait probablement d'aucune poursuite pénale pour le vol de la bague, puisqu'il l'avait restituée, et se déclara persuadé qu'il n'était pas présent au moment du décès de Frère Anastase, ce qui rassura les parents.

Il reçut sur-le-champ la famille Duché, venue spécialement de Paris pour l'interrogatoire de leur fils. Monsieur et madame déparaient avec les parents d'élèves habituels croisés à Saint-Grégoire ; leur tenue vestimentaire du dernier chic parisien, leur richesse d'entrepreneurs comblés par une réussite économique et financière parfaite les classaient de visu au sommet de la pyramide sociale. Leur fils Jean-Claude arriva élégamment habillé comme toujours, très détendu, malgré la présence des deux policiers à l'interrogatoire désormais bien huilé.

À la suite de l'article paru dans la presse régionale intitulé « vol d'une chevalière à l'Institution Saint-Grégoire », Jourden avait reçu un appel téléphonique d'un employé d'une grande joaillerie parisienne, un certain Bertrand Bertel, que le hasard d'un congé en province avait placé sur la route de l'article. Conformément aux obligations juridiques incombant à sa profession en cas d'enquête de police, Bertel avait révélé au commissaire une commande de chevalière pour un jeune homme de ce collège, un certain Jean-Claude Duché.

Cette révélation facilitait l'attaque de l'interrogatoire du fils Duché, mais celui-ci, n'ayant rien à se reprocher de légalement répréhensible, coopéra positivement avec la Police.

— Je vais vous demander de me remettre la chevalière que vous avez fait réaliser à Paris, commença Jourden, d'abord racontez-nous comment vous avez procédé pour l'obtenir.

Duché se montra plutôt disert et détailla sa démarche pour aboutir à la possession d'une copie de la chevalière qu'il destinait lui aussi à troquer contre l'original pour créer l'illusion, dans un souci de vengeance.

— Vous êtes donc entrés dans l'alcôve vers quelle heure ?

— Vers neuf heures.

— Avez-vous discuté avec l'élève Blondel ?

— Non, je l'ai aperçu de loin, mais il écoutait la radio et n'a pas prêté attention à ma présence.

— Avez-vous remarqué quelque chose de particulier dans l'alcôve ?

— Non, sauf que cela sentait mauvais, mais je ne me suis pas attardé.

— Vous connaissez les auteurs de cette action stupide ?

— Absolument pas, je ne souhaite pas les connaître, mentit Duché, d'un ton très ferme, voulant couvrir ses deux copains.

— Jeune homme, selon vous, le 4 mai dernier, qui a pu voler la chevalière et s'en prendre à Frère Anastase ?

— Je n'en ai aucune idée, je l'ignore totalement, mais ce n'est pas moi, même si le désir de le faire m'a souvent traversé l'esprit.

— Votre présence sur la Cour a pu être établie au moment du décès de Frère Anastase, donc vous ne faites pas partie des suspects, bien que vous soyez cité dans de nombreux interrogatoires comme ami très proche des Jacquelin-Dubuisson, Hamard, Claude-Forget, Frelon. Au fait, il vous reste à me remettre la copie de la chevalière. Elle vous sera – peut-être – restituée après clôture de l'Instruction. D'ici là, portez-vous bien, jeune homme, et je vous souhaite bonne chance à l'examen du BEPC.

Jourden dressa avec l'inspecteur Malflandre une courte synthèse de l'état d'avancement de l'enquête. Les deux précédents pensionnaires avaient confirmé un profil de mobile commun au décès puis au vol d'Anastase : la vengeance ! Le procédé de subtilisation de la chevalière apparaissait identique : réalisation préalable d'une copie destinée à se substituer à l'original, puis maîtrise provisoire ou définitive (la mort) de l'ecclésiastique pour procéder à l'échange. Pour l'instant rien de concret ne filtrait sur la présence d'un nom au moment de la mort, et Jourden espérait en savoir plus, cette fois en accompagnant Barrère pour l'interrogatoire suivant : Gilbert Hamard.

Il entra dans le bureau accompagné de ses deux parents, de valeureux cultivateurs aux traits marqués par l'exercice du métier physiquement le plus dur, âgés de quarante-cinq ans, et visiblement effarés de se retrouver face à deux policiers en compagnie de leur fils suspecté d'être un « criminel ». Jourden crut bon de leur glisser un mot d'empathie, pour mettre tout le monde en confiance et détendre le climat :

— Madame, monsieur Hamard, installez-vous je vous prie, et détendez-vous, nous ne faisons que notre devoir en procédant aux investigations que mérite cet événement incroyable survenu entre ces murs, le décès intriguant du surveillant de discipline, Frère Anastase, que vous avez dû connaître :

— Vous savez monsieur, dit le père Hamard, nous sommes d'honnêtes personnes, et nous pensons qu'notre fils l'est aussi. Alors, ça fait drôle de s'retrouver en interrogatoire.

— Rassurez-vous, je suis certain que Gilbert n'a rien commis de gravement répréhensible, nous allons faire le point ensemble, voilà tout.

— On se demande bin c'qu'il a pu fabriquer, c'te bon dioulà.

— Tais-toi donc, dit la mère, tu embêtes m'sieur l'commissaire !

Jourden s'amusa quelque peu de ces accents populaires, qui révélaient du concret, du réel, un bon fond dans le cœur des personnages.

— Gilbert Hamard, l'inspecteur Barrère et moi-même cherchons à approfondir des allégations sur un certain nombre d'événements et de rebondissements intervenus peu de temps avant le décès de Frère Anastase. Votre nom a été cité plusieurs fois par des pensionnaires, pour vous avoir entendu exprimer de peu sympathiques intentions à son encontre. Un jeudi vous auriez même dit des mots très menaçants : « Un de ces jours, je le pousserai d'ici, il ira en enfer… »

— Pour qué don qu't'as dit des mots comme ça ? s'exclama son père, surpris et désemparé.

— C'est moi qui interroge, monsieur Hamard, fit observer le commissaire, gentiment, je vous remercie de votre aide. Je voudrais savoir, Gilbert, si vous reconnaissez en être l'auteur ?

Hamard répondit sans hésiter, au fond de lui il savait qu'il n'avait commis aucun fait grave et qu'il valait mieux collaborer, puisque lui-même n'avait pas la moindre idée de l'identité de l'individu responsable, peut-être, de la mort de Tatase :

— Oui, je les ai prononcés, j'étais dans un moment de grosse colère.

— Qui visiez-vous dans vos propos ? demanda Jourden.

— Facile à deviner : Frère Anastase, pour tous les actes infâmes dont il était l'auteur contre moi, contre mes amis, et les autres…

— Vous vous rendez compte que c'est un appel au meurtre ?

— Oui, mais la haine contre lui… tellement profonde… cet homme était une carne venimeuse…

— Heula, Gilbert, qué qu'tu dis mon Dieu, qué qui t'as fait pour parler comme ça ? intervint madame Hamard, en retenant quelques larmes.

— Un appel au meurtre de tous les pensionnaires, monsieur le commissaire, continua Hamard, si vous aviez entendu les propos qui se tenaient dans les groupes, pendant les promenades… Mais je ne l'ai pas commis, ce meurtre, j'en ai parlé, mais rien d'autre.

— Exact, observa Jourden, par contre j'ai tout de même deux choses à vous reprocher, il faut qu'on l'aborde. Dites-moi si, le 30 octobre, vers neuf heures, vous avez pénétré dans l'alcôve du Frère décédé, seul ou accompagné d'un autre pensionnaire.

— Oui, j'y étais ?

— Avez-vous fait quelque chose de particulier dans l'alcôve ?

— Oui, mais vous ne le saurez pas parce que cela ferait honte à mes parents, et ça n'a rien à voir avec la mort d'Anastase, je le leur dirai quand nous serons tous les trois.

— Très bien, je comprends. Maintenant, venons-en à l'histoire de la chevalière. Vous avez été fortement soupçonné par Frère Anastase d'avoir volé la copie de sa chevalière, qu'il a fait réaliser. Je vous préviens tout de suite, si vous me répondez par la négative, nous procéderons à une fouille à domicile, chez vos parents, donc réfléchissez bien à ce que vous avez envie de dire.

— Il s'en passe de l'étrange, dans c'te foutu collège ! réagit le père Hamard, t'en fais des conneries, mon gâs, quand on a l'dos tourné…

— Je sais papa, mais je suis sûr que tu finiras par me comprendre. Oui, j'ai volé la bague d'Anastase, et j'en tire une immense fierté, car il n'a jamais trouvé comment j'ai procédé pour la sortir du collège, ce riquiqui bonhomme… Et en plus ça l'a mis en pétard, tant mieux !

— Bin, où qu'elle est don, c'te bague ? demanda le père Hamard.

— À la maison, papa, dans ma chambre.

— Que pensiez-vous en faire ? reprit Jourden.

— Je croyais avoir volé la vraie, j'ignorais que c'était une copie, je voulais la mettre en lieu sûr, et la conserver comme trophée, toute ma vie. Même l'abbé Pouchard, qui est un brave homme, critiquait Anastase pour avoir fait cette copie de bague !

— Le lundi 4 mai, où étiez-vous au moment du décès de Frère Anastase ?

— Je ne sais même pas à quelle heure exacte il est mort, observa Hamard.

— Entre midi et midi et demi, répondit Jourden.

— Je me trouvais sur la cour du Grand Jeu, puis au réfectoire, j'ai plein de copains qui peuvent en témoigner.

— C'est effectivement ce qui ressort de nombreux témoignages. Gilbert Hamard, le Juge d'Instruction ne vous poursuivra pas pour ce vol de bague, il me la faut pour demain, nous en avons besoin. Elle ne vous sera pas restituée, car elle ne vous appartient pas, mais revient aux héritiers éventuels d'Anastase. Vous êtes libre, merci pour votre franchise.

Un dernier point : votre ami Claude-Forget n'a rien dit contre vous. Mais visiblement il ne sait pas tout de vos exploits ; au nom de votre amitié, je crois utile de vous rattraper.

Trois jours plus tard, le commissaire Jourden étalait quatre bagues sur le bureau de Frère Mathieu : celle trouvée au doigt de Tatase, la copie de Jacquelin-Dubuisson, la copie de Duché, et la copie volée par Hamard dont Tatase avait été commanditaire.

— Nous avons trois copies pour trois suspects qui, de fait, ne le sont plus, mais toujours aucun coupable de non-assistance à personne en danger, aucun coupable pour vol de la chevalière originale. Si tant est que celle trouvée à l'annulaire du défunt soit une autre que la sienne. Après tout, nous sommes sans certitude encore sur ce point, dit Jourden, si ça se trouve, nous faisons fausse route. Nous ne savons toujours pas qui était présent sur les lieux au moment de la mort du Frère en soutane.

— Sauf votre respect monsieur le commissaire, dit Scrogneugneu, si l'on compare la bague trouvée sur l'annulaire avec le dessin exécuté par l'élève Frelon, le doute n'est pas permis, elle n'est pas l'originale.

— C'est vrai, mais nous avons épuisé quatre des plus flagrants suspects cités dans les témoignages, sans résultat. Il n'en reste qu'un seul à retenir notre attention : Frelon lui-même, nous allons de nouveau l'interroger. Le coupable ne peut être que ce Frelon, si l'on procède par élimination. Rappelez-vous le témoignage d'un pensionnaire qui l'a entendu proférer des propos bien accusateurs : « On n'est pas taillés pour devenir criminels, il faut attendre une opportunité et que ça devienne une non-assistance à personne en danger, un truc comme ça, ou un événement possiblement accidentel. »

« Faites-le entrer ! »

Barrère invita Alain Frelon et ses parents à prendre place autour du bureau du directeur où trônait Jourden. Scrogneugneu quitta les lieux, le commissaire refusant toujours par principe sa présence aux interrogatoires pour, disait-il, éviter de « mélanger les genres ».

— Bonjour jeune homme… Madame, monsieur, merci de votre présence. Je tiens d'abord à vous féliciter, pour votre fils fort intelligent et doué de nombreuses qualités, selon ce que l'on m'a fait comprendre ici. Des talents de dessinateur hors pair, qui plus est, reconnus par les Frères, son avenir s'annonce radieux, à tout le moins prometteur.

Les parents remercièrent, des gens simples, de courageux artisans qui se saignaient pour envoyer leur fils à Saint-Grégoire, au coût de scolarité réputé élevé.

— Alain, tu représentes un cas un peu particulier dans cette affaire, celui qui connaît le mieux la belle chevalière du Frère Anastase, pour en avoir reproduit un dessin vraiment de grande qualité et extrêmement précis. Voici ton dessin, d'ailleurs, je l'ai par-devers moi car nous comparions à l'instant avec Frère Mathieu et mes deux inspecteurs cette chevalière avec ton travail.

Volontairement, Jourden présenta à Frelon la chevalière copie de Jacquelin-Dubuisson, dans l'espoir que le pensionnaire commettrait un faux pas et dirait : « ce n'est pas celle qu'Anastase portait sur son annulaire », ce qui, à supposer qu'il fût le coupable recherché, l'aurait trahi, mais Frelon se tut. « Fausse piste… ou garçon très intelligent ? » s'interrogea le commissaire.

— Qu'en penses-tu ? demanda Jourden.

Frelon la retourna dans tous les sens, et la palpa, la soupesa.

— Elle ressemble d'assez près à mon dessin, mais ce n'est pas totalement celle que j'ai dessinée. Par exemple les cinq lettres I.N.R.I.I manquent, je ne lis que I. N et R. Et encore, difficilement, disons que je les devine parce que je sais qu'elles existent sur l'original. C'est globalement assez ressemblant.

Jourden lui présenta les autres, d'abord celle de Duché, puis celle dérobée par Hamard.

— Elles sont assez proches de l'original, il y a toutefois des différences de qualité si l'on se base sur mon dessin, qui est plutôt très exact : la tête de lion du verso n'est pas excellemment gravée, la gravure des croix sur les côtés est lourde, on ne retrouve pas la finesse du trait. Quant à la reproduction des lettres latines, on frise souvent l'approximatif, globalement un travail très moyen. Et puis au verso je note qu'il manque les lettres I.N.R.I.I. et la formule « fiel en mon cœur », très difficiles à graver.

— Pourquoi dites-vous cela, bondit Jourden, vous avez essayé de le faire ?

— Tout à fait, répondit le collégien futé. D'ailleurs, j'ai apporté la réplique que j'ai réalisée après avoir terminé le dessin.

Et Frelon sortit de sa poche la seconde chevalière de sa fabrication, qu'il avait réussie avec un certain brio.

— Joli ! s'exclama Jourden. Vous l'avez faite de mémoire ? Le dessin était chez Frère Anastase, me semble-t-il !

— À son insu, j'avais mis un calque pour en garder trace, utilisé pour faire cet exemplaire.

— Pour quelle raison et comment avez-vous créé cette bague ?

— J'ai toujours été passionné par l'Héraldisme et le bricolage, j'ai eu envie tout simplement d'essayer de reproduire mon dessin, et cela me fera un souvenir du collège.

— Vous étiez au courant ? demanda Jourden aux parents.

— Parfaitement, il m'a montré son travail, raconta le père, et j'ai trouvé qu'il avait bien fait de réaliser cet objet, il a du talent, il aime travailler manuellement, quel mal y aurait-il ?

Jourden présenta, en soupirant de fatigue, la dernière chevalière en sa possession, celle qui se trouvait à l'annulaire du défunt.

— Voici la dernière chevalière trouvée le jour du décès sur le doigt de Frère Anastase. Qu'en pensez-vous ?

Frelon n'eut aucune réaction quand il vit l'objet. Le commissaire espérait une marque sur son visage, une émotion, soit de remords, soit de jubilation, un saisissement en revoyant l'objet qu'il avait « peut-être » glissé lui-même sur les lieux du décès, hypothèse possible s'il en fut : mais rien !

— Travail très grossier, dit-il, avec l'aisance d'un maître commentant une copie à ses élèves. Réalisé avec un laiton de mauvaise qualité. La gravure est grosse, regardez la figure du

Christ, comment les traits sont épais, sans polissage ! La tête de lion ne présente aucune finesse, les lettres I.N.R.I.I. sont quasiment illisibles, et l'inscription « fiel en mon cœur » manque aussi de polissage, ça dégueule aux extrémités. Aucune patine, on voit tout de suite que c'est un faux quand on a connu longtemps la vraie chevalière.

— Pas étonnant, lâcha de dépit Jourden, que l'environnement de Frère Anastase ait tout de suite décelé une supercherie…

Frelon était incollable sur les détails de la chevalière, et le commissaire lui adressa un satisfecit :

— Quelle dextérité ! Vous êtes doué, jeune homme, nous étions prévenus, nous voici renseignés. Grâce à vous la conclusion s'impose : la chevalière trouvée à l'annulaire est une copie de piètre qualité. Mais reste la question : où se trouve la vraie, nom d'une pipe ?

Jourden comprit qu'à supposer qu'il fût coupable, il ne disposait d'aucune ouverture pour coincer Frelon : un unique témoignage sur des propos ne prouvant rien, une copie de chevalière largement expliquée par la logique du dessin réalisé à la demande de Frère Anastase. Pourtant, au fond de lui-même, une petite voix lui disait « cela ne peut être que lui, il a le profil : intelligent, rusé, capable de fabriquer tout seul une copie… » Jourden décida de l'attaquer au culot, pour briser la belle sérénité de l'élève Frelon.

— Tout cela c'est très joli, Alain Frelon, vous nous démontrez l'étendue de vos talents, mais il n'en reste pas moins que je vous crois coupable de présence au décès de Frère Anastase, et de vol de sa chevalière. Vous restez le dernier et le seul à pouvoir être le coupable, et à savoir où elle se trouve !

— Mais pourquoi mon fils, monsieur l'agent ? se révolta le père du collégien.

— Monsieur le commissaire, corrigea Malfrandre.

— Laissez, Malflandre, laissez ! Alain Frelon, notre enquête a fait ressortir que le lundi 4 mai, entre midi et midi et demi, heure des événements tragiques, personne ne se souvient vous avoir aperçu sur la cour du Grand Jeu, pas plus que sur celle du petit Jeu. Où vous trouviez-vous donc ? Je vous le dis tel que je le pense : au dortoir ! Dans l'espoir de voler la bague de Frère Anastase ?

— Certainement pas, répliqua Frelon. Les témoignages sont erronés. J'étais présent, tranquille dans mon coin à me reposer après les courses à pied dans les cours. Comment peut-on se souvenir de « qui se trouvait où » sur un espace aussi grand et au milieu de plus d'une centaine de personnes ? Cela ne veut rien dire. Si vous me demandiez « est-ce que vous avez vu Pierre, Paul ou Jacques », je vous dirais peut-être non, on ne peut pas se souvenir de tout, on ne peut pas voir tout le monde. Par contre, j'ai vu Frère Anastase discuter avec le Frère directeur, puis il est parti en direction de l'escalier montant au dortoir. Vous me croyez assez idiot pour le suivre et me jeter dans la gueule du loup ? Cela est totalement faux, et non crédible.

Il venait de marquer un point. Cela ne suffirait pas pour l'inculper, pensait Jourden, il a de la ressource. Il lui vint une dernière idée, à propos de la bague :

— Votre copie de bague est parfaite. Vous êtes doué, mais tout de même, je suppose que c'est miraculeux de réussir si bien au premier essai. Moi je prétends que vous avez d'abord réalisé un prototype, une première bague sans doute moins parfaite, peut-être plus grossière, plus terne, mais suffisamment ressemblante pour servir de monnaie d'échange le jour du vol, et c'est celle-là que nous avons devant les yeux.

— Non, s'exclama le père, en se levant, je l'ai vu travailler la copie qu'il vous a montrée, sans que vous ne lui ayez rien demandé d'ailleurs. C'est le seul exemplaire que je l'ai vu faire.

— Monsieur Frelon, restez assis, calmez-vous s'il vous plaît. Laissez votre fils répondre.

Frelon prit une longue respiration, se concentra, la tête entre les mains, puis massacra Jourden :

— Vous pensez bien que si j'étais coupable de ce que vous prétendez, j'aurais glissé au doigt de Frère Anastase cette bague-ci, la meilleure reproduction, de manière à ce que l'illusion soit complète, immédiate et définitive, et ne donne lieu ni à soupçons, ni à discussion. Ainsi, vous ne seriez pas en train de me poser ces questions, car personne n'aurait remarqué de différence notable, personne d'autre que moi n'a vu d'aussi près la chevalière pour être capable de s'apercevoir d'une différence entre la vraie bague et cette copie que je vous présente ici. Cette chevalière-ci que vous avez trouvée à son annulaire, jamais je n'aurais osé glisser une réplique aussi mauvaise si j'étais l'auteur des faits, tout de suite ça se remarque, cela suscite une question, vous avez relevé d'ailleurs que le Frère directeur et d'autres ont sur-le-champ été intrigués.

Jourden capitula, presque convaincu, mais déçu car toute l'enquête retombait à zéro, et un délit ou crime sans coupable ne fait jamais les affaires d'un commissaire émérite.

— Je vous libère, conclut-il, au revoir famille Frelon, mais je conserve la copie apportée par Alain pour l'ajouter aux pièces à conviction. De même que le dessin.

La fin des interrogatoires sonnait le glas de l'enquête : aucun élément ne pouvait être retenu contre les principaux suspects, pas le moindre commencement de preuve indiscutable ne ressortait de cette semaine d'investigation. Le travail de fouille de l'équipe venue en renfort pour passer les lieux au peigne fin se soldait bredouille.

Jourden résuma la situation à Frère Mathieu, admit son incapacité à désigner au moins l'un des cent dix pensionnaires comme coupable des délits, objets de l'enquête. Autant d'investigations pour un zéro pointé, faute de preuves suffisantes, et d'éléments flagrants pour arracher un aveu.

— Monsieur le Directeur, conclut Jourden, je suis désolé, mais je crains que nous ne connaissions jamais le déroulement exact des faits, ni l'identité du voleur de chevalière, ni l'endroit où elle se trouve. Car quelqu'un la détient quelque part, forcément, et en général jamais loin du lieu où elle a été dérobée. Je repars persuadé de la culpabilité de Frelon, le plus roué de tous vos internes, mais sans pouvoir l'établir, j'ai passé l'âge de m'entêter jusqu'à risquer l'erreur judiciaire. Et puis en y repensant, je me sens pris d'un doute, vous voyez, construire la vérité vraie est un jeu délicat.

— Qu'allons-nous faire, maintenant, monsieur le commissaire ?

— Reprendre une vie normale. Nous au commissariat, et vous au collège. Je vais informer le Procureur de la République et faire mon rapport, mais nous nous dirigeons tout droit vers « affaire classée ». La Congrégation n'a pas porté plainte, il semble que Frère Anastase n'ait aucun héritier en passe de le faire, et l'absence de mort violente va inciter le Juge à en rester là. Les ressources de la Justice ne sont pas inépuisables. J'en suis désolé.

— Ainsi nous ne saurons jamais la vérité, murmura Scrogneugneu.

— C'est fort probable, l'échec est rare dans nos enquêtes, mais il fait aussi partie du jeu. Je vous incite néanmoins à rester à l'écoute de vos pensionnaires, un détail ou un témoignage peuvent un jour refaire surface et permettre de rouvrir l'affaire, si nous la classons. En tout cas, j'aurai eu grand plaisir à connaître votre belle Institution, et toute l'équipe enseignante qui s'y dévoue pour nos jeunes.

— Je vous remercie, commissaire.

— Un dernier mot si je puis me permettre, murmura le commissaire à Frère Mathieu, en lui attrapant le bras, alors que celui-ci raccompagnait les trois policiers au portail : « Je crois que vous devriez remettre en question votre organisation de la discipline, en finir avec cet univers de punition systématique, la corruption institutionnalisée avec cette combine de "points" et surtout la violence envers les collégiens. Des gens comme Frère Anastase et, soit dit en passant, entre nous deux, votre Alfred, me paraissent indignes de travailler dans votre Congrégation et la représentent mal. Adieu, cher Frère. »

Et Jourden sortit par le portail de la Cour d'Honneur en compagnie de ses deux inspecteurs. Il ne revint jamais à l'Institution Saint-Grégoire.

XVII
BEPC et fin d'année scolaire

Mai – juin 1964

Le 25 mai 1964, après le drame ayant touché le collège, puis la pesante période d'enquête qui s'ensuivit, la vie habituelle des pensionnaires descendit le cours du temps sur une onde moins agitée.

Les classes résonnèrent à nouveau des bruits de cartables, des voix de professeurs, les cours du Grand Jeu et du Petit Jeu retrouvèrent l'ambiance saine des récréations heureuses. Une touche de joie retrouvée emplissait l'air dans tous les espaces du collège.

Quelque chose de crucial avait bouleversé le quotidien : Anastase, disparu pour toujours, Alfred muté pour travailler dans les services administratifs de la Congrégation en attendant le Mercantour. Scrogneugneu les avaient remplacés par Frère Louis et Frère Joseph, destinés à assurer l'intérim jusqu'à la fin de l'année scolaire et, peut-être, garder leur poste pour la suivante.

Le drame portait ses fruits, la discipline se faisait moins stricte et dure, le règlement remplaçait la balade du jeudi par des heures de football sur un terrain communal prêté par la mairie, tous les mauvais traitements sous-jacents à l'ancienne politique de discipline avaient vécu.

Les pensionnaires vivaient soulagés, la sensation d'effroi ressentie sous le joug de Nikitanastase s'était effacée. Ils comprirent alors que le bonheur et le malheur de cette existence ne dépendent souvent que d'une seule personne.

Restait l'inconnue de l'équation : quel pensionnaire était coupable ? Le saurait-on un jour ? Avant la fin de l'année ? Car il ne pouvait s'agir que d'un pensionnaire, l'idée était communément admise. Mais lequel ?

Si, au début, après le retrait de la Police, les discussions portèrent encore autour de cette question sans réponse, elles évoluèrent peu à peu vers d'autres sujets, notamment l'examen prochain du BEPC, les grandes vacances, la séparation avec des pensionnaires que l'on ne reverrait jamais.

Jean-Baptiste Jacquelin-Dubuisson retrouva le sourire progressivement. Après l'interrogatoire devant ses parents, un climat pesant s'était installé entre lui et son père, pour avoir défendu bec et ongles le graveur Philippe Boisnard promis au licenciement. Max avait fini par écouter son fils, et seulement blâmé l'ouvrier. Jean-Baptiste, plusieurs jours consécutifs soumis aux foudres de son père, avait nerveusement craqué, mais rallié sa mère à sa détresse. Eléonore avait atténué la réprobation, estimant Max et elle co-responsables de leur aveuglement, en dépit des nombreuses alertes de leur fils, sur les agissements de Frère Anastase.

Duché était rentré à Paris quelques jours, avec l'autorisation de Scrogneugneu, avant de revenir au collège. Toujours fringant dans de beaux habits, il ne pratiquait aucun sport et préparait assidûment le Brevet. Pour lui cette mésaventure ne représentait plus qu'un mauvais souvenir, à ne pas oublier, mais à placer dans un rayonnage secondaire de sa mémoire.

Hamard et Claude-Forget restaient les meilleurs amis du monde. SNCF avait pardonné à Gilbert ses cachotteries sur l'aventure du vol de la reproduction commandée par Tatase, ayant bien accepté les raisons de son mutisme protecteur.

Les Frères gardaient un silence total sur leurs sentiments consécutifs à cette épreuve qui pour eux restait une première : deux hommes en noir décédés à quelques mois d'intervalle, une ambiance délétère créée par la schizophrénie d'un des leurs, la Police et les parents d'élèves dans les murs de l'Institution, cette année scolaire 1963-64 resterait inoubliable dans leur carrière.

Un autre temps arrivait, celui de concentrer leurs efforts sur la progression des élèves tenus d'affronter d'ici trois semaines les examens, tant internes qu'externes, l'heure de dresser le bilan s'approchait, et les pensionnaires dans leur ensemble reconnaissaient aux hommes en noir le mérite d'avoir essayé de les sortir de leur paresse, de leur insouciance, pour tirer le meilleur d'eux-mêmes.

Le lundi 15 juin 1964, les élèves des classes de Troisième quittèrent dès 7 heures 30 les murs de Saint-Grégoire pour rejoindre en rangs parfaitement alignés la grande salle d'examen du Lycée Voltaire, où confluaient tous les collèges de la ville pour les épreuves du BEPC. Ils allaient, accompagnés des Frères Pierre, Guy, Bernard et Mathieu, dont ils reçurent les ultimes recommandations techniques et le soutien moral, afin d'affronter avec confiance les sujets imposés dans toutes les matières essentielles.

— Ils nous bichonnent, dit gentiment Hamard, tandis qu'ils attendaient sur la cour l'ordre de pénétrer dans la salle des examens.

— Il faut leur reconnaître cette dévotion qu'ils ont à notre égard pour qu'on réussisse, qu'on devienne quelqu'un, ajouta Podard, toujours second ou troisième de sa classe.

— Forcément Peau d'hareng, t'as toujours de bonnes notes, ironisa Frelon, mais pour terminer sur une note encourageante qui va dans ton sens, écoute la bonne nouvelle : j'ai progressé, gagné deux places, vingt-sixième sur vingt-huit, Scrogneugneu m'a glissé ça ce matin, en ajoutant « bonne chance pour l'examen, Frelon ! » Tu m'étonnes !

Il fit rire l'entourage de potaches blotti autour de lui. L'une des choses qui leur manquerait dans les prochains jours, quand leurs chemins se sépareraient, serait le charisme de Frelon. Il est des gens que l'on n'oublie jamais, qu'ils fussent odieux comme Tatase, ou clownesques et sympas, comme Frelon.

La matinée fut dense : examen de mathématiques, comportant arithmétique puis géométrie, puis français avec un salmigondis de dictées combinant plusieurs phrases d'auteurs variés, conjugaison, analyse de textes. Enfin l'après-midi comporta les épreuves de Sciences et d'histoire-géographie.

Le lendemain, l'examen s'achevait par les épreuves d'anglais, de latin ou espagnol et allemand.

Enfin les élèves regagnèrent le collège, dans les rangs, tous ne parlaient que de l'examen et de leurs impressions de réussite ou d'échec dans telle ou telle matière.

Une nouvelle tomba alors, que d'aucuns jugèrent stupéfiante, grâce à une indiscrétion de l'estimable monsieur Prévost, dont la personnalité n'avait jamais été controversée dans l'affaire Anastase et Alfred :

— Frère Mathieu vient d'annoncer à ses collègues que la Justice ordonne officiellement la destruction des copies de la chevalière de Frère Anastase, ainsi que du dessin de Frelon. Je me trouvais là, tout le monde semblait étonné.

La stupéfaction et la déception se lurent principalement sur les personnes les plus intéressées à leur restitution, Jacquelin-Dubuisson, Duché, Hamard, Frelon :

— Les enfoirés ! s'exclama Duché, c'est injuste, je l'ai payée avec les deniers de ma famille, elle m'appartient.

Jacquelin-Dubuisson argumenta dans le même sens, quant à Hamard, la particularité de son cas lui tira des paroles de bon sens :

— Je ne vais pas râler, c'est Tatase qui avait payé la bague, donc je vais avoir du mal à porter plainte.

— Et l'on sait pour quels motifs ils ont décidé de ne pas nous les rendre ? demanda Frelon.

— D'après Frère Mathieu, et les propos du commissaire Jourden, la Justice considère que la destruction des copies mettra un terme à cette affaire dite « malsaine » !

— Et du coup, commenta Frelon, je perds la copie que j'ai réalisée de mes propres mains, avec bien des difficultés, et je fais une croix aussi sur mon dessin, car je suppose qu'ils le détruiront aussi. Ils n'ont rien compris à l'art, de vrais barbares !

— Cela tire définitivement le rideau de cette histoire, dit Jacquelin-Dubuisson, quelque part ça me fout la nostalgie.

— Quelle nostalgie ? réagit Frelon, celle de te prendre des coups de bague sur la bobine ? Ou des shampoings au cidre ?

— Il a raison, dit Duché, on ne peut pas éprouver de la tristesse, on ne va quand même pas commencer à regretter notre bourreau en noir !

— Bon, allez les garçons, ne vous chamaillez pas, cela n'en vaut pas la peine, le temps arrange tout, vous verrez… Au fait, interrogea Prévost, qu'avez-vous décidé ? Vous quittez le collège demain, ou le 27 juin ?

Deux options s'offraient aux pensionnaires de Troisième après le passage du BEPC : rester au collège jusqu'à la sortie officielle des grandes vacances d'été prévue pour le 27 juin 1964, ou rentrer chez eux après le passage du Brevet, si leurs parents considéraient qu'ils méritaient du repos et une récompense. La plupart du temps, les élèves titulaires de brillants carnets de notes et admis à passer en classe de seconde, écourtaient la fin d'année scolaire et rentraient chez eux, où ils recevraient le résultat de l'examen. Les moins brillants, sur le fil pour passer en classe supérieure au Lycée, allaient jusqu'au terme de l'année scolaire pour essayer jusqu'au bout d'améliorer leur moyenne à coups de Compositions quotidiennes organisées par les Frères.

Duché rentra à Paris le 18 juin. Beaucoup de pensionnaires furent mélancoliques de le voir s'éloigner pour toujours. Loin des yeux, loin du cœur… Ses copains affichèrent une grande tristesse, ils échangèrent les serments habituels que se font tous les hommes ayant partagé de longs moments ensemble, et vécu des événements notables : « On s'écrira, on ne sera pas sans se revoir », jusqu'à ce que l'oubli du temps fasse son œuvre. Applaudi à tout rompre, Duché fit un tour d'honneur sur la cour où il avait rêvé, souffert, joué pendant cinq années. Il fit ses adieux aux Frères en noir, et laissa échapper une petite goutte de larme en traversant pour la dernière fois la Cour d'Honneur. Il ne revit jamais plus Saint-Grégoire.

Les autres restèrent jusqu'au dernier jour. Hamard, SNCF Jacquelin-Dubuisson, Frelon, même Podard, pourtant bardé des plus enviables notes, travailla jusqu'au bout, et entendit aux récrés résonner les « peaux d'hareng » qui ne le froissaient même plus.

Le 27 juin 1964, à 6 heures 30, les deux chargés de discipline Frère Louis et Frère Joseph sonnèrent le dernier lever de l'année scolaire 1963-1964. Le jour illuminait déjà le dortoir, l'air frais s'engouffrait par les fenêtres entrouvertes et atténuait l'écharpe de chaleur lourde qui voletait d'un bout à l'autre, après la veille ensoleillée et chaude.

Les pensionnaires entonnèrent un dernier « Notre-Père » au pied du lit puis s'agglutinèrent vers les lavabos et les toilettes, le WC où Tatase avait fini ses jours ayant enfin été totalement révisé par Boisroux et S.P.Q.R.

Fin prêtes, bourrées de draps et de couvertures, de linge sale torchonné et tassé, les grosses valises encombrèrent la porte de sortie du dortoir. Du temps de Tatase, jamais une telle désorganisation n'eût été possible. Mais c'était avant.

Une dernière fois, les pensionnaires descendirent le grand escalier jusqu'à la bagagerie, près de la Cour d'Honneur, pour déposer leurs valises. La matinée prévoyait une scission en deux parties : la classe jusqu'à 10 heures 30, et le temps libre sur les cours du Grand et Petit jeu jusqu'à l'heure de la sortie, 11 heures 30.

Scrogneugneu passa un court quart d'heure dans chaque classe, pour féliciter les meilleurs élèves et encourager les moins bons. Le classement de la Troisième Rouge n'avait guère évolué en cours d'année :

— Claude-Forget, vous finissez premier, comme au début de l'année avec une moyenne générale annuelle de 85 sur 100, mention très bien.

— Sacré SNCF, toujours un train d'avance, ironisa Frelon, des rires fusèrent, ce qui fit réagir Scrogneugneu :

— Monsieur Frelon, toujours le mot pour rire, c'est bien pour être clown, mais insuffisant pour faire partie des meilleurs : vingt-sixième sur vingt-huit, avec une moyenne générale annuelle de 55 sur 100, c'est dire qu'en dépit d'un mauvais classement vous êtes quand même admissible en classe de seconde. Je vous félicite, car le classement n'est pas tout, il faut un premier et un dernier, mais le succès au BEPC serait un complément très utile pour votre dossier d'acceptation dans tous les Établissements.

Mes enfants je terminerai cette dernière intrusion dans votre classe en vous félicitant pour vos résultats, en nets progrès depuis le troisième trimestre. La moyenne générale passe de 43 sur 100 au début de l'année, à 65 sur 100 aujourd'hui. Ce qui prouve l'efficacité de vos maîtres, et l'intensité de vos efforts pour parvenir à ce résultat. Je vous en remercie, car votre implication et votre progression sont pour nous une récompense et justifient le bien-fondé de notre mission.

Vous quittez l'Institution, moment important de votre parcours scolaire, de votre vie. Il me reste à vous souhaiter de bonnes vacances, et la poursuite de brillantes études qui vous donneront accès aux meilleures destinées de notre société. Vivez en bon chrétien et prenez toujours en compte les préceptes du Christ dans vos décisions.

À 10 heures 30, toutes les classes se vidèrent de leurs élèves. Une vague de collégiens se rendit aux toilettes, les autres commencèrent à se réunir près du préau avant d'être autorisés à monter sur la Cour d'Honneur pour y attendre leurs parents.

— Au revoir les « penseculs » ! criaient des externes aux pensionnaires, dans une ambiance festive et bon enfant.

Après le passage de la vague humaine aux pissotières, alors qu'il n'y restait que deux élèves, un pensionnaire s'y dirigea à son tour et s'installa dans la dernière pissotière de gauche, adossée au mur de soutènement. Il prit le temps de se défaire, puis urina tranquillement, en regardant partout autour de lui, aux quatre points cardinaux, levant la tête vers les fenêtres de l'étage. Il attendit le départ des derniers élèves. Quand le vide fut complet, il se tourna de quart et scruta derrière lui pour identifier un éventuel observateur. Le champ lui paraissant libre, il se haussa quelque peu sur ses pieds, leva son bras vers le sommet du mur de soutènement des pissotières et fouilla dans l'anfractuosité qu'il connaissait depuis longtemps. Le paquet déposé après la mort de Tatase s'y trouvait toujours, il s'en empara sans difficulté et le glissa dans sa poche. Puis il rejoignit les autres.

À 11 heures, ce 27 juin 1964, coup de chance : Scrogneugneu reçut par porteur les résultats du BEPC. Le rectorat annonçait un taux très flatteur de 90 % de reçus pour l'Institution Saint-Grégoire, avec leur liste complète. Ne manquait que la note moyenne sur 20. Les Frères informèrent tous les collégiens de Troisième qu'à leur sortie par le portail de la Cour d'Honneur le Directeur leur communiquerait leur résultat personnel. Dès lors Saint-Grégoire fut pendant une heure une oasis de joie où les embrassades, les serrements de mains, les sourires et les manifestations d'allégresse effacèrent d'un coup tous les souvenirs et les sentiments douloureux qui mijotaient toujours un peu dans les cœurs. Duché, Hamard, Claude-Forget, Podard, Jacquelin-Dubuisson et bien d'autres faisaient partie de la longue liste des lauréats. Et même Frelon décrocha le BEPC avec la mention « Bien », ce qui fit dire à Scrogneugneu : « Frelon, je ne vous oublierai jamais. Votre talent nous manquera. » Frelon lui décrocha un sourire énigmatique… Alors un éclair parcourut Scrogneugneu, la discordance de la mention « Bien » avec les résultats annuels de l'adolescent. Il réentendit les mots de Jourden : « Le plus doué de tous. »

— Et si je le fouillais, se dit-il. Mais non, je deviens obsédé, à mon tour !

À midi et demi, la Cour d'honneur fut déserte. Plus une voix d'enfant, plus de crinières jeunes, un silence total régnait.

L'abbé Pouchard et Scrogneugneu sortirent du collège et regardèrent derrière eux la grande bâtisse qu'ils quittaient pour l'été. Scrogneugneu se tenait pensif, l'abbé Pouchard l'était tout autant.

— À quoi pensez-vous ? demanda le Frère directeur.

— Je pense aux deux âmes qui nous ont quittés cette année, une drôle d'année scolaire décidément. Et vous ?

— J'y pense aussi bien sûr. Et je pense aussi, vous me trouverez bizarre, à la chevalière de Frère Anastase, la vraie. Je pense qu'elle a quitté Saint-Grégoire aujourd'hui, pour longtemps, pour toujours peut-être…

XVIII
Soixante ans après, déjà

17 septembre 2023

Les pensionnaires de l'année 1963-1964 et ceux qui suivirent aux rentrées ultérieures étaient depuis longtemps partis quand le destin de Saint-Grégoire bascula dans le vide, en l'année 1996. L'évolution incessante du monde est l'instigatrice de tous les changements qui jalonnent la vie d'un homme et le parcours des sociétés. La révolution des mœurs engagée par les événements de mai 1968 constitua un premier bouleversement pour les collèges privés tenus par la Congrégation de Plourmel. Suivie et amplifiée par les réformes successives et souvent contradictoires imposées par l'Éducation nationale ; les collèges durent considérablement remanier leur philosophie de l'Éducation et adapter leurs manières de faire : organisations modifiées, crises des vocations privant les institutions d'hommes en noir, le jean et la chemise à manches courtes avec le col blanc rigide remplaçant peu à peu la soutane puis le costume, refontes des programmes, changements des méthodes de discipline et de l'approche de la gestion du quotidien scolaire avec l'entrée progressive des parents d'élèves dans les sphères d'influence de chaque entité. Enfin la globalisation ajoutée à l'impact de l'Europe de Maastricht acheva de rendre suranné ce style de collège classique et accéléra son déclin. La restructuration des Écoles dites « libres » dans la ville où résidait Saint-Grégoire activa son abandon.

En 1996 la Congrégation décida de supprimer définitivement le Pensionnat Saint-Grégoire du circuit de ses collèges. Le collège dans sa forme classique – études menant au Brevet des collèges – cessa d'exister. Plusieurs classes technico-industrielles s'ouvrirent quelque temps pour maintenir l'intérêt et l'occupation, dans des conditions satisfaisantes, de locaux aussi vastes.

Malheureusement, cet aménagement ne dura que le temps d'un court sursis, jusqu'en 2005. L'entretien des dix mille mètres carrés de bâtiments devenant financièrement ruineux, impossible à prolonger plus avant, l'économe et les responsables de la Congrégation trouvèrent un arrangement avec un promoteur immobilier disposant d'une surface financière suffisante pour réaliser une transaction honorable.

En 2007, la démolition de l'ensemble des bâtiments de Saint-Grégoire laissa au sol cent cinquante années de poussière chargées du souvenir de milliers d'élèves. Ne furent conservés que quelques murs ceinturant autrefois l'Institution, notamment le mur donnant sur la rue du Château, qui servait de soutènement aux pissotières du collège.

Des immeubles d'habitation remplacèrent ce qui était autrefois les classes du collège puis le terrain situé derrière, regardant le château, les deux cours du Grand Jeu et du petit Jeu, les bâtiments où se trouvaient réfectoire, dortoirs, bureaux des professeurs, et bien sûr la Cour d'Honneur.

Les statues de la Vierge, de Saint-Grégoire et du Sacré-Cœur, qui ornaient somptueusement la Cour d'Honneur, furent ramenées à Plourmel.

De nombreux collèges de ce temps ont été gommés de la carte. Il n'est pas possible d'enrayer la marche du temps et de freiner l'évolution – bonne et/ou mauvaise – du monde. Chaque élément, qu'il soit vivant ou matériau inerte, n'est que de passage. Les schémas scolaires ayant cours en 2023 connaîtront un sort également passager et sont voués à s'effacer un jour.

La disparition du collège Saint-Grégoire attrista beaucoup les gens de la ville et plusieurs vieux pensionnaires, le cœur des hommes est ainsi fait, aussi pour combler le vide créé, certains s'unirent pour organiser d'abord un rassemblement annuel, puis un club des anciens, mais très vite s'imposa la difficulté de contacter les plus éloignés, dont nul ne possédait les adresses, malgré plusieurs articles parus dans la presse régionale informant de l'existence du club. Et puis l'invention d'Internet facilita l'élargissement et la perpétuation dynamique de l'association des anciens élèves.

Au printemps 2023, Jean-Claude Duché lança une recherche sur Google, avec ces quelques mots : « anciens élèves de Saint-Grégoire ». Il y songeait depuis déjà longtemps, remettant toujours à plus tard, tant ses occupations bénévoles dévoraient son temps de retraité, mais c'est lors d'un récent dîner en ville, dans le huitième arrondissement parisien, qu'il se décida, lorsqu'un ami lui indiqua avoir retrouvé des « amis d'avant » du Lycée Lakanal, où il avait étudié jusqu'au bac 1968, grâce au site Internet des anciens du Lycée.

Il accéda au site « anciens de Saint-Grégoire » et se connecta : création d'un compte, identifiant, mot de passe, tout ce qui a bouleversé la civilisation antérieure, quand les échanges se faisaient par courrier, quand la qualité d'écriture servait d'identifiant et celle du style de mot de passe. Et le voilà inscrit, parti naviguer dans les couloirs du temps avec soudain sous les yeux plusieurs photos des bâtiments de Saint-Grégoire, de gros plans ciblés sur les statues de la Cour d'Honneur, et une salve de clichés sur les immeubles d'habitation déjà patinés par la pollution après seulement dix ans d'existence.

— J'en aurais pleuré en revoyant les murs de Saint-Grégoire, dit-il en appelant au numéro de téléphone de l'association. Quelle chance de tomber sur toi, que deviens-tu ?

Le personnage au bout du combiné s'appelait Maurice Quinton, souvenez-vous, le grand costaud, sur l'épaule duquel reposait Frère Alfred, décidé à jouer contre Tatase le capitaine Fletcher Christian des « Révoltés du Bounty » au retour d'une promenade.

— Comme toi, j'ai soixante-quinze ans, j'ai fait ma vie, et j'ai tendance à regarder en arrière, parce que c'est là que le film m'offre plus d'images à regarder. Devant, le scénario s'amenuise…

Quinton avait supplié Duché de faire le voyage jusqu'aux reliques de Saint-Grégoire le dimanche 17 septembre 2023, un jour alléchant, avec une réunion spécialement réservée aux anciens de l'année scolaire 1963-1964 :

— On organise le « soixantenaire » des pensionnaires de 1963, à deux jours près cela fera soixante ans pile qu'on arrivait pour la rentrée.

— Et dis-moi Maurice, connais-tu les numéros de mobiles de Gilbert Hamard, Claude-Forget, Podard, Jacquelin-Dubuisson, et l'autre, là, qui amusait la galerie, et avait reproduit la bague de Tatase ?

— Ah oui ! Tu veux dire Alain Frelon ?

— Oui, c'est ce nom-là, ah ce Frelon, qu'est-ce que j'aimerais le revoir ! Si tu savais ! Et Jacquelin-Dubuisson aussi !

— On aimerait tous le revoir, ce Frelon, avec ses culs de bouteille qui grossissaient ses yeux, mais franchement il était tellement intelligent que je me suis souvent demandé si les fibres de son cerveau n'étaient pas amplifiées également par des culs-de-bouteilles… ça circulait vite et bien chez lui.

— Il était très doué. J'aimerais tous les contacter, voir ce qu'ils sont devenus.

— J'ai invité Frelon dernièrement, mais il est réticent, il habite loin, il passera huit heures en voiture pour venir jusqu'ici.

— Passe-moi son mobile, je vais l'appeler.

Duché sut trouver les mots. Et le 17 septembre 2023, Frelon participa au banquet des anciens combattants de Saint-Grégoire. Avec lui, on savait qu'on ne s'ennuierait pas.

L'histoire de mes années au collège Saint-Grégoire s'achevait. J'avais cru bon de l'écrire, pour diverses raisons, passer le temps, conserver la trace mémorielle d'une France disparue, faire renaître l'image de copains d'enfance, purger mon cœur de souvenirs douloureux. Je pensais qu'elle ne connaîtrait aucune suite en mettant le point final à la dernière ligne du dernier chapitre, que je concluais sur un échec : l'impossible vérité sur le sort de la chevalière. Et puis l'incroyable est arrivé…

Je me souviendrai, jusqu'à la fin des jours qu'il me reste à vivre, de ce 17 septembre 2023. Nous avions rendez-vous au restaurant « La Galette des Roy », du nom des propriétaires Jacques et Eva Roy, une maison de cuisine traditionnelle installée à côté de l'ancien cinéma « Le Viking », que nous avions autrefois côtoyé de près et de loin, selon l'humeur bonne ou maligne de l'affreux Tatase.

Trente anciens élèves de l'Institution Saint-Grégoire, tous des pensionnaires – ce qui établit de facto que le statut d'interne en collège crée plein de souvenirs et des liens auxquels les externes n'ont pas accès – se retrouvèrent à midi pour un repas organisé et financé par l'amicale des « vieux de l'A-SG », les « vieux de l'ancien Saint-Grégoire » : un nom choisi par les fondateurs de l'association, dont je suis devenu le Président.

Les nommer un par un rendrait la tâche fastidieuse, mais parmi eux se retrouvèrent autour de moi pour la première fois depuis soixante ans les noms qui ont dansé dans le livre que je viens de terminer, Duché, Hamard, Claude-Forget, Baudet, Baudouin, Heuvin, Decaen, Bruneau, Frelon, Quinton, etc.

Tous des septuagénaires ! Ah nous avions bonne mine avec nos cheveux blancs ou nos têtes chauves, nos visages ridés, certains arborant une abondante pilosité couvrant les joues et le menton, d'une oreille à l'autre, l'effet de mode de l'époque actuelle. Des septuagénaires rendus méconnaissables par l'œuvre destructrice du temps : je connaissais Quinton, Hamard et Decaen pour avoir créé l'amicale ensemble, mais je fus incapable de reconnaître Duché, Baudet, Claude-Forget et surtout mon petit Pierre Bruneau qui survivait sous mon aile soixante ans plus tôt.

Moi-même je me voyais sens dessus dessous avec des lunettes que je ne portais pas en 1963, un embonpoint encore acceptable mais qui tranchait avec la maigreur de mes quinze ans imposée par le manque de bonne nourriture et des kilomètres de marche les jeudis et dimanches. J'en éprouvais presque de la honte, face aux images que le plaisir de revoir mes vieux copains me ramenait en mémoire. Je n'y pouvais rien, eux non plus.

L'excitation du bonheur de se revoir après tant d'années était si intense que nous ne savions pas nous fixer sur un sujet. À peine entamée la conversation sur un souvenir de promenade, qu'une autre anecdote surgissait et chassait la précédente.

Les histoires de notre jeunesse se bousculaient à la porte d'entrée de nos mémoires, tant de choses enfouies dans les cœurs et dans le fatras mémoriel remontaient à l'air libre. Dans l'océan de nos souvenirs, chaque anecdote était un sous-marin perdu dans les eaux profondes dont le commandant ordonnait « surface ».

Curieusement, les groupes d'autrefois se reformèrent dès le passage à table : Duché avait sur sa droite Gilbert Hamard, sur sa gauche Claude-Forget, face à lui Pierre Bruneau et Alain Frelon, auprès de qui je me tenais. Alain Blondel, tout à côté encore. Chacun raconta brièvement sa vie, suite à une question quelque peu existentielle de Jean-Claude Duché :

— Je serais désireux de connaître la profession exercée par chaque pensionnaire de notre classe 63-64, pour évaluer le niveau de qualité d'instruction et d'avenir produit par le collège Saint-Grégoire, et mesurer si nos parents ont eu raison de nous y coller cinq ou six années.

— Ce serait intéressant en effet, mais tous ne sont pas ici présents, donc la statistique sera tronquée. Voyons pour notre groupe : si on commence par moi, je considère que ma réussite est moyenne, j'ai été enseignant dans le public, on n'y fait pas fortune. En résumé premier de la classe en 1963 mais pas dans la vie active, dit Podard.

— Moi, j'ai repris l'entreprise de mes parents, j'ai vécu à l'aise, mais je n'ai aucun mérite, je n'ai fait que leur succéder, raconta en toute simplicité Duché, je ne compte pas.

— J'ai créé mon entreprise dans le bâtiment, raconta Hamard, j'ai arrêté voici cinq ans seulement, je reste persuadé que l'instruction reçue à Saint-Grégoire m'a été utile, et bien préparé aux études techniques engagées par la suite.

— Je suis comme notre ami qu'on appelait SNCF, se lança Baudet, j'ai été enseignant en anglais dans le public, et j'ai travaillé en même temps pour une société d'édition à la traduction d'ouvrages anglais et américains. J'ai souvent pensé que je le devais à Frère Hubert, il m'a fait aimer l'anglais, et j'ai quitté la Troisième avec un bon niveau, grâce à lui j'ai aimé cette langue, j'en ai fait mon métier. Donc merci, S.G.

Prenant à mon tour la parole, je leur expliquai avoir suivi une tout autre voie, en m'engageant trois ans dans la Marine nationale après le Bac 1967. Je leur racontai mon tour du monde, et l'amour de la mer suscité par cette expérience. À mon retour, mon choix s'orienta vers une formation pour devenir commandant dans la Marine marchande, métier où je fis toute ma carrière.

— J'estime, dis-je, que les valeurs d'organisation et de discipline qui m'ont été transmises à Saint-Grégoire me furent très utiles pour m'adapter à ces deux métiers différents que sont la marine militaire et la marine marchande.

— Notre ami le capitaine de corvette Jean-Baptiste Jacquelin-Dubuisson est en train de nous avouer que s'il a réussi, tout le mérite en revient à Frère Anastase, le taquina Alain Frelon, avec un large sourire.

— Bien sûr que non, m'insurgeai-je, mais c'est un état d'esprit auquel nous avons été confrontés plusieurs années. Il s'était instillé en moi, il m'a aidé à accepter la discipline de l'Armée, à comprendre sa nécessité, et surtout m'a permis de m'adapter sans difficulté dans la marine marchande où la rigueur est indispensable plus qu'ailleurs, sinon tu vas drosser ton porte-conteneurs de cent mille tonnes et de cent mille chevaux sur les cailloux ou sur un quai.

— À propos, puisqu'on parle de discipline, prononcer ce mot nous ramène inévitablement au bourreau de notre vie à Saint-Grégoire, lança Duché, j'ai nommé Frère Anastase. Les conditions de sa mort n'ont jamais vraiment été élucidées, pas plus que le vol de sa grosse chevalière qui nous explosait la peau. C'est tout de même incroyable, les flics sont passés à côté de quelque chose.

— Vous souvenez-vous de l'enquête ? interrogea Claude-Forget, cet interrogatoire en présence des parents, j'en garde un très mauvais souvenir. Les policiers… Je me sentais menacé par leur présence, j'aurais été capable d'inventer n'importe quoi, heureusement je ne savais rien de la copie de bague, car monsieur Hamard ici présent ne m'avait rien dit. Sage décision, ils m'ont cru, je les ai quand même mystifiés sur l'histoire du plafond, en refusant d'avouer.

— Une enquête sobre, rajouta Hamard. Le commissaire a fait montre d'empathie envers mes parents, qui souffraient de honte, et il ne m'a pas obligé à lui indiquer le nom de mon acolyte co-responsable de l'affaire du plafond.

— Quand je pense qu'on a été capables de commettre un acte pareil ! réagit Claude-Forget, mais je reste convaincu que les flics se fichaient de cette affaire du plafond, je me souviens même que le commissaire a glissé à l'oreille de son inspecteur, à voix basse mais à l'époque j'entendais bien, un truc comme : « Le plafond c'est l'affaire des curés, chacun sa merde ! » et ils sont partis à rire.

— N'empêche, reprit Duché, on discute, mais comment est mort Tatase, qui se trouvait près de lui ? Qu'est devenue sa chevalière ? On ne le saura jamais.

La discussion de mes chers amis d'autrefois s'animait autour de ce point, je m'y attendais. Chaque fois qu'un ancien me contactait, nous revenions à chaque fois sur le sujet, comme si une profonde frustration palpitait dans chacun de nous, impossible à combler. Nous avions quitté depuis soixante ans le collège Saint-Grégoire en laissant derrière nous un mystère irrésolu, un drame sans explication, et, le plus extravagant, un coupable en cavale, de surcroît pensionnaire comme nous tous.

Et à chaque entretien téléphonique, à chaque réunion des animateurs de l'amicale, à chaque repas des anciens, le propos revenait en boucle. C'était notre trait d'union. Et au moment où l'on n'attendait plus de réponse, au moment où Duché finissait sa phrase, retentirent quelques mots dans la bouche de l'un de nous, suffisamment fort pour s'élever au-dessus de la tablée bruyante :

— Si, vous le saurez aujourd'hui ! Soixante ans d'anniversaire, ça mérite un beau cadeau !

Alain Frelon venait de prendre la parole. Le groupe des six personnes que nous formions de chaque côté de la table cessa d'un coup de parler, et comme lorsqu'un ange passe toute la tablée diminua en tempo ses décibels, le silence se fit.

— Que veux-tu dire ? demanda Duché, ému et presque tremblant…

Et joignant le geste à la parole, Alain Frelon tira de sa poche un objet enveloppé dans un morceau de tissu soyeux, en sortit une bague et la glissa à l'annulaire droit :

— Voici devant vous la chevalière ayant appartenu à feu Frère Anastase, dit-il, empreint d'une grande émotion causée sans doute par le soulagement de se libérer enfin d'un secret devenu trop lourd.

Je n'oublierai jamais cet instant où la plus énorme stupéfaction se lut sur les visages de l'assistance. BOUCHE COUSUE ! Plus un son ne sortait des lèvres entrouvertes par l'effarante surprise. Dans les regards brouillés, à la fois par le saisissement et l'éblouissement, ne se lisait plus aucun sentiment. Tous étaient bluffés. Le premier à parler fut Alain Blondel.

— Alain, dit-il, mais comment est-ce possible ? Comment as-tu fait ? Moi, je suis saisi d'admiration ! Nous avons besoin de comprendre, tu dois nous raconter tout en détail.

— Oui, moi aussi, dis-je, je t'admire vraiment, je brûle de connaître comment tu as obtenu ce résultat, sachant tout ce que moi j'ai osé faire pour y parvenir, sans succès !

— Et moi, rajouta Hamard, quand je me souviens comment j'ai galéré, pour finalement rendre la chevalière au commissaire !

Alain Frelon ne se fit pas prier davantage et raconta toute l'histoire de son extraordinaire tribulation du 4 mai 1963. Alors qu'il cherchait depuis quelques jours une occasion d'exécuter son plan, que la stricte observance par Tatase de son emploi du temps routinier rendait irréalisable, il entendit le bourreau obtenir du Frère directeur un repos d'une demi-heure. Il décida de passer à l'action, son intention s'était forgée dans la nuit sur la prise de conscience de la proximité de la fin de l'année scolaire, et la conviction que l'attentisme vient à bout des résolutions.

— Tatase était fatigué d'espérer qu'un énergumène se présente un jour au dortoir, pour renouveler le vol de la bague. Il vivait obsédé par cette histoire, en quelque sorte l'orgueil d'avoir été dépossédé, et d'ignorer par qui, le minait. L'obsession psychologique finit par achever celui qui en souffre. J'ai regardé autour de moi, personne ne m'observait, alors dès qu'il a demandé à monter au dortoir je me suis lentement esquivé, puis je suis monté avant lui dans l'escalier.

— Tu devais être mort de trouille !

— Ouais, plutôt, mais je restais maître de mes idées, pour éviter toute erreur. Je le précédais, alors j'ai fait une première étape en allant vers l'infirmerie, pour m'assurer qu'il suivait et se rendrait au dortoir. Je l'ai aperçu depuis la porte de l'infirmerie, il entrait au dortoir, effectivement.

— Mais pourquoi tu l'as suivi au dortoir ? Tu étais certain de tomber dessus. Tu te jetais dans la gueule du loup ! observa Duché.

— C'est exact, mais j'étais déterminé à accomplir tout ce qu'on se disait pendant les promenades et sur les cours : voler sa chevalière et même le tuer ! J'avais un cran d'arrêt en poche, fallait-il qu'il nous ait rendus malheureux pour faire de nous des potentiels criminels…

— Quand j'y repense, c'est glaçant ! Ne me dis pas que tu l'as tué ! demanda Blondel.

— Évidemment que non, affirma Frelon, en souriant. Écoute la suite.

Et il raconta son intrusion dans l'alcôve, la saisie de la chevalière sur le bureau, puis l'apparition de Tatase, son visage décomposé en reconnaissant son voleur, et soudain son malaise.

— Nous nous sommes expliqués, accrochés, je me sentais gonflé à bloc, au bout du compte peu m'importait qu'il m'ait découvert, bien au contraire. Et tout à coup un gros malaise, une crise cardiaque, il a progressivement perdu connaissance. Je ne savais pas quoi faire, mon envie de commettre un crime avait disparu, le réflexe naturel de sauver son prochain m'a délivré de toute pulsion meurtrière, mais j'ai compris qu'il n'y avait plus grand-chose à faire, il était livide. Je crois que le choc de me voir l'a tué ! Mais je ne pouvais pas deviner une réaction aussi destructrice, c'était un fort tempérament, souvenez-vous !

Plutôt que de m'enfuir, m'est venue l'idée d'aller l'asseoir sur les toilettes, c'était plus facile que de le tourner et de l'allonger sur son lit. Je l'ai assis, il parlait encore un peu. Il avait le regard vide, il respirait à peine, se plaignait de douleur.

— Et tu l'as laissé là, comme ça, dit Hamard.

— La punition injuste et sévère qu'il nous avait infligée après l'histoire du verrou de la porte, avec Jacques Baudet, m'est revenue en mémoire ; et là j'ai voulu le punir à mon tour, de toute façon il était trop tard pour le sauver. Je glisse ma fausse chevalière à son doigt, j'engage le verrou, et claque la porte. Il a essayé d'ouvrir une fois, deux fois, mais c'était fini. À mon avis il est décédé quasiment tout de suite. Puis je suis sorti. Vous savez tout.

Le récit nous captiva totalement, comme si nous avions devant nous une célébrité contant une anecdote de la grande Histoire. Nous imaginions la scène, la fin de notre bourreau, dans nos mémoires la disposition des lieux, restée intacte, facilitait la vision des images, et fidélisait la réalité des instants vécus par notre ami. Chacun se demandait comment il se serait comporté dans sa situation.

Le récit de ces faits anciens, à caractère dramatique, ne créa de malaise chez aucun de nous. Il ne fit même pas remonter les sentiments de rancœur, voire de haine, que le décalage des années écoulées avait fini par adoucir, jusqu'à l'obsolescence.

— Et la chevalière ? Quand et comment tu l'as exfiltrée, demandai-je, c'était dangereux de la garder avec toi au collège ?

— Je suis redescendu dans la cour en faisant le grand tour par la rue du Château, j'ai vérifié que personne ne m'observait, je me suis arrêté aux pissotières. J'avais découvert par hasard, un jour, en sautant comme un gamin pour toucher le haut du mur qui les soutenait, je devais être en cinquième, un trou au sommet, profond de vingt centimètres environ, pas très large, invisible. Alors j'ai pensé que ce serait une bonne planque pour cacher la chevalière le temps qu'il faudrait. Et le jour de la sortie, j'ai récupéré la bague, voilà soixante ans que j'en prends soin.

— Tu la portes tous les jours ?

— Jamais ! C'est un objet qui, au fil du temps, a perdu tout son intérêt, de mon point de vue. Pourquoi voulions-nous destituer Tatase de sa chevalière ? Parce qu'il faisait très mal quand il nous giflait, cette brute déclenchait en nous des pulsions de haine, des envies de vengeance et de meurtre. Le vol de la chevalière reposait sur des sentiments exacerbés, à leur paroxysme : l'envie d'infliger une punition prenait tout son sens au moment des faits, il y avait simultanéité entre la souffrance et l'envie d'en découdre, d'en faire un trophée. Souffrance et vengeance n'ont de signification que si elles sont synchrones. Mais au fil des années, nous avons fait nos vies, construit autre chose, nos esprits et nos cœurs ont été heureusement remplis et occupés par d'autres événements, tout ce qu'on a subi et pensé, même le pire, s'est érodé dans le temps. Et la chevalière ne m'intéresse plus et ne m'apporte rien. Elle n'est même pas digne de figurer dans un musée. Elle n'a pas appartenu à Napoléon, mais à Frère Anastase, un illustre inconnu, elle n'intéresserait personne.

— Que comptes-tu en faire ? demanda Blondel.

— J'ai essayé de m'en débarrasser, raconta Frelon, il y a deux ans je l'ai exposée à vendre dans un vide-grenier de quartier, là où j'habite. J'ai trouvé un client, on a transigé à cinquante euros, ce qui n'est pas cher, mais une désagréable surprise m'attendait deux mois plus tard… La veuve de l'acheteur à ma porte, me suppliant de racheter la chevalière : son mari s'était tué en voiture une semaine après l'avoir mise au doigt, et son fils deux semaines plus tard à moto avec la bague au doigt, également. Je mets cela sur le hasard, la pauvre dame m'a dit « elle est porteuse d'une malédiction. » Je n'en crois rien. Tout de même ça fait bizarre…

Cette curieuse histoire troubla l'assistance. On s'attendait à tout avec notre ami Frelon mais pas à ce que l'histoire de la chevalière taquine le paranormal.

— Tu ne crois tout de même pas que l'âme mauvaise de Tatase rôde quelque part et influe sur la destinée des porteurs de sa bague ? plaisanta Duché.

— Bien sûr que non, je n'imagine pas d'événements surnaturels dans le décès tragique de ces deux personnes, si une implication quelconque était crédible, cela fait longtemps que je serai décédé moi aussi d'une mort violente. Mais cela m'a impressionné, on reste tout de même psychiquement marqué par tout ce que notre éducation a entendu dans les sermons, les extraits de l'Évangile, les Miracles, le Diable, les mystères comme la Résurrection… Tout cela pour dire que j'ai décidé de me séparer de cette foutue chevalière, et je pense qu'elle revient de droit à notre ami Jean-Baptiste Jacquelin-Dubuisson, ici présent, que je suis si heureux de retrouver aujourd'hui.

Cette brusque annonce m'interloqua. Pourquoi voulait-il se débarrasser de la chevalière ? N'était-il pas finalement plus superstitieux qu'il ne voulait le reconnaître ? Et pourquoi me la donner, me choisir en premier plutôt que de la proposer au parterre d'anciens présents ?

— Me la donner ? Mais pourquoi à moi ? D'autres peut-être seraient intéressés.

— À toi en priorité parce que tu as réussi le premier à t'en emparer. C'était une action émérite, tu l'as restituée certes, tu avais tes raisons, mais le fait s'impose, je crois normal de te la donner.

La surprise digérée venait le temps de la décision. Elle fut vite prise : je ne voulais plus de la chevalière, détenir l'objet en guise de trophée pris à l'ennemi ne m'intéressait pas plus que cela n'intéressait Frelon. Tatase mort depuis longtemps, sa disparition lointaine avait affaibli mes perceptions. Le temporel a ses lois : les sentiments fluctuent d'une époque à une autre. Ce qui comptait pour mon cœur soixante années plus tôt n'avait pas une importance égale en ce 17 septembre 2023.

Les choses ne durent que ce que dure l'intérêt des hommes à leur égard. Je compris que désormais je me fichais éperdument de la chevalière de Tatase.

— Mon cher Alain, répondis-je, je suis désolé de te décevoir, mais ce que j'ai tant désiré autrefois a cessé de m'intéresser. Au diable cette antiquité, restée fort jolie au demeurant. Demande aux anciens si parmi eux quelqu'un la désire.

Personne ne se déclara. Duché et Hamard, qui avaient beaucoup œuvré pour la posséder comme souvenir de jeunesse en quittant Saint-Grégoire au mois de juin 1964, donnèrent une réponse similaire.

— Très bien, je comprends, fit observer Frelon. Au fond, nous pensons tous la même chose : envie d'un jour ne dure pas toujours. Allez, viens par ici, toi. Il faut que je te trouve un destin.

Mon vieil et cher ami Frelon remit la chevalière dans son morceau de tissu en soie, et la glissa dans sa poche. Le long intermède sur la chevalière et la mort de notre ancien bourreau s'acheva, désormais pour faire place aux biographies des uns et des autres, études, travail, carrière, mariage, divorces, enfants, petits-enfants, mais peu de politique. L'époque du collège, qui nous réunissait aujourd'hui, tomba soudainement dans les oubliettes, et nos flots de sentiments – amers parfois jusqu'au déchirement – grossis par la marée du souvenir s'éloignèrent au grand large.

La réunion des anciens se termina alors que l'après-midi de ce jour de septembre approchait les dix-sept heures. L'heure de se séparer sonnait au pied de l'ancien « Viking ». Nous avions aimé ces retrouvailles, mais le rappel des faits anciens et la vision de la chevalière créèrent une poche de mélancolie chez plusieurs d'entre nous : tout simplement la conscience que nos belles années, quoique difficiles aient pu être certains moments, se trouvaient loin derrière.

Alain Frelon promit de me téléphoner à son retour chez lui.

— Tu repars directement chez toi ?

— Oui, mais avant j'ai une dernière chose à accomplir. Au plaisir de se revoir.

Je le vis s'éloigner, au son d'un CD de compilation des succès des années 60, où je crus reconnaître les notes de la chanson d'Alain Barrière : « Elle était si jolie… »

Le lendemain son numéro de mobile s'afficha, je fus content d'entendre qu'il était bien rentré après un long voyage en voiture. Il me raconta ce qu'il avait accompli :

— J'ai trouvé un point de chute pour la chevalière, je suis allé voir si le mur de soutènement des pissotières existait toujours. Bingo, c'est l'unique vestige de Saint-Grégoire épargné par la démolition des promoteurs, le mur d'enceinte. Je suis rentré dans les jardins de la résidence qui remplace le collège, là où se trouvaient le réfectoire et toutes les toilettes, ils ont maintenu un espace vert. Sur le côté intérieur du mur tiennent encore debout quelques vestiges des plaques de béton des deux pissotières. J'ai passé ma main sur le sommet du mur au-dessus de la dernière pissotière, et devine, mon pote : l'anfractuosité où je cachais la chevalière y est toujours. Alors j'ai décidé de m'en séparer à jamais, et de la laisser aller à son destin. Je l'ai déposée dans le fond du trou, enveloppée dans son morceau de tissu. Après tout, sa vraie place est à Saint-Grégoire. Elle y restera aussi longtemps que la Nature et les hommes le voudront bien. Je suis maintenant débarrassé de ce fardeau.

— Très bonne décision, Alain, il faut rendre à César, etc., etc.

Ainsi finit l'unique objet qui restait de Frère Anastase. Ainsi ne demeurent que les souvenirs d'une année 1963-64 qui marqua le monde, mais surtout nos vies : des souvenirs, les souvenirs des hommes en noir.

Jean-Baptiste Jacquelin-Dubuisson, 12 février 2024

Imprimé en France
Achevé d'imprimer en juin 2024
Dépôt légal : mai 2024

Pour

Le Lys Bleu Éditions
40, rue du Louvre
75001 Paris